O MILAGRE DA MANHÃ
PARA TRANSFORMAR SEU RELACIONAMENTO

HAL ELROD

PAUL & STACEY MARTINO E HONORÉE CORDER

O MILAGRE DA MANHÃ PARA TRANSFORMAR SEU RELACIONAMENTO

Como criar um amor inabalável e despertar uma paixão para a vida inteira!

Tradução
Patricia Azeredo

5ª edição

Rio de Janeiro | 2019

CIP-BRASIL. CATALOGAÇÃO NA PUBLICAÇÃO
SINDICATO NACIONAL DOS EDITORES DE LIVROS, RJ

M581 O milagre da manhã para transformar seu relacionamento / Hal Elrod ... [et al.];
5ª ed tradução: Patricia Azeredo. – 5ª ed. – Rio de Janeiro: Best*Seller*, 2019.
: il.; 23 cm.

Tradução de: The Miracle Morning for Transforming Your Relationship
ISBN 978-85-7684-999-5

1. Relação homem-mulher. 2. Amor – Aspectos psicológicos. I. Elrod, Hal.
II. Azeredo, Patricia. III. Título.

CDD: 306.7
18-51851 CDU: 392.6

Meri Gleice Rodrigues de Souza – Bibliotecária – CRB-7/6439

AVISO DE RESPONSABILIDADE: Os conselhos e estratégias aqui contidos podem não ser adequados a todas as situações. Esta obra é vendida com o entendimento de que os Autores e a Editora não fornecem serviços jurídicos, de contabilidade ou outros serviços profissionais. Os autores e a editora não podem ser legalmente responsabilizados por perdas e danos causados por esta obra. O fato de uma organização ou site ser mencionado nesta obra como citação ou fonte potencial de mais informações não significa que os autores ou a editora aprovem as informações ou recomendações fornecidas pela organização ou site. Além disso, os leitores devem estar cientes de que os sites da internet listados nesta obra podem ter mudado ou sido excluídos entre o momento em que a obra foi escrita e quando ela for lida.

Texto revisado segundo o novo Acordo Ortográfico da Língua Portuguesa.

Título original
THE MIRACLE MORNING FOR TRANSFORMING YOUR RELATIONSHIP

Direitos exclusivos de publicação em língua portuguesa para o Brasil adquiridos pela
Editora Best Seller Ltda.
Rua Argentina, 171, parte, São Cristóvão
Rio de Janeiro, RJ – 20921-380
que se reserva a propriedade literária desta tradução

Impresso no Brasil

ISBN 978-85-7684-999-5

DEDICATÓRIA

HAL

Dedico este livro a minha esposa, Ursula, a nossos filhos, Sophie e Halsten, e a meus coautores, Stacey e Paul.

Ursula, você acrescentou mais valor a minha vida do que todas as pessoas na Terra. Você é tudo o que sempre sonhei em uma esposa, é muito mais do que poderia imaginar, e jamais quero viver sem você. Obrigado pelo amor incondicional, pela lealdade infinita e pela amizade. Obrigado por acreditar em mim quando nem eu mesmo acreditava.

Sophie e Halsten, vocês constantemente me inspiram a lutar para ser uma pessoa melhor. Saibam que os amo mais do que tudo neste mundo! Que este livro um dia possa ajudá-los a criar um amor inabalável e uma paixão sem limites para toda a vida. (Só quando forem bem mais velhos, claro!)

Stacey e Paul, sua capacidade e comprometimento para ajudar indivíduos e casais a transformarem seus relacionamentos é inspiradora! O trabalho de vocês foi o catalisador para a mudança nas relações de milhares de casais. Sou muito grato por conseguirmos levar seu conhecimento e sabedoria para milhões de integrantes da comunidade *The Miracle Morning* pelo mundo!

STACEY

Dedico este livro a nossos alunos, nossa equipe, a meus filhos e a meu incrível marido, Paul.

Para nossos alunos, sua dedicação para se jogar com tudo no sonho de viver ativamente acende em mim a chama para servi-los mil por cento! Vocês me inspiram, me fazem rir e me comovem. Amo todos vocês. Deus os abençoe.

Para nossa equipe. Minha nossa, vocês são a melhor equipe do planeta! Nada neste livro seria possível sem vocês. A dedicação ao servir todas as famílias que vêm até nós é impressionante. Vocês se doam de todo o coração e com uma genialidade única, e deixam tudo melhor. Amy, Carmie, Jennifer, Jade, Theresa e Carol... Este livro não existiria sem vocês. Amo vocês, minhas queridas! Agradeço a Deus por nos unir servindo a todos.

Gracie e Jake, nós amamos vocês infinitamente. Tudo o que o papai e eu fazemos é por vocês dois. Jake, a cada dia você me ensina o que é o amor. Ninguém ama como você, Jake Martino. Além de personificar o amor incondicional, você é amigo de todos e a pessoa mais generosa que já conheci. Gracie, você é MÁGICA. Sua genialidade, audácia, humor e habilidades únicas me impressionam. O jeito como sua mente funciona me impressiona... Você é um unicórnio de arco-íris. Não há ninguém igual. Todos os dias vocês inspiram a mim e ao papai a sermos melhores. Obrigada por nos escolherem. Nós amamos vocês mais do que consigo expressar em palavras. Deus os abençoe e conserve.

Paul, não há palavras em nosso idioma para descrever o quanto eu te amo e o que você significa para mim. Você é o ar que eu respiro. Tudo no meu mundo começa e termina com você. Eu sou a mulher que sou hoje porque você me permite ser exatamente isso. Admiro sua força, coragem, integridade, genialidade, altruísmo, paixão, intensidade e senso de humor, insano de tão hilário! Obrigada, Deus, por ter criado Paul Martino só para mim. Todos os dias eu procuro ser a mulher que merece essa bênção.

PAUL

Dedico este livro à minha incrível, linda, genial e impressionante esposa, Stacey, que criou um caminho inexistente. Dedico este livro também aos nossos filhinhos, Jake e Grace, a nossos alunos inspiradores, a nossa equipe e a vários mentores.

A todos os nossos alunos: vocês me fazem lembrar constantemente o quanto os seres humanos podem ser fortes, admiráveis e magníficos! Amo vocês pela bravura, pelo compromisso e pela compaixão mesmo nos momentos em que o caminho não estava sempre tão claro, e por tantos outros motivos.

A nossa equipe: não faríamos nada sem vocês, incluindo este livro! Obrigado pela paixão em nos ajudar a divulgar ainda mais nossas ideias e por tudo o que vocês fazem para ajudar nossos alunos. Sem dúvida Deus/o Universo os colocou em nossa vida porque vocês trazem a mentalidade perfeita e os talentos necessários para fazermos nosso trabalho! Amy, Carol, Theresa, Jade, Carmie e Jennifer, nós as amamos por tudo, não só pelas pessoas que são e por seus vários dons, mas também pela paixão em levar esta luz adiante!

Jake e Grace, não tem um dia em que eu não esteja total e humildemente grato a Deus por nos abençoar com vocês como filhos. Sempre vou amá-los mais do que posso pôr em palavras! Vocês já têm superpoderes, mesmo tão jovens. Jake, meu lindo garoto, sua capacidade de amar é infinita. Todos os dias você me lembra o quanto o amor pode ser poderoso. Tenho muito orgulho de você e do seu coração terno. Você é um super-herói do amor. Grace, minha linda menininha, você é tudo de bom, misturado a uma energia incrivelmente ousada e feroz! Você é a Mulher-Maravilha no corpo de uma criança de 8 anos. É uma força para o bem que vai mudar o mundo. Sou muito grato pela bênção de ser seu pai, e sempre vou amá-la.

Stacey, eu a amo com todas as células do meu corpo. Não tem um dia em que eu não seja total e humildemente grato a Deus pela sua existência! Todo o meu mundo começa e termina com você. Eu não seria uma fração da pessoa que sou hoje se não fosse por você, me inspirando a ser melhor a cada dia. Não consigo expressar em palavras o quanto eu a amo. Sou mais do que grato pela bênção de tê-la como esposa e mãe dos nossos filhos. Seus dons divinos e paixão para tornar o mundo melhor são nada menos que impressionantes!

SUMÁRIO

Um convite especial de Hal: A comunidade *The Miracle Morning* 15

Um convite especial de Paul & Stacey: A comunidade para desenvolver relacionamentos 17

Um recado de Hal 19

Um recado de Stacey 21

Um recado de Paul 33

PARTE I: O MILAGRE DA MANHÃ + OS SALVADORES DE VIDA

1. **Basta um 41**

   Aproveite a força mais poderosa nos relacionamentos: uma pessoa esta sempre mudando a relação! Prepare-se para usar essa força e transformar diretamente não só o seu relacionamento amoroso como todos os outros!

2. **Por que as manhãs são importantes (mais do que você imagina) 57**

   A defesa das manhãs e por que elas são cruciais para o sucesso de um relacionamento (e o que acontece quando você não as aproveita).

3. **Bastam cinco minutos para virar uma pessoa matutina 65**

   Mesmo que você nunca tenha sido uma pessoa matutina, esta é a forma mais eficaz de superar os desafios de acordar cedo, vencer o botão de soneca e aproveitar ao máximo as manhãs.

4. Os Salvadores de Vida para relacionamentos 75

Use a força transformadora das práticas mais eficazes e comprovadas para melhorar os relacionamentos pessoais. Elas garantem que você tenha o sucesso (em todas as áreas da vida) que realmente deseja e merece.

PARTE II: COMO TRANSFORMAR SEU RELACIONAMENTO

5. Perspectiva: tenha um novo olhar sobre o relacionamento 125

Enquanto você não mudar de perspectiva, nada será diferente. Neste capítulo, Stacey vai abrir seus solhos para a verdadeira dinâmica do amor e da paixão. Você vai entender homens e mulheres de um jeito inédito. Essa mudança de perspectiva é a abertura que vai permitir que você use as ferramentas e estratégias a seguir.

6. Como perdoar tudo 169

O segredo para zerar tudo e recomeçar é o nosso processo comprovado de cinco passos para o perdão! Viva a liberdade de perdoar, esquecer e seguir em frente. Supere todas as mágoas, problemas ou traições passados, mesmo quando a pessoa que mais precisa ser perdoada é você.

7. Faça sua parte: como criar um amor inabalável 197

Obtenha as ferramentas e estratégias para criar um relacionamento sólido em que nada poderá separá-los! Oferecemos um método passo a passo para criar o resultado que você realmente deseja. Vamos mostrar também o que você está fazendo agora que inconscientemente atrapalha o ajuste necessário para a relação e também ensiná-lo a resolver isso.

8. Faça a sua parte: como liberar a paixão 223

Aprenda a reacender a chama da relação. Stacey ensina a liberar sua autêntica energia feminina e a gerar a resposta desejada do cônjuge, enquanto Paul ensina a reajustar sua energia masculina central e cultivar a masculinidade madura que levará sua esposa a se abrir.

9. O guia para dominar os relacionamentos 261

Não importa quanto você aprenda, se você não usar este guia de cinco passos, vai continuar empacado na vida, perguntando: "Eu sou inteligente, por que isso continua sendo tão difícil?" Este é o segredo para o verdadeiro domínio que levará você a viver com prazer e sem esforço!

10. O desafio de *O milagre da manhã* para mudança de vida em trinta dias 287

Para reunir tudo: conheça o passo a passo comprovado de trinta dias (incluindo a estratégia de três fases mais eficaz para manter os novos hábitos) e melhore seus resultados continuamente, mesmo depois de ler este livro.

Capítulo bônus — A Equação para a Realização no Relacionamento: siga a estrada de tijolos amarelos 295

Conheça a estratégia criada por Stacey e Paul que desafia as possibilidades e define novos padrões para o que é possível, gerando resultados extraordinários e ajudando milhares de pessoas, mesmo aquelas que enfrentavam mudanças aparentemente impossíveis na relação.

Conclusão: Os próximos passos 309

A diferença entre quem apenas lê este livro e quem consegue viver os princípios acontece nas próximas etapas. O que você vai fazer? Você vai viver as consequências das decisões que tomou, então escolha com sabedoria. Stacey forneceu a solução passo a passo seguida por milhares de pessoas que obtiveram os melhores resultados no amor e na vida!

Convites especiais: (Caso você tenha perdido da primeira vez) 311

Agradecimentos 315

Sobre os autores 319

UM CONVITE ESPECIAL DE HAL

Os leitores e praticantes de *O milagre da manhã* se uniram para criar uma comunidade extraordinária dentro e fora da internet, composta por mais de 200 mil indivíduos do mundo inteiro com ideias em comum e que acordam todos os dias *com um propósito* e dedicam seu tempo a atingir o potencial ilimitado que existe em cada um de nós, enquanto ajudam os outros a fazerem o mesmo.

Por ser o autor de *O milagre da manhã*, senti que tinha a responsabilidade de criar uma comunidade na internet em que os leitores pudessem se conectar, obter apoio, compartilhar opiniões, ajudar uns aos outros, discutir o livro, publicar vídeos, encontrar um parceiro de responsabilização e até trocar receitas de vitaminas e séries de exercícios físicos.

Eu sinceramente não fazia ideia de que a comunidade de *O milagre da manhã* seria uma das mais positivas, engajadas e solidárias do mundo, mas foi o que aconteceu. Sempre me surpreendo com o nível e o caráter de nossos integrantes, que vêm de mais de setenta países e crescem a cada dia.

Visite a **MyTMMCommunity.com** para se juntar à comunidade de *O milagre da manhã* no Facebook [em inglês]. Você vai se conectar de imediato a mais de 80 mil pessoas que já estão praticando *O milagre da manhã*. Além de encontrar muitos que estão começando essa jornada, você vai descobrir ainda mais pessoas que o praticam há anos e vão ficar felizes em oferecer conselhos e orientações para acelerar seu sucesso.

Eu modero a comunidade, e espero encontrar você por lá! Para entrar em contato comigo nas redes sociais, siga **@Halelrod** no Twitter, **@Hal_Elrod** no Instagram e **Facebook.com/YoPalHal** no Facebook. Estou ansioso para conhecê-lo!

Com amor e gratidão,
Hal

UM CONVITE ESPECIAL DE PAUL & STACEY

Somos os fundadores do Relationship Development®, um ramo do desenvolvimento pessoal voltado para relacionamentos. Nosso processo de sucesso comprovado inclui ferramentas e estratégias que funcionam na vida real para famílias de verdade. Tudo o que ensinamos tem o objetivo de levar você a criar a transformação que deseja em seu relacionamento sem precisar que o(a) parceiro(a) participe do processo.

Inúmeras pessoas em todo o mundo têm colocado em prática as ferramentas e estratégias ensinadas por nós para desenvolver relacionamentos. Elas acreditam na criação de um amor inabalável e de uma paixão sem limites e querem ser modelos de comportamento para os filhos! Elas acreditam em viver a vida ativamente, e não apenas por viver.

Essas pessoas se juntaram a nós na comunidade Relationship Development [em inglês] formada por indivíduos com ideias em comum, dedicados, positivos e extraordinários! A comunidade para desenvolver relacionamentos foi criada para oferecer apoio, incentivo, estímulo, ideias, compaixão, responsabilização e amor. É um ambiente seguro e sem julgamentos onde pessoas de verdade chegam para ser quem são e fazer o necessário para transformar o relacionamento no que desejam. Nessa comunidade é possível encontrar inspiração, dedicação, diversão e iluminação para motivá-lo todos os dias.

Nossa equipe garante que o grupo seja útil para todos os integrantes. Embora Stacey e os demais membros facilitem a convivência, são os integrantes desse grupo incrível que de fato criam uma comunidade preciosa e singular de homens e mulheres.

Convidamos você a se juntar a nossa comunidade. Essa é a ferramenta secreta para obter grandes resultados! Cerque-se de pessoas com ideias similares que estão empolgadas por estar nessa jornada ao seu lado.

Visite MyRelationshipDevelopmentCommunity.com, inscreva-se na comunidade do Facebook [em inglês] e se conecte agora mesmo a pessoas que já estão pondo a mão na massa.

Para entrar em contato diretamente conosco, envie um e-mail para Support@RelationshipDevelopment.org [em inglês] e fale com Stacey pelo Facebook em Facebook.com/StaceyMartinoLPC. Nos vemos em breve!

Com amor,
Paul & Stacey

UM RECADO DE HAL

Bem-vindo(a) a *O milagre da manhã para transformar seu relacionamento.* Creio que temos um ponto em comum (provavelmente bem mais de *um*, mas pelo menos um com certeza): *queremos nos aperfeiçoar e melhorar de vida.* Isso não significa que haja algo necessariamente "errado" conosco ou com nossa vida, mas, como seres humanos, nascemos com o desejo e a determinação de crescer e melhorar sempre. Acredito que isso seja comum a todos nós, porém a maioria acorda todos os dias para uma vida basicamente igual à do dia anterior.

Não importa se você vive níveis extraordinários de sucesso, enfrenta o momento mais desafiador ou alguma situação entre esses dois extremos; posso dizer com absoluta certeza que *O milagre da manhã* é o método mais prático, eficaz e focado em resultados que encontrei para melhorar *todas* as áreas da vida mais rápido do que você imagina.

Para realizadores e pessoas que buscam o máximo, *O milagre da manhã* pode ser um agente de mudança impressionante, permitindo chegar àquele *próximo nível* tão difícil e levar o sucesso pessoal e profissional muito além do que conquistaram até agora. Embora isso possa incluir aumentar a renda ou fazer sua empresa, suas vendas ou seus lucros crescerem, geralmente é mais uma questão de descobrir novas formas de vivenciar níveis mais profundos de realização e sucesso em aspectos da vida que podem ter ficado esquecidos. Isso pode significar melhoras importantes nas áreas da *saúde, da felicidade, dos relacionamentos, das finanças, da espiritualidade* ou quaisquer outras no topo da sua lista.

Para quem se encontra em meio a adversidades e vivendo tempos difíceis, seja em aspectos mentais, emocionais, físicos, financeiros, de relacionamento ou outros, *O milagre da manhã* provou diversas vezes ser o único recurso capaz de oferecer independência para superar desafios aparentemente impossíveis, fazer grandes avanços e transformar as circunstâncias, em geral em um curto período de tempo.

Se você quer melhorar perceptivelmente algumas áreas cruciais ou está pronto para uma grande reformulação em sua vida, de modo a transformar as circunstâncias em meras lembranças, então está lendo o livro certo. Você está prestes a iniciar uma jornada milagrosa utilizando um passo a passo simples e de eficácia comprovada, que vai transformar qualquer área da sua vida antes das 8 horas da manhã.

Eu sei, eu sei, são grandes promessas, mas *O milagre da manhã* já está gerando resultados mensuráveis para centenas de milhares de pessoas pelo mundo e pode muito bem ser o que vai levar você a conquistar seus objetivos. Meus coautores e eu fizemos tudo para garantir que este livro seja um investimento de tempo, energia e atenção que vai mudar sua vida. Obrigado pela permissão para entrar nela. Nossa jornada milagrosa está prestes a começar.

UM RECADO DE STACEY

"Eu desafio você a fazer da sua vida uma OBRA-PRIMA. Desafio você a entrar para o grupo das pessoas que vivem o que ensinam e são coerentes com o próprio discurso."

— Tony Robbins, empresário e autor de livros de sucesso

Paul e eu acreditamos que todos merecem um amor inabalável e uma paixão sem limites!

O amor inabalável é aquele em que há um alinhamento sólido como uma rocha com o parceiro. Ninguém consegue separá-los. Vocês são parceiros acima de tudo. Recebem e oferecem apoio incondicional e são os maiores defensores um do outro. Você e seu parceiro, inseparáveis, enfrentam o mundo como uma equipe!

Na paixão sem limites você passa o dia empolgado pelo desejo, ansiando o momento de encontrar o parceiro. Seu relacionamento é cheio de bom humor, flertes e romance. Vocês fazem um sexo insano, ainda mais considerando o quanto a vida de ambos é corrida. Essa vida sexual arrebatadora e sem limites satisfaz uma voracidade profunda que você nem sabia que existia. A energia profundamente satisfatória desse tipo de sexo dura vários dias, levando você a ser uma pessoa melhor. Liberar a paixão, contudo, significa muito mais do que sexo!

A boa notícia é que todos podem ter um amor inabalável e uma paixão sem limites! Não é para os privilegiados! É para todos. Não é que algumas pessoas tenham e outras não. A verdade é que um relacionamento magnífico é *criado*, não cai do céu! E, embora seja trabalhoso criá-lo, vale muito a pena! O amor é o grande objetivo da vida.

Nada é mais importante que o amor. Não importa o que digamos: no fim das contas, estamos aqui para amar.

Contudo, o estado do seu relacionamento afeta todas as áreas da vida: trabalho, criação dos filhos, finanças, saúde, boa forma, confiança, felicidade, espiritualidade e até a sua autoestima! Viver um amor inabalável e uma paixão sem limites todos os dias permite que você seja uma pessoa melhor e mais autêntica!

E não importa o tamanho do seu esforço para crescer e se desenvolver: se você não criou um amor inabalável e uma paixão sem limites, simplesmente não está vivendo a vida de modo mais autêntico e melhor... *Por enquanto!*

A qualidade de vida é diretamente proporcional à qualidade dos relacionamentos. E o relacionamento amoroso é o carro-chefe, pois afeta você mais do que qualquer outra coisa.

Você precisa aprender a criar relacionamentos incríveis se quiser ter uma vida melhor. Você merece. Seu parceiro merece e seus filhos também!

A MISSÃO DE PAUL & STACEY

A empresa RelationshipDevelopment® tem a missão de oferecer uma *educação para relacionamentos* e, essencialmente, *transformar o relacionamento* de todos neste planeta que desejem isso.

Acreditamos que todos merecem uma educação para relacionamentos: o conhecimento básico sobre as diferenças entre o masculino e o feminino, a dinâmica dos relacionamentos amorosos comprometidos de longo prazo e os princípios para criar um amor inabalável e uma paixão sem limites, capazes de durar a vida inteira.

A transformação do relacionamento acontece quando você coloca em prática a educação para relacionamentos e muda suas atitudes no cotidiano a fim de obter os resultados desejados.

Nós amamos e adoramos as pessoas que temos a bênção de servir, incluindo *você*! E também temos um objetivo levemente secreto: a missão de servir os seus *filhos*!

Desejamos que eles morem em um lar onde a mamãe e o papai tenham um amor inabalável e uma paixão sem limites, sabendo exatamente como criar o próprio relacionamento (sem precisar de nós quando tiverem 40 anos).

Se conseguirmos isso, realmente teremos deixado este planeta melhor do que encontramos. Tudo isso para eles!

PARA QUEM É ESTE LIVRO?

Nossa sociedade perpetuou o mito do romance de "conto de fadas". Crescemos acreditando nesse mito, esperando simplesmente "viver um conto de fadas" quando nos apaixonamos, até que a vida real começa. Para nossa surpresa, uma relação comprometida é bastante difícil. Em algum momento, a maioria de nós acaba tentando sobreviver nesse relacionamento comprometido e não consegue prosperar. O relacionamento fica difícil, e não sabemos o que fazer para melhorar a situação.

Isso deixa muita gente empacada em um dilema: contentar-se com a situação atual quando desejamos mais para o relacionamento ou fazer a família enfrentar a dor da separação?

Não precisa ser assim.

O que Paul e eu oferecemos neste livro é uma terceira opção: *ficar* e *transformar* o relacionamento! Vamos ensiná-lo a fazer isso. Essa opção não é composta de um milhão de detalhes: são oito passos simples. E o parceiro não precisa participar. Você pode obter os resultados que deseja sem a participação dele no processo (seu parceiro *não* precisa ler este livro). Estas ferramentas funcionam independentemente do estado do seu relacionamento.

Se seu casamento está com problemas e este livro é sua última esperança, você veio ao lugar certo. Vou ser bem direta: nem todo casamento é feito para durar. Contudo, todo relacionamento pode ser resgatado, quer você continue ou não no casamento. Se você tem filhos, precisa regatar essa relação. Vocês vão ser pais deles pelo resto da vida, e seus filhos merecem ter uma família tranquila e feliz. Nos próximos capítulos, daremos as ferramentas e estratégias de que você precisa para melhorar o relacionamento, acabar com as brigas e criar o alinhamento de que precisa e que merece. Quando o relacionamento estiver curado, você terá uma compreensão muito mais clara quanto a estar ou não comprometido a longo prazo.

Se você tem um relacionamento amoroso ou carinhoso, uma boa amizade com o parceiro e vocês dois criam bem os filhos, mas a paixão e a empolgação diminuíram ou desapareceram, este também é o lugar certo. Temos uma epidemia atualmente. Há um bom motivo pelo qual os relacionamentos estão fracassando em toda a parte e a maioria das pessoas não está mais fazendo sexo incrível (falaremos sobre isso mais adiante). Nos próximos capítulos, meu marido Paul e eu vamos ensinar o que você precisa fazer para reacender aquela paixão! A verdade é a seguinte: você pode fazer um sexo mais quente, mais satisfatório e alcançar níveis de êxtase que nem imaginava que existiam... E pode ter tudo isso mesmo após estarem juntos por vinte anos como nós!

Se você está em processo de separação ou divórcio e percebe que a situação com o ex está piorando enquanto vocês tentam criar os filhos, também veio ao lugar certo. Sei que você tem o compromisso de dar a eles uma família harmoniosa. E defendo muito essa sua posição. Nos próximos capítulos, vamos oferecer ferramentas e estratégias específicas que você pode usar com seu parceiro para curar o relacionamento e criar os filhos de modo tranquilo e feliz, oferecendo uma ótima experiência para todos os envolvidos, mesmo que esteja em uma nova relação! O que poderia ser mais importante do que uma família harmoniosa? Enquanto você transforma o relacionamento, vai aprender as ferramentas e estratégias necessárias para atrair e criar o amor eterno que *está* alinhado para você. A única possibilidade melhor que dois pais amorosos são quatro.

Se você é uma pessoa solteira que, além do crescimento, deseja um amor inabalável e uma paixão sem limites, então também veio ao lugar certo. É preciso ter clareza sobre qual é o relacionamento certo, para então confiar em si mesmo e escolher o parceiro que melhor se alinha a você. Para isso, serão necessárias ferramentas e estratégias a fim de criar um relacionamento magnífico, e vai ser bom aprendê-las antes de encontrar essa pessoa. Já perdi a conta de quanta gente me disse: "Stacey, quando entrar em um relacionamento, vou fazer o seu programa!" É quase o mesmo número de pessoas que me liga ou manda e-mail dizendo: "Socorro! Eu não esperava encontrar alguém, e agora tenho medo de já estar estragando tudo!"

Nos próximos capítulos você vai sentir o alívio tremendo que surge ao entender a dinâmica dos relacionamentos anteriores, ter clareza total sobre o que é certo para si mesmo e se preparar com as ferramentas certas a fim de atrair, escolher e criar o amor inabalável e a paixão sem limites que você merece!

E se você já tiver um amor extraordinário e uma paixão fantástica com seu parceiro e quiser melhorar isso ainda mais? Bom, então aperte o cinto, pois você nem imagina como vai ser! Pegue todas as informações contidas nas páginas deste livro, coloque em prática no casamento e depois observe o amor que vai além dos desejos mais impossíveis. Deleite-se com o êxtase que supera os níveis mais insanos já sentidos na sua vida! Tudo o que você sempre sonhou e não sabia que poderia ter está à sua espera.

Basta UM parceiro para transformar uma relação — *qualquer* relação! Vou explicar esse conceito e mostrar como ele funciona no Capítulo 1.

A esta altura, nós tivemos a bênção de servir milhares e milhares de indivíduos em todo o mundo. Oferecemos ferramentas e estratégias comprovadas para famílias de verdade.

Trabalhamos com pessoas em todas as situações de relacionamento que você possa imaginar e com algumas que você jamais imaginaria. Tudo pode ser resolvido.

Os desafios mais comuns trazidos para nós são:

- como se recuperar após um caso amoroso ou superar a infidelidade.
- falta de tempo causada pelo trabalho, filhos ou outros compromissos.
- parceiros que não fazem sexo há vários anos ou décadas.
- brigas em relação a dinheiro, estresse financeiro no casamento, parceiros enfrentando falência.
- desafios profissionais, incluindo jornadas de trabalho longas.
- dramas familiares que geram estresse no relacionamento.
- relacionamentos a distância ou cônjuges que viajam muito a trabalho.
- abuso sexual (no passado ou na infância).
- filhos com necessidades especiais que dificultam a dedicação ao casamento.
- vícios (em substâncias ou sexo) problemáticos.
- desonestidade ou transgressões que precisam ser curadas.
- e o desafio mais comum de todos: pais ocupados e sobrecarregados que trabalham demais, têm muitos problemas e a quem ninguém ensinou como ter um caso de amor magnífico na vida real.

Paul e eu somos pessoas comuns. Não começamos o relacionamento como especialistas no assunto. Muito pelo contrário!

NOSSA HISTÓRIA

Há 16 anos, Paul chegou em casa e falou que estava indo embora. Segundo ele, o relacionamento tinha acabado.

Não fiquei surpresa por ele estar me deixando. Afinal, nosso relacionamento era uma verdadeira bosta e meu apelido na época era Princesa de Gelo. O que me deixou *chocada* foi minha reação.

Fiquei histérica e comecei a chorar.

Eu não chorava fazia uns dez anos, então foi assustador. Uma vez ouvi alguém dizer que algumas pessoas desabam enquanto outras *se abrem*. Bom, deve ter sido isso o que aconteceu, pois, com toda a intensidade da minha dor e do meu desespero, senti uma onda de amor por Paul como nunca antes.

Naquele momento eu tive um despertar. Percebi duas verdades que transformaram a minha vida. Primeira: todo esse tempo eu estava vivendo atrás de grandes muros que tinha criado para me proteger e nada disso funcionou, pois eu estava de coração partido por um homem por quem eu nem sabia se estava apaixonada até então. Pensar que poderia me proteger da dor foi uma imensa mentira que contei a mim mesma. Segunda: não há como explicar a onda de amor que senti por Paul usando as palavras que existem em nosso idioma. Foi transcendental. Era como se nada no mundo importasse, exceto Paul. Antes daquele momento eu ouvia músicos cantarem sobre o amor dessa forma, mas sempre considerei as letras como "arte", impossíveis na vida real. Mas descobri que era realmente possível sentir um *amor* como esse por outro ser humano, e eu senti isso por Paul.

De repente eu senti um novo medo: o medo de perder a oportunidade de reviver esse amor devido aos erros que cometi e que tinham levado àquele momento. Quando enfim olhei para Paul, notei que ele não estava passando pelo mesmo despertar espiritual. Ele parecia chocado por tudo ter saído tão errado; ele só queria terminar tudo e ir embora.

Sem qualquer ferramenta para ajudar o relacionamento, tomei a única atitude em que consegui pensar na hora: implorei por uma segunda chance, confirmando que a opinião de Paul sobre mim e sobre a nossa relação eram verdadeiras. E também falei que não sabia se conseguiria mudar isso, mas que estava comprometida a descobrir se era possível. Implorei por outra chance.

Graças a Deus, Paul decidiu me dar outra chance naquela noite.

Como sou uma grande defensora do desenvolvimento pessoal, mergulhei em todo o material que encontrei para aprender sobre homens, mulheres, relacionamentos e intimidade. Fiquei chocada ao descobrir que boa parte da "bosta" naquele relacionamento era causada pela minha falta de compreensão e valorização das diferenças do masculino e do quanto Paul é diferente de mim. Também descobri que toda essa minha proteção e recusa em confiar em alguém na verdade me impedia de ter o relacionamento que eu tanto desejava com meu parceiro.

Eu me transformei. Descobri formas de interagir com Paul que honravam o jeito dele e trouxeram à tona o melhor nele e em mim. Também mudei a forma de estar presente no relacionamento. Foi uma grande luta, mas comecei a derreter o "gelo" e me abrir ao meu feminino.

Não me entenda mal: eu estava tentando muitas abordagens e cometi erros. Testei várias ideias, incluindo algumas que aprendi em livros populares e que causaram tantos estragos que por pouco não acabaram com o relacionamento de vez.

Com o tempo, nossa relação se transformou.

O incrível é que *na época* Paul não lia os livros, não ia aos eventos nem aos programas que frequentei para aprender e mudar. Mesmo assim, ele também estava se transformando. Notei a mudança na reação à minha forma de estar presente no relacionamento.

Após notar tantas mudanças em mim e no relacionamento, cerca de um ano depois Paul perguntou o que eu estava lendo e o que ele poderia aprender, pois ficou inspirado pela minha mudança. Ele me disse que, ao longo do meu processo, já se sentia uma pessoa melhor e queria fazer mais por nós.

A partir dali, mergulhamos juntos. Investimos quase vinte anos e centenas de milhares de dólares para estudar com os melhores, fazer a nossa transformação e criar o amor inabalável e a paixão sem limites que temos hoje.

Ao longo dessa jornada, sentimos o chamado para ajudar outras pessoas que enfrentavam os mesmos problemas e dividir o que funcionou para nós. No fim das contas, a ideia acabou evoluindo até o trabalho que temos a bênção de fazer hoje.

O QUE FAZEMOS HOJE

Se, após ler este livro, você quiser mergulhar no assunto e pôr a mão na massa na sua vida, convidamos você a participar dos nossos programas pela internet ou dos eventos presenciais. Oferecemos orientação especializada e passo a passo, apoio, responsabilização e uma comunidade para nossos alunos, que estão felizes nessa jornada para desenvolver as relações junto com você! Para conhecer nossos programas pela internet ou eventos presenciais, visite RelationshipDevelopment.org e clique em "Programs" ou "Events" [em inglês].

Este livro é um excelente primeiro passo na sua educação para relacionamentos, mas, se você quiser transformar sua relação de modo duradouro, não pode parar nele. Não basta aprender o caminho para um relacionamento: é preciso colocá-lo em prática na vida real para criar a mudança. Não precisa ser difícil, e você não tem que fazer isso sozinho. Estamos aqui para ajudar!

O MAIS IMPORTANTE

Quando os alunos nos procuram, damos o mesmo aviso que estou prestes a dar a você: nós ensinamos conteúdo adulto e usamos linguagem do mesmo nível. Mas essa linguagem nunca é usada para ofender. Só temos amor por você.

Usamos uma linguagem direta e crua como ferramenta de intervenção estratégica para ajudá-lo a obter o avanço que deseja. Não é possível avançar e ser fechado ao mesmo tempo. Palavrões ou uma linguagem mais informal são uma das estratégias que usamos para lembrar o seu sistema nervoso de ser *verdadeiro* e não se fechar. Essa metodologia está diretamente ligada às técnicas usadas por alguns dos maiores psicoterapeutas e adeptos da programação neurolinguística.

Se isso não for adequado ao seu estilo, não deixe nossa linguagem ou qualquer outro detalhe sobre nós impedir que você obtenha os benefícios deste processo.

Como nossos alunos vão dizer, Paul e eu somos o mais importante. Não apenas falamos: nós *fazemos*. Nós vivemos isso e sentimos vontade de ensinar. Essas ferramentas e estratégias funcionam na vida real, para famílias de verdade.

Se você aplicar o que ensinamos nos próximos capítulos, vai perceber uma transformação em todos os seus relacionamentos.

Nós cumprimos essa promessa.

Seu amor inabalável e paixão sem limites estão aqui para ficar. Você merece.

POR QUE *O MILAGRE DA MANHÃ*

Um dia, no canal QVC, Tony Robbins me perguntou: após quase vinte anos atuando em desenvolvimento pessoal e transformando minha vida de todas as formas possíveis, qual era a maior ferramenta do meu arsenal?

A resposta foi: o meu Ritual Matinal Diário.

Há tantos anos que já até perdi a conta, eu sigo um ritual matinal diário! Gratidão, visualização, afirmações, desenvolvimento pessoal e escrita!

Como eu disse a Tony, todos os dias merecem ser ativamente planejados antes de começarem!

Eu já conhecia Hal fazia dez anos quando fomos apresentados pelo amigo em comum Jon Vroman, da Front Row Foundation. Lembro nitidamente do telefonema no qual Jon disse que seu amigo Hal estava testando um novo ritual matinal que havia inventado. Ele me perguntou se eu queria aprender a usá-lo. Claro que eu disse sim!

Eu me lembro de anotar com empolgação cada etapa de *O milagre da manhã* em um caderno de espiral. O processo de Hal levou tudo o que eu estava fazendo a outro patamar, com um jeito fácil de repetir, entender e colocar em prática para me desenvolver com consistência.

E, assim, *O milagre da manhã* passou a fazer parte da minha vida. Nem em um milhão de anos eu imaginaria que um dia estaria neste escritório escrevendo este livro. Caramba... A vida é incrível, não é mesmo?

Peço a todos os meus alunos que acrescentem *O milagre da manhã* aos seus hábitos diários. Por quê? Porque funciona! Eu sou a prova viva disso!

UM RECADO DE PAUL

"Quando abro mão do que sou, me transformo no que posso ser."

— Lao Tzu

Stacey e eu sabemos que todos podem ter um amor inabalável, uma paixão sem limites em um relacionamento comprometido. Como sabemos disso? Porque hoje nós estamos em uma missão não planejada de ajudar as pessoas a transformarem seus relacionamentos do mesmo jeito que fizemos com o nosso. Não só transformamos a relação como identificamos *exatamente o que foi preciso fazer* para conseguir isso. Nós não encontramos "a pessoa certa" por acaso, como fomos criados para acreditar que aconteceria. Nós criamos isso. E você também vai conseguir!

Ao longo da vida, começamos a observar a mesma dinâmica problemática que costumávamos ter em nosso relacionamento em várias outras relações ao nosso redor. O que acontece quando você sabe algo que não só poderia melhorar drasticamente a vida de alguém, salvar casamentos e manter pais e filhos dormindo na mesma casa como também transformar o mundo, criando uma nova geração de casamentos felizes e modelos de relacionamentos apaixonados para os filhos de outras pessoas? Você sente a obrigação de compartilhar o que aprendeu!

Como costumo dizer, se vejo alguém lendo o jornal enquanto anda pela rua e há um bueiro aberto na frente dessa pessoa, vou correr e evitar aquele acidente. Seria impossível não fazer isso. Não consigo ficar sentado e ver algo ruim acontecer.

Da mesma forma, Stacey e eu nunca planejamos transformar o que agora fazemos em uma empresa ou missão de vida. Mas, assim como não deixaríamos alguém cair em um bueiro, não podíamos mais ficar sentados calmamente, sabendo o que sabemos, e não espalhar nossa mensagem para quem estiver disposto a ouvir. Muitas famílias que conhecíamos estavam sofrendo, nossos filhos eram amigos de crianças cujos pais estavam se divorciando, e sabíamos que poderíamos ter feito algo para impedir isso se dividíssemos todo o nosso conhecimento.

Um dia, ao deixar nosso filho na pré-escola, esbarrei em uma das mães e ela comentou que estava se divorciando. E aí decidi: chega! Foi nesse dia que começamos a criar a estrutura formal de ensino para aumentar nosso alcance e servir o máximo de pessoas que desejassem transformar os próprios relacionamentos. Stacey e eu estamos empolgados porque agora alcançamos você.

As mudanças mais profundas que afetam nosso destino acontecem nos pequenos momentos. A decisão de ler este livro até o fim e aplicar o que aprendeu nele vai fornecer para sempre uma nova consciência, habilidades e hábitos para começar a transformar seu relacionamento amoroso e todos os relacionamentos ao seu redor. Ao fazer isso, você estará mudando seu destino para melhor. Quando me apaixonei por Stacey, meu destino mudou. No momento em que Stacey e eu estávamos por um fio, não apenas o nosso destino mudou: o mundo também.

Não é possível desaprender algo depois que se ganha consciência. Quando você sabe mais, age melhor. Quando age melhor, muda sua vida para melhor. Quando muda sua vida para melhor, muda positivamente o mundo ao seu redor. Este mundo precisa de você agora, de todos vocês e de sua felicidade. Ao longo deste livro, Stacey, Hal e eu vamos dividir alguns dos melhores segredos para a nossa felicidade de modo a contribuir para a sua.

Meu amor por Stacey e nossos filhos é o combustível que me leva a servir vocês, contribuir para este livro, ser um dos criadores dos nossos programas pela internet e um dos anfitriões dos nossos eventos presenciais.

O compromisso e a paixão de Stacey por ensinar a todos as habilidades e o conhecimento que reuniu sozinha e sem apoio ao longo dos anos de evolução e por meio de enormes investimentos me inspiraram a ter a mesma dedicação.

Olhando para trás, está claro para mim que o Universo ou Deus (o que funcionar para você) desejava que Stacey e eu recebêssemos essa mensagem juntos. No começo me inspirei para me desenvolver nessa área junto com Stacey devido às mudanças que ela começou a fazer em nosso relacionamento. Meu caminho para o desenvolvimento não foi exatamente o mesmo que o dela, basicamente porque sou homem e uma pessoa diferente.

Por ser um homem masculino, sei que outros homens não costumam ver os relacionamentos do mesmo modo que as mulheres. Nossas necessidades são muito diferentes das delas. Infelizmente, trabalhar no relacionamento costumava ser visto como um assunto feminino e irrelevante para eles. Homens, eu posso dizer com certeza: se quiserem se sentir ainda mais homens, mais heróis, empolgados e capazes, vocês precisam saber disso.

Como homens, nós odiamos não saber como resolver nossos problemas, certo?

Então, por que os homens evitaram aprender os segredos para mudar o mundo de suas mulheres a partir de um relacionamento florescente? Em primeiro lugar, devido a várias crenças falsas sobre o assunto:

- **Crença falsa nº 1:** assuntos de relacionamento eram percebidos por nós como algo em que precisaríamos perder tempo falando sobre nossos sentimentos, o que não desejávamos fazer.
- **Crença falsa nº 2:** trabalhar em prol do relacionamento é tarefa feminina, e não a desejamos para nós.
- **Crença falsa nº 3:** o processo obrigatoriamente envolveria falar mal dos homens ou seria voltado apenas para mulheres.
- **Crença falsa nº 4:** homens não seriam ouvidos ou seriam minimizados nesse processo.
- **Crença falsa nº 5:** teríamos que mudar algo fundamental em nossa masculinidade para melhorar nesse negócio de relacionamento.

- **Crença falsa nº 6:** tudo indica que o processo seria simplesmente um saco (por que iríamos fazer isso?)
- **Crença falsa nº 7:** se eu trabalhar para melhorar o relacionamento, serei o único homem a fazer isso.
- **Crença falsa nº 8:** não conseguiríamos obter nada de útil ou prático nesse processo, que é o que realmente desejamos.

Embora alguns supostos especialistas em relacionamentos possam criar esse tipo de ambiente improdutivo e pouco esclarecido que os homens geralmente odeiam, posso garantir que Stacey e eu não fazemos isso. Na verdade, o trabalho que fazemos para desenvolver relacionamentos é exatamente o oposto! Mas você não precisa acreditar em mim. Leia este livro até o final e tire suas conclusões.

Nós de fato ajudamos você a se reconectar com a masculinidade autêntica para melhorar drasticamente seu relacionamento. Oferecemos ferramentas estratégicas e imediatamente aplicáveis que você pode usar para fazer a diferença. Stacey vai falar sobre o quanto ama e celebra o masculino maduro (falaremos sobre isso mais adiante) e repetir várias vezes que não tolera que falem mal dos homens na presença dela. Obviamente, estou de acordo com isso.

Este não é mais um assunto só para mulheres. Alguns dos homens mais honrados e amigáveis que tive o privilégio de conhecer estão em nossos programas e eventos para desenvolver relações. São ótimos homens, que estão fazendo esse trabalho para servir às mulheres enquanto se transformam em homens melhores.

Homens e mulheres têm necessidades diferentes e formas diferentes de falar. O que Stacey e eu fazemos juntos é ensinar honrando homens e mulheres pelo que são, permitindo a eles obter exatamente o que precisam do jeito que precisam.

Essa não é a aula para desenvolver relacionamentos da sua avó! Sabemos que todos aprendem mais quando o treinamento é divertido e pode ser colocado em prática de imediato, e oferecemos tudo isso. A outra diferença é que não somos uma fonte unilateral. Stacey e eu contribuímos em igual medida para todo o conteúdo de treinamento, além de participar ativamente das aulas. Vivemos esta vida juntos.

Ao longo deste livro, você vai ler certos capítulos ou passagens especificamente escritos por mim — e isso será informado na página. Na maior parte do tempo, Stacey é a voz por trás das palavras que você lê. Contudo, saiba que Stacey e eu escrevemos cada página deste livro juntos. Minha perspectiva, minhas orientações e palavras estão refletidas nesta obra para servir tanto a homens quanto mulheres. Somos uma equipe.

Como Stacey disse, nós fazemos o que ensinamos. Poucas pessoas que dão conselhos sobre relacionamentos trabalham em conjunto com o marido ou a esposa ensinando o que funciona. Homem, se você tiver alguma preocupação sobre o fato de o livro só mostrar um lado da moeda ou metade do quadro geral necessário, prometo que não precisa temer o aprendizado ou a participação no que estamos fazendo. É o total oposto. Como irmão, desafio você a não deixar qualquer crença falsa sobre esse assunto impedi-lo de obter o conhecimento necessário para virar o herói no mundo da sua mulher, um pai melhor e um homem mais feliz, além de acabar com a confusão desnecessária que muito provavelmente está prejudicando sua capacidade de ver e saber o que fazer em seu relacionamento.

Para as mulheres magníficas por aí, eu amo profundamente a maneira como vocês são feitas e o fato de serem diferentes dos homens. Nós precisamos das *duas* energias autênticas, do jeito como são, para fazer deste mundo um lugar melhor. Minhas contribuições vão acabar com a confusão desnecessária sobre relacionamentos que vocês possam ter sobre nós homens e que muito provavelmente estão causando frustração, mágoa e desavenças.

Ninguém precisa mudar sua essência em nosso processo. Não é assim que trabalhamos. Desejamos que você se transforme em uma pessoa melhor e mais autêntica para criar um amor inabalável e uma paixão sem limites. Apenas mantendo e alimentando essas energias masculina e feminina poderemos criar o amor inabalável e a paixão no seu relacionamento!

Vamos fazer isso agora!

PARTE I:

O MILAGRE DA MANHÃ
+
OS SALVADORES DE VIDA

Capítulo 1

BASTA UM

STACEY MARTINO

"Casos de amor magníficos não são encontrados, são criados! Então pare de procurar e comece a construir! Vale a pena!"

— Stacey Martino

"Perdemos tempo procurando o amante perfeito em vez de criar o amor perfeito."

— Tony Robbins

A pergunta que ouvi incontáveis vezes em entrevistas já deve ter surgido em sua mente ao ler as nossas introduções.

Como assim basta um parceiro para transformar o relacionamento, Stacey? Isso é o contrário de tudo o que já nos ensinaram. Algo como: "Você precisa de duas pessoas para dançar."

Sim, realmente basta *um* parceiro para transformar o relacionamento!

Além disso, você *não* precisa que o parceiro ponha a mão na massa junto com você para obter os resultados que deseja. Essa é uma ótima notícia para você, porque, na minha experiência, raramente duas pessoas querem trabalhar ao mesmo tempo para transformar o relacionamento. Dois motivos comuns para isso são:

- um parceiro não está satisfeito com a situação atual, mas o outro acha que está tudo bem.
- os dois reconhecem que a relação não vai bem e um parceiro quer fazer algo a respeito, mas o outro não quer agir.

Isso deixa muita gente em um dilema: aceitar a situação como está ou fazer o relacionamento e a família passarem pela dor da separação?

As duas escolhas são terríveis, e muitos ficam sem saber o que fazer.

Nosso método para desenvolver relacionamentos oferece uma terceira opção: *ficar e transformar!*

Não é necessário que o parceiro faça isso com você. Na verdade, mostraremos por que o trabalho com o casal é contraproducente para o objetivo que você deseja.

Com nossas ferramentas e estratégias, você conseguirá independência para criar a mudança que deseja no seu relacionamento. Não importa se o seu parceiro deseja fazer isso com você ou não. Você pode criar sozinho a mudança positiva que deseja na sua relação. Melhor ainda: pode começar a transformar tudo agora mesmo, pois não precisa esperar que o parceiro entre nessa com você.

Não é preciso duas pessoas para dançar!

Um dos parceiros está sempre mudando a dinâmica do relacionamento. Você já tem consciência desse fato e, quando eu explicar o cenário a seguir, vai perceber como isso é verdade.

Já teve uma experiência assim?

O dia está correndo maravilhosamente bem! Tudo está fluindo e você está arrasando. Aí você encontra o parceiro e ele ou ela logo começa a reclamar porque está de péssimo humor.

Pergunta: o que acontece com o seu estado de espírito quando a pessoa faz isso? Vai lá para o chão, não é mesmo?

Por quê? Nada mudou no seu mundo, então por que o seu estado de espírito foi para o chão?

Resposta: o parceiro despertou algo em você, e agora você está no buraco com ele.

Não demora muito para você dizer algo como:

"Eu estava tendo um dia incrível. Por que você tinha que ser uma pessoa tão negativa?"

Isso costuma levar o outro a reagir com algo como:

"Você não entende! Não faz a menor ideia do que é ter problemas de verdade!"

Aí você retruca:

"Por que você sempre faz isso?"

Viu o que aconteceu?

Nada mudou no seu mundo, mas seu parceiro despertou algo em você. Agora vocês vão ficar nessa discussão e o assunto são vocês! Não começou assim, mas ficou claro como a situação logo desandou para o lado pessoal?

É crucial entender uma coisa: nada mudou para você, mas a outra pessoa despertou algo em você e o relacionamento mudou *instantaneamente*.

Um dos parceiros está sempre mudando a dinâmica do relacionamento por meio desses gatilhos que despertam algo no outro!

No fundo, você já sabe disso. E eu posso provar. Preparado? (Isso vai ser divertido.)

Você já teve a experiência de ouvir seu parceiro e, enquanto ele falava, teve um pensamento ou sensação, mas não se deu ao trabalho de expressar isso porque na sua cabeça ouviu: *Bom, eu já sei como isso vai acabar. Esquece!*

Sim? Bom, adivinhe só: se vocês estão juntos há algum tempo, ele já sabe o que você vai dizer depois. E também sabe como reagir ao que você ia dizer, e até como você reagiria à *reação dele*!

E assim sucessivamente, tudo por causa desses gatilhos que despertam alguma atitude.

Os gatilhos são uma das forças mais poderosas no relacionamento humano atual. Sejam positivas ou negativas, as pessoas e as circunstâncias geram determinadas sensações em nós.

Leia cada uma das afirmações a seguir e se identifique totalmente com elas por um instante. Sinta como se estivesse naquele momento. Na vida cotidiana, que sentimento essas situações despertariam em você?

Seu filho volta para casa e diz:

"Hoje um menino na minha escola me bateu e me chamou de idiota."

Seu parceiro diz:

"Eu te amo tanto... Diariamente me sinto grato por passar os dias ao lado de quem considero a melhor pessoa do mundo. Obrigado por me amar."

Seu amigo diz:

"Você mentiu para mim. Não acredito que fez isso!"

Seu chefe diz:

"Você bateu o recorde de desempenho! Todos estão surpresos com os seus excelentes resultados."

Seu filho diz:

"Eu não me sinto bem, mamãe/papai. Por favor, me ajude", enquanto chora e vomita.

Cada afirmação gera uma emoção diferente. É assim que *uma* pessoa pode gerar emoções e mudar seu estado instantaneamente. Acontece o dia inteiro, o tempo todo, e a maioria das pessoas não faz ideia do que está acontecendo.

Os gatilhos são uma das forças mais poderosas nos relacionamentos humanos. Por isso, em nosso trabalho para desenvolver as relações, ensinamos você a usar o poder dos gatilhos para trazer à tona o *melhor* no seu parceiro em vez do pior.

Ao receber educação para relacionamentos, você vai aprender a não fazer o que está gerando essas emoções negativas e descobrir o que pode fazer para levar o parceiro a ser alguém melhor e mais autêntico para você. Assim, você vai criar o amor e a paixão que tanto deseja.

A educação para relacionamentos contida neste livro tem o objetivo de ajudar você a:

- *entender* exatamente o que está fazendo para ativar os resultados que não deseja no seu parceiro.
- *fortalecer* você com ferramentas e estratégias aplicáveis na vida real para ativar os resultados que deseja do seu parceiro.

OBSERVAÇÃO: Embora costumemos falar do relacionamento amoroso, o princípio dos gatilhos se aplica a todas as relações humanas. Uma parte do que ensinamos se aplica apenas ao seu parceiro amoroso (como criar paixão), mas outras vão afetar todos os relacionamentos do seu mundo (como entender as diferenças entre masculino e feminino).

Essa é uma excelente notícia! Você pode criar a mudança que deseja no seu relacionamento. E seu parceiro não precisa participar do processo. Na verdade, é contraproducente pedir a participação dele. Por quê? Veja a situação a seguir:

> Você não está satisfeito com algum aspecto do relacionamento e encontra algo que acredita ser capaz de melhorar a situação, como terapia de casal.
>
> Você diz ao parceiro:
>
> "Nós precisamos disso. Quero ir e preciso que você vá comigo."
>
> Ele não reage bem e você considera isso uma prova de que a situação não está boa, aumentando o estresse sobre o relacionamento.

O que acabou de acontecer? Há uma dinâmica invisível, e ela se revela melhor a partir de um cenário diferente, envolvendo um amigo em vez de seu parceiro.

> Seu melhor amigo liga e diz:
>
> "Oi, vai acontecer um evento chamado 'Tenha uma aparência melhor' no mês que vem! Eu vou e acho que você devia ir também. Nós dois precisamos disso. Eu vou. Vamos comigo?"

Qual a primeira ideia que lhe veio à cabeça quando seu "amigo" disse que vocês dois precisavam disso?

Provavelmente algo como: *O que é isso? Ele está dizendo que eu não tenho boa aparência e que preciso disso? Vai se catar!*

Ou algo como: *Ai, meu Deus! (chorando) Eu sabia que você não me achava bonita! Sempre soube disso! Sou uma pessoa FEIA! Você acabou de comprovar isso!*

É o seguinte: quando você pede a alguém que participe de algo que vai *melhorar* a situação, está dando a entender que a situação atual *não é boa o bastante.* Pior ainda: a maioria dos humanos vai interpretar isso como se *eles* não fossem bons o bastante!

Em outras palavras, você está gerando uma *atitude defensiva* ou *baixando a autoestima* de alguém, dependendo do nível de autoconfiança da pessoa.

Se ela concordar em ir, vai parecer que você está admitindo que não é boa o bastante. (Ela não vai perceber isso conscientemente, mas é isso que você está despertando.)

É por isso que pedir ao seu parceiro para fazer esse trabalho com você em geral é contraproducente para o resultado que você quer vivenciar: a mudança positiva.

Portanto, é melhor manter o foco no desenvolvimento da relação, que é o desenvolvimento pessoal aplicado aos relacionamentos. Nós criamos este trabalho para ajudar a cultivar o seu lado mais autêntico, auxiliado pelas estratégias e ferramentas de relacionamento para trazer à tona o melhor nos outros. Faça isso por *você*!

Você pode mudar qualquer relacionamento na sua vida mudando a forma de estar presente nele. Vamos ensiná-lo a fazer isso.

O PODER É SEU

Relacionamentos magníficos são criados, não encontrados. Então, pare de procurar e de esperar e comece a construir. Vale muito a pena!

Algumas pessoas não encontram um amor inabalável nem uma paixão sem limites, enquanto outras escolhem a pessoa errada. Não é assim que funciona. Você não esbarra nesse tipo de relacionamento; é preciso criá-lo.

Como você verá nos próximos capítulos deste livro, cada escolha, reação ou resposta constrói ou destrói o seu relacionamento. Em todos os momentos ao longo do dia, tudo o que você faz e diz tem impacto.

Algumas das suas reações e respostas ajudam o relacionamento com o seu parceiro, enquanto outras atrapalham. Até agora, essa dinâmica era invisível para você.

Mesmo agindo com as melhores intenções, muita gente boa tem atitudes que afetam negativamente o relacionamento o dia inteiro sem perceber.

Não é culpa sua. Ninguém o educou sobre relacionamentos. Ninguém mencionou as palavras "relacionamento" e "educação" na mesma frase. Até agora.

Quando você terminar este livro, terá certeza de que relacionamentos magníficos são criados em vez de encontrados. O que fazer com essa informação cabe a você decidir.

Considere as duas verdades abaixo:

1. Relacionamentos magníficos são criados, não encontrados.
2. Basta *um* parceiro para transformar um relacionamento.

Se esse é o caso, a pergunta não é "Você *pode* fazer isso?", e sim "Você *vai* fazer isso?".

Qual é a sua resposta? Se for um enorme "sim", então *vamos em frente*! Você tomou a decisão certa e nós estamos ao seu lado.

Se ficou na dúvida, deixe-me explicar de onde vem essa resistência e ensinar a superá-la.

A primeira objeção que as pessoas fazem é:

> "*Por quê?*"
> "Por que eu deveria fazer isso? Foi o meu parceiro que estragou tudo."

"Por que o meu parceiro não pode fazer alguma coisa, para variar? Eu faço *tudo* por este relacionamento."
"Por que eu deveria fazer isso se o meu parceiro não quer? Qual é o sentido?"

Se essa é a sua dúvida, aqui estão alguns ótimos motivos pelos quais você deveria transformar o relacionamento, não importa o que o seu parceiro faça (ou deixe de dizer).

- **É o *seu* relacionamento.** Você está nele todos os dias. E isso afeta sua felicidade, seu bem-estar, sua confiança e tudo mais na vida. Se você precisa *vivê-lo* ou *deixá-lo*, então pode muito bem melhorá-lo.
- **Fortaleça-se!** Quando você diz "Não vou fazer isso a menos que meu parceiro também faça", está delegando poder a outra pessoa e ficando impotente. O que você está efetivamente fazendo é colocando o destino do seu relacionamento nas mãos alheias. Talvez a outra pessoa faça algo em relação a isso, talvez não. Com base no desempenho anterior, o que você acha? Não se coloque à mercê de outra pessoa; fortaleça-se para criar os resultados que deseja.
- **Descarte suas crenças falsas.** Todos os dias vejo homens e mulheres esperando para começar este trabalho até o marido ou esposa aceitar, porque atribuíram significado à participação do parceiro. "*Se ele ou ela realmente me ama, então vai...*" Eles querem ver o parceiro agir para provar que ele ou ela realmente se importa com o relacionamento. Errado. Essa é uma crença falsa. As pessoas costumam atribuir significados errôneos às ações do outro. Isso é falso. E atrapalha.

Você se identificou com algum desses motivos? Se for o caso, isso é ótimo, mas essa não é a principal razão para pôr a mão na massa!

Está pronto para o motivo número um? Aperte o cinto. Vamos chegar lá...

O grande MOTIVO pelo qual você deveria pôr a mão na massa: este trabalho não é para o seu parceiro. É para você!

É verdade. Este trabalho *não* é para o seu parceiro. Nem para o seu relacionamento. É cem por cento *para você*, pois os desafios vividos no seu relacionamento *não* acontecem apenas por causa do seu parceiro. Eles estão sendo despertados por você!

Mesmo que não esteja atualmente no relacionamento de amor eterno alinhado para a sua vida, você ainda contribui muito para o estado do relacionamento em que está. Você não tem consciência do que está fazendo, então acha que o problema está na outra pessoa.

Pior ainda: se você escolher *não* pôr a mão na massa, vai levar *você* (e todos os seus gatilhos) para o próximo relacionamento. Aí, depois de uns seis meses, *pá*, vai perceber que está lidando com a mesma bosta e vivenciando o *mesmo* relacionamento do qual saiu antes. Só mudou a pessoa!

Quando isso acontece, você percebe que o problema não é só com o seu parceiro, é com *todas* as mulheres ou *todos* os homens!

A essa altura, você pode concluir que todas as mulheres são loucas ou todos os homens são babacas e que é impossível ter um relacionamento bem-sucedido. Infelizmente, essa é uma concepção comum e não é verdadeira. Uma escolha mais independente consiste em conhecer e dominar as diferenças entre o masculino e o feminino de modo a criar os relacionamentos que você realmente deseja.

Para isso, é preciso mudar a perspectiva e ver seu parceiro e tudo o que está enlouquecendo você como os presentes que realmente são. Veja bem: todo *problema* que surge em sua vida é uma *oportunidade* para crescer. Meu amigo Jon Vroman chama isso de "desafiotunidades".

Você foi feito para querer mais da vida. É como ensina Hal: "Não se contente com a mediocridade quando quer uma vida Nível 10."

Você está programado para mais. Tudo neste planeta foi criado para crescer e evoluir.

Se você quiser crescer e evoluir, precisa estar disposto a encarar a zona de *des*conforto e sair da zona de conforto atual para entrar na próxima.

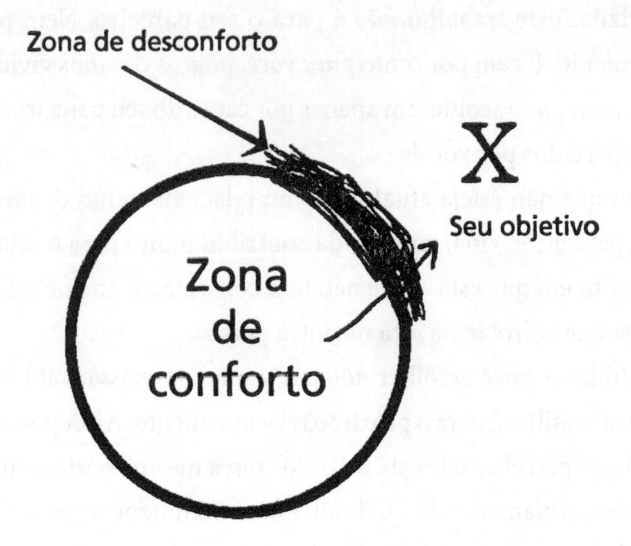

Você viu a linha entre as duas zonas de conforto? É a zona de *des*conforto da qual estou falando, onde você sai da antiga zona de conforto e evolui para a pessoa que pode ter tudo o que deseja no próximo nível.

Como passar do nível atual ao próximo? Não dá para chegar lá sendo a mesma pessoa. Se você pudesse alcançar o próximo nível sendo exatamente como é agora, já teria chegado lá.

A situação precisa mudar de uma dessas duas formas para chegar aonde você deseja:

1. Você procura aprender e crescer por conta própria.
2. Oportunidades de aprendizado (também conhecidas como problemas) aparecem e desafiam você a crescer. Todo problema é uma oportunidade para sair do antigo e entrar em outro nível. O que você escolhe fazer com essa oportunidade cria o seu destino. Você foge dos problemas, esperando que eles desapareçam magicamente? Ou aproveita a oportunidade e encara o desafio?

Seu parceiro amoroso oferece a maior oportunidade para você crescer e virar uma pessoa melhor. Ele desperta emoções negativas em você com gatilhos? Ótimo, ponha a mão na massa e reprograme esse gatilho.

Meu amigo ou amiga, vou compartilhar uma verdade que vai facilitar muito a vida quando você aceitá-la:

Ninguém foi colocado neste planeta para agradar *você*.

Não peça a alguém que mude para agradá-lo. Não é função de ninguém. Você precisa pôr a mão na massa e trabalhar.

Quando você sentir dor, é apenas o Universo dizendo que é hora de crescer, e para isso é preciso pôr a mão na massa na área que é a fonte da dor.

Digamos que seu parceiro tenha feito algo que ativa os seus gatilhos e deixa você mal. Até agora, você desejava que o parceiro mudasse para não ativar seus gatilhos.

Vamos parar um minutinho. Se isso precisa acontecer para a sua felicidade, você consegue imaginar quantas pessoas na sua vida precisam mudar para não ativar mais os seus gatilhos? Caramba! Tem o seu parceiro, as pessoas do trabalho, seus filhos, amigos, pais, vizinhos, irmãos, até o seu bichinho de estimação!

Dá para imaginar a lista imensa do que o seu parceiro precisa mudar para deixar você incrivelmente feliz, se esse fosse o *caminho* para a felicidade?

Quais são as probabilidades de todos pegarem a *sua* lista de gatilhos e mudar tudo para não afetar você? Poucas, não é? Veja bem: *você* vai mudar tudo no seu jeito de ser para nunca mais afetá-los e ativar os gatilhos deles? Isso seria ridículo!

Lembre-se de que cada pessoa tem gatilhos diferentes, então você jamais vai conseguir agradar a todos.

Para ilustrar, vamos fingir que você vive em um mundo de sonhos onde encontrou pessoas maleáveis o bastante para mudar tudo de acordo com sua lista de gatilhos. E se um dos seus gatilhos mudar e algo que nunca o incomodou antes passe a irritá-lo demais? Você vai distribuir uma nova lista para todos e continuar atualizando o que eles precisam mudar para não ativar seus gatilhos?

Está me entendendo?

A esta altura deve ser óbvio que a pessoa responsável por ativar seus gatilhos não é o problema. O *gatilho* em si é o problema. Então por que você está tentando proteger o gatilho ao pedir as pessoas para não ativá-lo? Vamos acabar com ele! Ao realizar o trabalho para desenvolver relacionamentos que ensinamos nestas páginas, você poderá fazer exatamente isso: acabar com esses gatilhos!

A educação para relacionamentos contida nos próximos capítulos vai ajudá-lo a ser uma pessoa melhor e mais autêntica, além de oferecer independência e força a partir das ferramentas e estratégias necessárias para despertar o melhor nos outros também.

É possível ter tudo! Mas não podemos fazer isso por você. É preciso pôr a mão na massa!

Se você está disposto a fazer isso, diga *"Sim!"*.

Vamos lá!

Quer uma ótima forma de começar? Pondo a mão na massa durante o seu *Milagre da manhã*!

Eu pratico um ritual matinal diário há vinte anos. Acredito que cada dia merece ser vivido ativamente, então projeto o meu dia durante *O milagre da manhã*, que me coloca no melhor estado possível para criar o dia que imaginei. Fiquei muito empolgada quando Hal pediu que escrevêssemos juntos *O milagre da manhã para transformar seu relacionamento*, pois já recomendava *O milagre da manhã* para os meus alunos.

Há muitas vantagens em praticar *O milagre da manhã* todos os dias, e vamos falar mais sobre eles nos próximos capítulos. Uma delas é começar todo dia oferecendo algo a *você* de modo a estar preparado para oferecer *aos outros* o resto do seu dia. Essa é a melhor forma de colocar a máscara de oxigênio em você primeiro.

Frequentemente os dias fogem de nós e passam voando. Fazer *O milagre da manhã* no início do dia terá efeitos duradouros para melhorar o seu estado ao longo do dia.

Isso vai mudar tudo, e estou empolgada com as novas possibilidades que vão se abrir para sua vida e seus relacionamentos!

Embora eu faça um ritual matinal diário há muito tempo e seja praticante devota de *O milagre da manhã*, não há pessoa melhor para ensinar *O milagre da manhã* do que o meu bom amigo e criador do método, Hal Elrod.

Nos próximos três capítulos, Hal vai ensinar você a usar *O milagre da manhã* para transformar sua vida. Ao longo dessas páginas, também vou contribuir dizendo como isso vai transformar seus relacionamentos.

Estudo de caso em um relacionamento real

CATHERINE

Antes

Quando comecei o programa de Stacey e Paul, eu tinha sido diagnosticada com câncer de mama fazia apenas um ou dois meses. Eu estava terrível e ranzinza, descontando toda a frustração no meu marido e na minha filha. Eu sabia que meu relacionamento estava indo por água abaixo e a culpa era minha. Toda noite meu marido ficava trabalhando no computador enquanto eu me perguntava por que ele não gostava de conviver comigo. Bom, eu certamente não era a melhor pessoa do mundo naquele momento, não é mesmo? Aquilo me abriu os olhos!

Por anos acreditei em todos esses MITOS: é preciso que as duas pessoas se envolvam; tem que ser meio a meio; e o mais embaraçoso de todos: "Eu preciso ser exatamente como Stacey e Paul para ter um amor inabalável e uma paixão sem limites." Era tudo BESTEIRA! Basta UM. Posso ser eu mesma de um jeito tranquilo e autêntico e ter um relacionamento maravilhoso! Sou a prova viva disso!

Mãos à obra

Comecei a colocar em prática as estratégias de Paul & Stacey logo de cara. Existem tantas histórias que eu poderia contar, mas vou falar apenas da mudança para me comprometer a estar cem por cento PRESENTE. Minha nossa, foi DIFÍCIL demais. Se Stacey disse que "tinha medalha de ouro em cobrar o parceiro", então eu sem dúvida estava do lado dela no pódio com a medalha de prata. Eu fiz o programa, caí de cara no chão, depois levantei e tentei de novo.

Eu me lembro de uma vez em que meu marido estava na frente de casa preparando o removedor de neve, mesmo sendo dez horas da noite e estando exausto. Eu não perguntei nem o importunei. Simplesmente deixei que ele continuasse. (Isso nunca teria acontecido antes de eu começar este programa.)

Logo depois entrou em casa e começar a dobrar as roupas, fui para a cozinha e vi a pia cheia de louça. A ANTIGA Catherine teria ido dormir e deixado tudo para ELE lavar de manhã, porque, afinal de contas, era o trabalho DELE. A NOVA (e ainda exausta) Catherine foi até a pia cantando uma música feliz, sentindo imensa gratidão por ser capaz de OFERECER esse PRESENTE ao marido de boa vontade (sem compromisso), completamente PRESENTE! Meu marido ficou MUITO grato!

Hoje nosso casamento é incrível! Nós construímos tijolos (conversas construtivas), temos noites de amor, pedimos o que queremos sem enrolação e honramos um ao outro. O homem que nunca me trazia flores não só me deu três buquês nos últimos dois meses como disse que planeja manter o vaso cheio! É O PARAÍSO!

Não tenho palavras para expressar minha gratidão a você, Stacey! Seu processo mudou por completo a nossa vida! A casa está mais harmoniosa, colocamos um ao outro em primeiro lugar, nossa filha está mil vezes mais feliz e tudo isso enquanto eu passava pela quimioterapia e estava prestes a começar a radioterapia. Sério, o câncer coloca QUALQUER relacionamento à prova! Estou de queixo caído! Obrigada um milhão de vezes! Amo você demais! UM BEIJO!

OS SEGREDOS DO SUCESSO DELA

- **Sem desculpas:** Catherine tinha acabado de ser diagnosticada com câncer de mama quando nos procurou. Ela poderia facilmente ter alegado que não tinha tempo ou precisava se concentrar em SOBREVIVER em vez de pôr a mão na massa, mas não deu essa desculpa.

- **Acordar:** Catherine recebeu o alerta para acordar com a doença. Ela escolheu criar uma vida magnífica com o tempo que tinha! E começou a transformar e agir com tudo! Ela obteve grandes resultados!
- **Responsabilidade pessoal:** um dos pontos que mais admiro em Catherine é a dedicação para assumir responsabilidade pessoal por tudo em seu mundo atual! Toda vez que "caiu de cara no chão", ela se levantou e perguntou: "O que eu posso fazer para mudar a situação?" Se isso não é um ato *heroico*, eu não sei o que é!

Paul e eu ficamos felizes da vida em dizer que, um ano depois, Catherine triunfou! Hoje ela está curada do câncer, e o casamento e a família estão mais fortes do que nunca!

Capítulo 2

POR QUE AS MANHÃS SÃO IMPORTANTES (MAIS DO QUE VOCÊ PENSA)

HAL ELROD

"'A vida é curta demais' é uma frase tão repetida que virou um clichê, mas agora é verdade. Você não tem tempo para ser infeliz e medíocre. Não só é inútil como também doloroso."

— Seth Godin, autor best-seller do *New York Times*

"Você levanta todas as manhãs com determinação se vai dormir com satisfação."

— George Lorimer, jornalista e escritor norte-americano

A maneira como você começa a manhã forma a mentalidade e o contexto para o resto do dia. Comece o dia com uma manhã ativa, disciplinada, voltada para o crescimento e para seus objetivos, e é quase garantido que o resto do dia vai ser um arraso.

Como diz Stacey, "Esse é um elemento fundamental para viver ativamente em vez de viver apenas por viver. Todos os dias merecem ser planejados antes de começar!"

Você começa o dia se sentindo sobrecarregado? Sou capaz de apostar que a maioria das pessoas (dentro ou fora de relacionamentos) se sente assim. O dia começa quando o alarme toca, elas são acordadas pelas crianças ou quando definitivamente *precisam* levantar.

E se você pudesse ter o momento de paz e tranquilidade com que tanto sonha? Aquele espaço mental limpo e arrumadinho onde é possível recuperar a noção de elegância e dignidade, estar no controle e seguir adiante de modo ordenado e protegido? Você sabe que não é possível, ou talvez até seja, mas não hoje. Talvez quando você ficar rico ou as crianças tiverem crescido. Só não pode ser agora.

Não surpreende que a maioria das pessoas comece o dia procrastinando, deixando a vida ou o trabalho definir a agenda e mandando um recado ao subconsciente de que não precisa ter energia nem vontade de sair da cama. Elas pensam que hoje vai ser outro dia de luta no qual os objetivos pessoais voam pela janela na correria do dia a dia para atender às necessidades alheias.

Além disso, a maioria das pessoas acredita que não é matinal, fazendo o padrão de procrastinação aparecer cedo na vida e assim permanecer.

Mas e se você pudesse mudar isso?

E se, quando o alarme tocar de manhã, você o considerar o primeiro presente do dia? É o presente do tempo que você vai dedicar a se transformar na pessoa que precisa ser para conquistar os objetivos e sonhos para você e seu relacionamento, enquanto o resto do mundo ainda dorme.

Você pode estar pensando: *Tudo isso parece ótimo, Hal. Mas. Eu. Não. Sou. Uma. Pessoa. Matinal.*

Eu entendo. É sério! Você está dizendo algo que eu já repeti diversas vezes. E acredite: falhei muitas vezes quando tentava controlar minhas manhãs, mas isso foi antes de ter descoberto *O milagre da manhã*.

Acompanhe o que estou dizendo. Além de querer um relacionamento melhor, aposto que você também quer acabar com os problemas, ter estabilidade financeira, alcançar seus objetivos e lidar melhor com as emoções intensas e não tão boas geradas por esses desafios. Tudo isso o impede de ser um parceiro eficaz porque afeta a autoestima, gerando sensações ruins em relação a si e à vida.

Acredito totalmente no conselho dado no início de cada voo: coloque sua máscara de oxigênio primeiro e só depois ajude seu filho. Você não vai conseguir ajudar ninguém se desmaiar por falta de ar.

Muita gente não enxerga essa verdade simples. As pessoas pensam que sucesso significa colocar suas necessidades em último lugar, mas têm tanto a fazer que nunca atendem às próprias necessidades. Ao longo do tempo, elas acabam exaustas, deprimidas, ressentidas e sobrecarregadas.

Parece familiar?

Então, entenda o seguinte:

O segredo para tudo está nas manhãs.

Mais importante até que o *horário* de começar o dia é a *mentalidade* com a qual você o inicia.

Não importa a situação do seu relacionamento, praticar *O milagre da manhã* antes de tudo é importante para garantir que você tenha *o seu tempo* sem interrupções. A boa notícia é que vale a pena e é muito mais divertido e recompensador do que você poderia imaginar.

Mas antes de ensinar *como* dominar suas manhãs, Stacey e eu vamos defender o *por quê*. E acredite: após descobrir a verdade profunda sobre as manhãs, você nunca mais vai querer desperdiçar o começo do dia.

POR QUE AS MANHÃS SÃO TÃO IMPORTANTES

Stacey Martino

Quanto mais você aproveita o poder de acordar cedo e dos rituais matinais, mais aumentam as provas de que quem cedo madruga recebe *muito* mais do que a ajuda de Deus. Aqui estão algumas das principais vantagens de aproveitar bem as manhãs:

Você vai aproveitar a "interrupção no embalo"

A metafísica ensina que o sono interrompe o embalo desenvolvido no dia anterior. Quando você acorda, não há embalo algum, e aí está a maior oportunidade para definir uma nova intenção para o seu dia. Às vezes parece que o relacionamento nunca muda e que os dias são sempre iguais. Há uma *abertura* para mudar isso, que acontece todas as manhãs graças a essa interrupção no embalo. Aprender a expandir essa oportunidade todos os dias é um dos segredos para o sucesso em cada aspecto da vida e sem dúvida também nos seus relacionamentos. Usar esse embalo assim que acorda para projetar o dia vai dar a você uma imensa vantagem na criação de mudanças positivas.

Você terá mais compaixão e paciência

Lembre-se, você está o tempo todo mudando o relacionamento por meio dos gatilhos, ativando os do seu parceiro enquanto ele ativa os seus. Durante o processo de aprendizado das ferramentas e estratégias contidas neste livro, a capacidade de ter paciência e compaixão vai ajudar imensamente a reduzir esses gatilhos. Você terá mais recursos e aumentará a capacidade de mudar o relacionamento para melhor.

Você vai ser uma pessoa mais proativa e produtiva

As pessoas costumam achar que a vida é corrida demais e que não há tempo para desenvolver a relação. Quando ensinamos estratégias como ouvir áudios enquanto dirige, faz compras no supermercado ou resolve problemas na rua, você também precisa de *foco*. O melhor momento para isso é antes de começar o dia. Tony Robbins ensina a diferença entre o *vou fazer* e o *devia fazer*. Quando você decide que *vai fazer* o desenvolvimento da relação, põe a mão na massa e se delicia com os resultados. Se não fizer isso, então, como diz Tony, de modo encantador: "Você está se devendo todo."

Você terá mais energia

As pessoas geralmente dizem que não têm *tempo* para levantar uma hora mais cedo do que o normal. Essa crença é falsa e mentirosa. Se existe algo que iguala mais o jogo entre os seres humanos, é o tempo. Você, eu, Hal, Oprah, todos nós temos as mesmas 24 horas no dia. Nem mais, nem menos. Você tem tempo, só não quer abrir mão de algo para priorizá-lo. E esse *algo* em geral é o sono. O que você está dizendo é que não tem *energia* para levantar uma hora mais cedo.

Eu entendo. Houve noites em que trabalhei até a uma da manhã, nossa filha, Gracie, me acordou às duas e meia e às quatro e meia, e meu despertador tocou às seis para começar o dia. Acredite, eu sei como é isso.

A verdade é que, se meu despertador tocasse às seis porque eu ia entrar em um avião para Santa Lúcia rumo ao evento "Breakthrough in Paradise" daquela semana, eu pularia da cama feliz da vida e pegaria as malas para sair!

É incrível quanta energia nós temos quando *amamos* o motivo para levantar da cama. Quando o sistema nervoso sente os *benefícios* de *O milagre da manhã* e percebe que a prática realmente deixa os dias melhores para você, não haverá dificuldade alguma para levantar e começar.

Meu momento de *O milagre da manhã* faz mais por mim do que uma hora de sono.

Você terá mais a oferecer ao seu relacionamento

Se duas pessoas estão no relacionamento para *receber*, o que sobra? Nada! O relacionamento não é algo em que nos envolvemos para *receber*. Nós temos relacionamentos para *oferecer*. Talvez você esteja em uma situação na qual sinta que apenas ofereceu e não recebeu nada, e se pergunte quando o jogo vai virar. Não se preocupe: nos próximos capítulos deste livro, vou mostrar o quanto desse oferecimento não está chegando ao parceiro e como mudar o que você oferece para que funcione e dê resultados.

Enquanto isso, você precisa entender que não é possível oferecer se estiver de tanque vazio. Se você tem dificuldade para oferecer, sentir compaixão e pôr a mão na massa durante o dia, não terá a mudança que deseja. Transformar o relacionamento exige trabalho. Vou fornecer atalhos e métodos de eficácia comprovada, mas você ainda assim precisa agir.

Descobri que os clientes que obtém os melhores resultados com esse trabalho prepararam o dia para o sucesso ao oferecer a si mesmos *antes*, de modo a começar o dia com o tanque cheio. *O milagre da manhã* é a ferramenta para isso. Dê a si mesmo uma hora, quinze minutos ou até seis minutinhos para se reabastecer, e você terá muito mais progresso na transformação do seu relacionamento naquele dia.

Você vai obter resultados melhores ao se libertar das expectativas antes de começar o dia

É da natureza humana esperar pela repetição de um determinado evento após ele ter acontecido algumas vezes. Certo? Ficamos presos aos nossos padrões e esperamos que os outros reajam sempre da mesma forma. Se essa dinâmica não tiver mudanças positivas, vai acabar com o relacionamento. Nos próximos capítulos vou ensiná-lo a mudar a *sua* parte, ajudando-o a estar presente de uma nova forma.

Contudo, para obter resultados excelentes, também é preciso mudar as expectativas de como seu parceiro vai reagir ou responder. Talvez você nem perceba, mas há uma boa probabilidade de esperar uma resposta negativa do parceiro. Se você espera o pior, na certa vai encontrá-lo. Quando você reserva um momento todas as manhãs para visualizar um resultado positivo, começa a quebrar sua programação cerebral de expectativas negativas e a substituí-la por possibilidades e expectativas positivas. Isso aumenta o progresso na transformação do relacionamento.

Como diz Hal: "As provas estão aqui, e os especialistas dizem: *O segredo para uma vida de extraordinário sucesso está nas manhãs.*" Agora vamos saber por que ele pensa assim.

MANHÃS? SÉRIO?

Hal Elrod

Eu admito. Ir de *Não sou uma pessoa matinal* para *Eu realmente quero ser uma pessoa matinal* e depois chegar a *Acordo cedo todo dia e é incrível!* é um processo. Mas, após algumas tentativas e erros, você vai aprender a dominar, controlar e frustrar o dorminhoco que existe dentro de você para transformar o ato de acordar cedo em um hábito. Muito bem, isso parece ótimo na teoria, mas você pode estar sacudindo a cabeça e pensando: *Não tem como. Eu já estou espremendo 27 horas no meu dia que só tem 24. Como eu vou acordar uma hora mais cedo?*

Uma pergunta: *Como assim você não pode?*

O principal aqui é entender que *O milagre da manhã* não tem a ver com perder uma hora de sono para ter um dia mais longo e árduo. Nem é uma questão de acordar mais cedo, e sim de acordar *melhor*.

Milhares de pessoas em todo o mundo já estão vivendo *O milagre da manhã*. Muitas delas eram pessoas noturnas, mas estão conseguindo. Na verdade, estão *prosperando*. E isso não acontece só por terem acrescentado uma hora ao dia; é por terem adicionado a hora *certa*. E você também pode fazer isso.

Ainda não acredita? Então vou explicar o seguinte: *a parte mais difícil de acordar uma hora mais cedo são os primeiros cinco minutos*. Esse é o momento crucial em que, acomodado na cama quentinha, você decide começar o dia ou aperta o botão de soneca *só mais uma vez*. É a hora da verdade, e a decisão que você tomar ali vai mudar o dia, o seu sucesso e a sua vida.

É por isso que os primeiros cinco minutos são o ponto de partida de *O milagre da manhã para relacionamentos*. É hora de conquistar todas as manhãs! Quando conquistamos a manhã, nós ganhamos o dia.

Nos próximos dois capítulos, vou fazer com que acordar cedo seja mais fácil e empolgante (mesmo que você *nunca* tenha sido uma pessoa matinal) e ensinar a expandir esses recém-descobertos minutos matinais com os *Salvadores de Vida*, as seis práticas mais poderosas e comprovadas de desenvolvimento pessoal que existem.

No Capítulo 5, Stacey vai fornecer uma mudança de perspectiva e tanto. Depois dela, você nunca mais verá homens, mulheres e relacionamentos da mesma forma.

No Capítulo 6, Stacey vai falar da metodologia comprovada e estabelecida por ela e Paul que ensina a se fortalecer e perdoar *tudo* o que está atrasando você. *Sim, tudo.*

Nos Capítulos 7 e 8, Stacey e Paul vão fornecer estratégias e ferramentas para você começar a usar hoje mesmo e criar a mudança que deseja em seu relacionamento.

No Capítulo 9, Stacey mostra o guia criado por ela e Paul para fortalecer você e obter *mudanças duradouras* por meio do desenvolvimento pessoal, além de *soluções* que vão levar a resultados ainda mais impressionantes.

Por fim, há um capítulo bônus escrito por Stacey e Paul que você vai amar!

Temos muitos assuntos para abordar neste livro, então vamos começar agora.

Capítulo 3

BASTAM CINCO MINUTOS PARA VIRAR UMA PESSOA MATUTINA

HAL ELROD

Se você parar para pensar, apertar o botão soneca de manhã nem faz sentido. É como dizer: "Odeio acordar, então acordo repetidamente, de novo e de novo."

— Demetri Martin, comediante

Você já pensou que a forma de começar o dia pode ser o fator mais importante para determinar como levamos a vida? Quando acordamos empolgados e criamos uma manhã poderosa, produtiva e com propósito, nós nos preparamos para ganhar o dia.

Apesar disso, a maioria das pessoas começa o dia com resistência e procrastinação, apertando o botão de soneca e esperando até o último minuto para sair de debaixo do conforto das cobertas. Embora possa não ser óbvio, esse ato que parece inocente pode estar mandando uma mensagem prejudicial ao subconsciente, programando a psique com a crença que você não tem disciplina para sair da cama de manhã, que dirá fazer o necessário para conquistar o que deseja para a vida.

Será que a forma de acordar de manhã afeta a pessoa em que estamos nos transformando e consequentemente muda todas as áreas da vida?

Quando o despertador começar a tocar de manhã, pense nisso como o primeiro *presente, desafio e oportunidade* que a vida nos deu, tudo ao mesmo tempo. É o dom de mais um dia, o desafio de tomar a decisão disciplinada de sair da cama e a oportunidade de investir tempo no desenvolvimento pessoal para se transformar na pessoa que precisa ser para criar a vida que realmente deseja. E você vai fazer tudo isso enquanto o resto do mundo continua a dormir.

A boa notícia é que é possível gostar de acordar cedo e fazer isso com facilidade todo dia, mesmo sem *nunca* ter sido uma pessoa matinal.

Eu sei que você pode não acreditar agora, pensando: *Isso pode ser verdade para quem é de acordar cedo, mas, acredite, eu já tentei. Simplesmente não sou uma pessoa matinal.*

E é verdade. Eu sei porque também fui assim. Costumava dormir até o último minuto, quando obrigatoriamente precisava levantar. Mesmo assim, ainda levava um tempo para sair da cama. Eu era viciado no botão de soneca e odiava as manhãs. Odiava levantar da cama.

E agora eu amo.

Como eu fiz isso? Quando as pessoas me perguntam como me transformei em uma pessoa matinal e com isso mudei minha vida, eu digo que fiz isso em cinco passos simples, uma de cada vez. Sei que pode parecer simplesmente impossível, mas acredite neste ex-viciado no botão de soneca: é possível. E você pode fazer isso do mesmo jeito que eu fiz.

Esta é a mensagem crucial em relação a levantar cedo: é possível mudar. Pessoas matinais não nascem assim, elas se fazem. Você pode fazer isso, e não precisa ter a força de vontade de um maratonista olímpico. Eu afirmo que, quando acordar cedo não for apenas algo que você faz e sim *quem você é*, as manhãs vão ser sua parte favorita do dia. Acordar será para você como é para mim: algo que acontece sem esforço.

Não se convenceu? Largue o ceticismo por um instante e me deixe apresentar o Processo de Perdão em Cinco Passos que transformou minha vida. Cinco passos simples e à prova de sonecas que tornaram o ato de acordar, mesmo cedo, mais fácil do que nunca. Sem essa estratégia, eu ainda estaria dormindo (ou tirando sonecas) e ativando alarmes a cada manha. Pior: eu ainda estaria me apegando à crença limitante de que não sou uma pessoa matinal.

E teria perdido um mundo de oportunidades.

O desafio de acordar

Acordar cedo se assemelha a correr: você pensa que não é um corredor e talvez *odeie* correr, até amarrar os cadarços dos tênis e sair relutante pela porta em uma velocidade que indica que você está saindo para correr. Tendo assumido o compromisso de superar o aparentemente insuperável desdém pela corrida, você coloca um pé na frente do outro. Faz isso por algumas semanas e um belo dia se dá conta: *virei um corredor.*

Da mesma forma, se você resiste a acordar de manhã e escolheu apertar o botão da *procrastinação*, digo, o botão de *soneca,* então é claro que *ainda* não é uma pessoa matinal, mas siga esse processo simples que está prestes a descobrir e você vai acordar em algumas semanas (talvez até alguns dias) e vai se dar conta: *Não acredito... Virei uma pessoa matinal!*

As possibilidades parecem incríveis agora, e você pode se sentir motivado, empolgado e otimista, mas o que vai acontecer quando o despertador tocar amanhã? O quanto você vai estar motivado quando for tirado de um sono profundo por um alarme berrando?

Todos nós sabemos onde a motivação vai estar nesse momento: descendo pela descarga e sendo substituída pela racionalização. E a racionalização é esperta. Em poucos segundos, podemos nos convencer de que só precisamos de uns minutinhos a mais... E, quando nos damos conta, estamos correndo pela casa atrasados para o trabalho e para a vida. De novo.

É um problema difícil. Justo quando mais precisamos da motivação, nos primeiros momentos do dia, é quando ela parece desaparecer.

A solução está em dar um gás na motivação matinal e preparar um ataque surpresa contra a racionalização. É isso que os cinco passos a seguir fazem por você. Cada passo do processo é feita para aumentar o que chamo de Nível de Motivação ao Acordar (NMA).

Assim que acorda de manhã, você pode ter um baixo NMA, o que significa que, quando o alarme tocar, só quer voltar para a cama. É normal. Mas, ao usar este processo simples de cinco passos (que leva uns cinco minutos), você vai gerar um alto NMA e ficar pronto para pular da cama e encarar o dia.

A estratégia de cinco passos à prova de soneca para despertar

Primeiro minuto: definir suas intenções antes de dormir

O primeiro segredo para acordar é entender isto: *seu primeiro pensamento da manhã geralmente é igual ao último pensamento que teve antes de ir dormir.* Aposto que você já teve noites em que mal conseguiu dormir porque estava muito empolgado para acordar na manhã seguinte. Foi quando você era criança, na manhã do Natal, ou no dia de sair para uma viagem de férias: assim que o despertador tocava, você já abria os olhos disposto a pular da cama. Por quê? Porque o último pensamento que teve antes de dormir foi positivo.

Por outro lado, se seu último pensamento antes de dormir for: *Ah, droga, não acredito que preciso levantar daqui a seis horas. Vou estar exausto de manhã...* então o primeiro pensamento quando o alarme tocar provavelmente será algo como: *Ah, droga, já se passaram seis horas? Nããããão... Eu só quero continuar dormindo!* Pense nisso como uma profecia que sempre se cumpre, e lembre-se: você cria a sua realidade.

O primeiro passo é decidir toda noite, antes de dormir, criar de modo ativo e consciente uma expectativa positiva para a manhã seguinte. Visualize e afirme para si mesmo.

Para ajudar nisso, obter as palavras exatas a serem ditas antes de dormir e criar suas poderosas intenções matinais, basta baixar as "Afirmações da hora de deitar" gratuitamente em **www.MiracleMorning.com/Brazil.**

Segundo minuto: colocar o despertador do outro lado do quarto

Se você ainda não fez isso, coloque o despertador o mais longe possível da cama. Isso vai obrigá-lo a levantar e mexer o corpo para desligar o alarme. Movimento cria energia, e levantar da cama para andar pelo quarto naturalmente o ajuda a acordar.

A maioria das pessoas mantém o despertador ao lado da cama. Pense só: se você o deixar por perto, ainda vai estar em estado parcial de sono quando o alarme tocar, e seu NMA vai estar no ponto mais baixo, o que dificulta muito mais a convocação da disciplina para sair da cama. Na verdade, você pode desligar o alarme sem nem perceber! Em algum momento, todo mundo já se convenceu de que o alarme era apenas parte do sonho que estávamos tendo. (Não aconteceu só com você, pode acreditar.)

Ao se obrigar a sair da cama para desligar o alarme, você está se preparando para o sucesso ao acordar cedo porque instantaneamente aumentou seu NMA.

Naquele momento, contudo, em uma escala de um a dez, o seu NMA ainda pode estar por volta de cinco e você provavelmente vai se sentir mais dormindo que acordado, portanto a tentação de virar e voltar para a cama ainda estará presente. Para aumentar o NMA um pouco mais, experimente o próximo passo.

Terceiro minuto: escovar os dentes

Assim que levantar da cama e desligar o alarme, vá direto para o banheiro escovar os dentes. Eu sei o que você deve estar pensando: *Sério? Está dizendo que preciso escovar os dentes?* Sim. A ideia é fazer atividades simples nos primeiros minutos, para que seu corpo tenha tempo de acordar.

Após desligar o despertador, vá logo ao banheiro para escovar os dentes e jogue água quente (ou fria) no rosto. Essa atividade simples vai aumentar ainda mais o seu NMA.

Agora que seu hálito está refrescante, é hora de continuar.

Quarto minuto: beber um copo de água

É crucial que você se hidrate logo de manhã. Após seis a oito horas sem água, você vai estar levemente desidratado, o que causa fadiga. Em geral, quando as pessoas estão cansadas, a qualquer hora do dia, precisam é de mais água, não de mais sono.

Comece tomando um copo ou garrafa de água (ou você pode fazer como eu: encher o recipiente na noite anterior e deixar tudo pronto para o dia seguinte), e beba na velocidade mais confortável para você. O objetivo é repor a água da qual você se privou durante as horas de sono. (E veja bem: os benefícios da hidratação matinal incluem ter uma pele com aparência mais jovem e manter um peso saudável. Nada mau para um pouquinho de água!)

Esse copo de água deve aumentar um pouco mais seu NMA, levando você ao próximo passo.

Quinto minuto: vestir as roupas de ginástica (ou entrar no chuveiro)

O quinto passo tem duas opções. A *primeira opção* é vestir as roupas de ginástica, sair do quarto e começar logo *O milagre da manhã*. Você pode preparar as roupas antes de dormir ou já dormir vestido com elas (sim, é sério). Para algumas pessoas, a preparação na noite anterior é particularmente importante e ajuda a ir direto à prática. Você pode transformar essa parte em um ritual antes de ir dormir.

A *segunda opção* é entrar no chuveiro, que é uma ótima forma de levar seu NMA ao ponto em que ficar acordado é muito mais fácil. Contudo, eu geralmente prefiro colocar as roupas de ginástica, já que preciso de um banho após me exercitar e acredito que você precisa *merecer* a chuveirada matinal!

Porém, muita gente prefere tomar banho antes porque ajuda a acordar e a começar bem o dia. A escolha é toda sua.

Seja qual for a opção escolhida, após realizar esses cinco passos simples o seu NMA deve estar alto o suficiente de modo a exigir pouca disciplina para ficar acordado e realizar seu *O milagre da manhã*.

Se você tentasse aceitar esse compromisso assim que o despertador tocou a primeira vez, enquanto estava com um NMA de quase zero, seria uma decisão muito mais difícil de tomar. Os cinco passos criam um embalo e, em poucos minutos, você está pronto para começar em vez de estar grogue.

Nunca fiz esse processo nos primeiros cinco minutos para depois decidir voltar a dormir. Depois de levantar e me movimentar pela manhã, posso continuar fazendo isso com mais facilidade ao longo do dia.

Mais dicas para acordar de *O milagre da manhã*

Embora essa estratégia tenha funcionando para milhares de pessoas, os cinco passos não são a única forma de facilitar o processo de acordar. Aqui estão mais algumas que ouvi de outros praticantes de *O milagre da manhã*:

- **afirmações da hora de deitar:** baixe gratuitamente em www.MiracleMorning.com/Brazil essas afirmações energizantes e definidoras de intenção para ajudá-lo a programar o subconsciente antes de dormir e garantir um despertar concentrado e pronto para aproveitar seu dia ao máximo.
- **configure um *timer* para as luzes do quarto:** um integrante da comunidade de *O milagre da manhã* contou que instalou um *timer* para as luzes do quarto (você pode comprar um desses pela internet ou na loja de utilidades domésticas mais próxima). Quando o despertador toca, as luzes do quarto se acendem. Que ideia incrível! É muito mais

fácil voltar a dormir quando está escuro. As luzes ligadas dizem para a sua mente e o seu corpo que é hora de acordar. Mesmo se não usar um *timer*, ligue a luz assim que o despertador tocar.

- **configure um *timer* para o aquecedor do quarto:** outra integrante da comunidade de *O milagre da manhã* configura o *timer* para desligar o aquecedor do quarto quinze minutos antes de acordar durante o inverno. Ela deixa a temperatura um pouco mais fria à noite e bem quente ao acordar para não ficar tentada a voltar para debaixo das cobertas.

Fique à vontade para adicionar ou personalizar a estratégia de cinco minutos à prova de soneca para acordar. Se você tiver alguma pergunta que gostaria de fazer a praticantes mais experientes de *O milagre da manhã*, não hesite em publicá-la [em inglês] na comunidade *The Miracle Morning* em **MyTMMCommunity.com.**

Para acordar com facilidade e todos os dias, deve-se ter uma estratégia eficaz e predeterminada para aumentar o NMA de manhã. Não espere para experimentar isso! Comece hoje mesmo lendo as "Afirmações da hora de deitar", defina uma intenção poderosa para acordar amanhã, coloque o despertador do outro lado do quarto, um copo de água na cabeceira da cama e se comprometa com os outros dois passos para a manhã.

Agir imediatamente

Não há necessidade de esperar para colocar em prática o poder de acordar cedo. Como disse Tony Robbins: "Quando AGORA vai ser um bom momento para fazer isso?" Agora seria mesmo perfeito! Na verdade, quanto mais rápido você começar, mais rápido vai perceber os resultados, incluindo um aumento na disposição, no bom humor e, claro, uma vida em família mais feliz.

Primeiro passo:

Ajuste o alarme para 30-60 minutos mais cedo do que você costuma acordar pelos próximos trinta dias. Isso mesmo, apenas 30-60 minutos por trinta dias, começando agora. E faça questão de anotar na agenda para fazer o seu primeiro *Milagre da manhã... Amanhã cedo.* Isso mesmo, não use "*Vou esperar até terminar o livro*" como desculpa para a procrastinação!

Se você estiver com dúvidas porque tentou mudar no passado mas não conseguiu, aqui está uma sugestão: leia agora o Capítulo 10, O desafio de *O milagre da manhã* para mudança de vida em trinta dias. Isso vai oferecer a mentalidade e a estratégia para superar qualquer resistência, como também o processo mais eficaz para colocar um novo hábito em prática e mantê-lo. Pense nisso como fazer um começo com o fim em mente.

Deste dia em diante, começando pelos próximos trinta dias, deixe o despertador programado para tocar 30-60 minutos mais cedo do que você costuma acordar. Assim, você vai conseguir levantar quando *quer* em vez de quando *precisa*. É hora de iniciar cada dia com um *Milagre da manhã* e se transformar na pessoa que você precisa ser para levar seu desenvolvimento pessoal e sua relação a níveis extraordinários.

O que você vai fazer com essa hora a mais? Vamos descobrir no próximo capítulo. Por enquanto, apenas continue lendo este livro durante o seu *Milagre da manhã* até aprender a rotina completa.

Segundo passo:

Visite a comunidade de *The Miracle Morning* em MyTMMCommunity.com para se conectar e conseguir apoio [em inglês] com mais de 80 mil madrugadores com a mesma mentalidade. Muitos deles vêm obtendo resultados extraordinários com *O milagre da manhã* há anos.

Vários leitores recentes de *O milagre da manhã* vão até a comunidade na internet para encontrar um parceiro de responsabilização: alguém que os acompanhe nessa nova aventura de modo a estimular, apoiar e se responsabilizar mutuamente para seguir em frente, até *O milagre da manhã* fazer parte da sua vida.

Muito bem, agora vamos ver as seis práticas de desenvolvimento pessoal mais poderosas conhecidas pelo homem (ou mulher)... os Salvadores de Vida.

Capítulo 4

OS SALVADORES DE VIDA PARA RELACIONAMENTOS

HAL ELROD

O que Hal fez com os Salvadores de Vida foi pegar as melhores práticas, criadas ao longo de séculos de desenvolvimento da consciência humana, e condensar as mais eficientes em um ritual matinal diário. Um ritual que agora faz parte do meu dia.

Várias pessoas fazem pelo menos um dos salvadores por dia. Por exemplo, muita gente faz exercícios físicos toda manhã. Outras preferem o silêncio, a meditação, a escrita ou mantêm um diário. Mas até Hal surgir com os salvadores ninguém estava fazendo todas as seis melhores práticas matinais. O milagre da manhã *é perfeito para pessoas muito ocupadas e bem-sucedidas. Fazer os Salvadores de Vida todas as manhãs é como abastecer meu corpo, mente e espírito com combustível de foguete antes de começar o dia, todos os dias.*

— Robert Kiyosaki, autor do livro de sucesso *Pai rico, pai pobre*

A maioria das pessoas vive no lado errado de uma lacuna decisiva que separa *quem somos* de *quem podemos ser* e nos impede de criar a vida que realmente desejamos. É comum se sentir frustrado com a falta de motivação, esforço e resultados consistentes em uma ou mais áreas da vida. Passamos tempo demais *pensando* no que deveríamos fazer para criar os resultados que desejamos, mas não fazemos. Frequentemente nós sabemos o que é preciso fazer; apenas não fazemos isso com regularidade.

Você já se sentiu assim? Como se a vida e o relacionamento que você deseja e a pessoa que você precisa ser para criar ambos estivessem além do alcance? Quando você vê outras pessoas bem-sucedidas em uma área ou vivendo em um nível acima do seu, tem a impressão de que elas têm tudo resolvido? Como se soubessem de alguma coisa que você desconhece, pois se soubesse também seria bem-sucedido?

Quando vivenciei o segundo dos meus dois fundos do poço (o primeiro foi quando morri por seis minutos em um acidente de carro, e o segundo, quando minha empresa faliu devido ao colapso financeiro de 2008), fiquei perdido e deprimido. Tentei aplicar meus conhecimentos e não funcionou. Nada melhorava minha situação. Então, comecei a busca pela estratégia mais rápida e eficaz para levar meu sucesso ao próximo patamar. Procurei as melhores práticas de desenvolvimento pessoal utilizadas pelas pessoas mais bem-sucedidas do mundo.

Após descobrir e criar uma lista de seis práticas de desenvolvimento pessoal mais atemporais, eficazes e comprovadas, primeiro eu tentei determinar quais delas acelerariam meu sucesso de modo mais rápido. Contudo, o avanço ocorreu quando perguntei: *o que aconteceria se eu fizesse TODAS elas?*

E foi o que fiz. Dois meses depois de implementar as seis práticas quase todos os dias, vivi o que se pode chamar de resultados milagrosos. Minha renda mais que dobrou, eu saí de ser alguém que não corria mais de um quilômetro e passei a ser uma pessoa que treina para uma ultramaratona de 83 quilômetros. Isso porque eu *não era* um corredor — na verdade, eu odiava correr. Eu pensei: *Qual a melhor forma de levar minha capacidade física, mental, emocional e espiritual a outro patamar*?

Então, se você for muito bem-sucedido como o multimilionário e empreendedor Robert Kiyosaki (que pratica *O milagre da manhã* e os Salvadores de Vida quase todos os dias) ou se já sentiu que a vida que deseja e a pessoa que você pode ser estão além do alcance, os Salvadores de Vida vão evitar que perca a vida extraordinária que realmente deseja.

Por que os Salvadores de Vida funcionam?

Os Salvadores de Vida são práticas diárias simples e profundamente eficazes que vão lhe permitir realizar o seu potencial. Eles também ajudam a obter mais clareza para planejar e viver a vida nos seus termos. Eles são feitos de modo a começar o dia no auge físico, mental, emocional e espiritual para se sentir incrível, manter um aperfeiçoamento constante e *sempre* fazer o seu melhor.

Eu sei, eu sei. Você não tem tempo. Antes de começar *O milagre da manhã*, eu acordava no meio de um caos completo, só tinha tempo para me vestir e sair para o trabalho. Você provavelmente pensa que mal consegue dar conta dos seus afazeres atuais, que dirá do que deseja fazer, mas eu também não tinha tempo antes de *O milagre da manhã*. E agora tenho mais tempo, mais prosperidade e uma vida mais tranquila do que nunca.

O que você precisa perceber agora é que *O milagre da manhã* vai criar tempo para você. Os Salvadores de Vida são o veículo para ajudá-lo a se reconectar com sua verdadeira essência e acordar com um propósito em vez de uma obrigação. Estas práticas ajudam você a ter disposição, enxergar as prioridades de modo mais claro e encontrar o fluxo mais produtivo da sua vida.

Em outras palavras, os Salvadores de Vida não tiram tempo do seu dia, e sim acrescentam.

Cada um dos Salvadores de Vida representa uma das melhores práticas utilizadas pelas pessoas mais bem-sucedidas do planeta.

É isso que faz *O milagre da manhã* ser tão eficaz: você está convocando os benefícios transformadores não só de uma, mas de todas as seis *melho-*

res práticas criadas ao longo de séculos de desenvolvimento da consciência humana e combinando todas em um ritual matinal conciso e totalmente personalizável.

Os Salvadores de Vida são:

- silêncio
- afirmações
- visualizações
- exercícios
- leitura
- escrita

Realizar essas seis práticas é o melhor jeito de acelerar o desenvolvimento da sua relação durante o recém-descoberto ritual de *O milagre da manhã*. Elas são personalizáveis e se adaptam a você, ao seu estilo de vida e a seus objetivos específicos. E você já pode colocá-los em prática quando acordar amanhã.

Vamos analisar cada um dos Salvadores de Vida em detalhes.

S de silêncio

O silêncio, a primeira prática dos Salvadores de Vida, é um hábito crucial para relacionamentos felizes. Se você já começa o dia pegando o telefone e o computador e mergulhando nos e-mails, telefonemas, redes sociais ou mensagens de texto, esta é a oportunidade para conhecer o poder de começar todos os dias com *silêncio* tranquilo e internacional.

Assim como eu fazia antes de *O milagre da manhã*, a maioria das pessoas começa o dia quando não tem mais jeito, em vez de escolher quando acordar. E a maioria das pessoas passa de manhã à noite, lutando o dia inteiro para recuperar o controle. Não é coincidência. Começar os dias com um período de silêncio vai reduzir de imediato o seu nível de estresse e ajudar a começar o dia com o tipo de calma e clareza de que você vai precisar para se concentrar no que mais importa.

Lembre-se: várias pessoas bem-sucedidas no mundo são praticantes diárias do silêncio. Isso mostra o quanto ele é importante. Não surpreende que Oprah pratique o silêncio ou que também faça quase todos os outros Salvadores de Vida. A cantora Katy Perry é adepta da meditação transcendental, assim como Sheryl Crow e Sir Paul McCartney. Os astros e estrelas do cinema e da TV Jennifer Aniston, Ellen DeGeneres, Jerry Seinfeld, Howard Stern, Cameron Diaz, Clint Eastwood e Hugh Jackman já falaram sobre a prática diária de meditação que fazem. O magnata do hip hop Russell Simmons medita com suas duas filhas por vinte minutos todas as manhãs. Até mesmo bilionários famosos como Ray Dalio e Rupert Murdoch atribuíram o sucesso financeiro à prática diária da quietude. Você vai estar em boa (e silenciosa) companhia ao fazer o mesmo.

Se passei a impressão de que estou pedindo para você não fazer nada, deixe-me esclarecer: há várias escolhas para a prática do silêncio. Sem nenhuma ordem particular, aqui estão algumas para começar:

- meditação
- oração
- reflexão
- respiração profunda
- gratidão

Não importa qual você escolha, o importante é não ficar na cama para o seu período de silêncio. Se você sair do quarto, vai ser melhor ainda.

Esta é a prática de Stacey, nas palavras dela:

Nas últimas duas décadas, começo meu ritual matinal diário com uma prática chamada Fluxo de Gratidão. Por cerca de três minutos, eu me inundo com declarações de gratidão. Começando por mim e todos os motivos pelos quais sou grata: por ser quem sou, pela vida que tenho, pela minha saúde e bem-estar incríveis etc. Depois entro na gratidão por Paul e no quanto sou grata pelo homem que ele é. Em seguida eu me inundo de gratidão por Jake e Grace. A cada vez eu me concentro em algo específico sobre eles que é digno da minha gratidão. E continuo a partir daí. Às vezes acaba durando uns quinze minutos! Quando termino, minha vibração está tão alta que sinto como se levitasse do chão quando ando ou corro pelo bairro! As pessoas provavelmente pensam: "Lá vai a doida que sorri enquanto corre."

Os benefícios do silêncio

Quantas vezes nós estamos em situações de estresse? Quantas vezes lidamos com necessidades urgentes que nos afastam da nossa visão ou do nosso plano? O estresse é um dos efeitos colaterais mais comuns de um relacionamento abalado. Nós enfrentamos as distrações sempre presentes em um relacionamento insatisfatório, combinadas a outras pessoas invadindo a nossa agenda e os inevitáveis incêndios que precisamos apagar. Muita gente tem a estranha capacidade de acionar nossos gatilhos de estresse.

O estresse excessivo é terrível para a saúde. Ele ativa sua resposta de luta ou fuga, liberando uma cascata de hormônios tóxicos que podem ficar no corpo por dias. Até aí, tudo bem... *Se* você vivencia esse tipo de estresse apenas ocasionalmente.

De acordo com o triatleta recordista mundial, *coach* e escritor Christopher Bergland: "O hormônio do estresse, chamado cortisol, é o inimigo número um da saúde. Os cientistas sabem há anos que níveis elevados de cortisol afetam o aprendizado e a memória, além de diminuir a função imunológica e a densidade óssea, aumentar o ganho de peso, a pressão sanguínea, o colesterol, as doenças cardíacas... A lista continua. O estresse crônico e um nível elevado de cortisol também aumentam o risco de depressão, doenças mentais e diminui a expectativa de vida."

O silêncio na forma de meditação reduz o estresse e melhora a saúde. Um grande estudo que envolveu vários grupos, incluindo o National Institute of Health, a Associação Médica Americana, a Mayo Clinic e cientistas de Harvard e Stanford, revelou que a meditação reduz o estresse e a hipertensão. Uma pesquisa recente feita pelo Dr. Norman Rosenthal, psiquiatra de renome mundial que trabalha com a David Lynch Foundation, descobriu até que praticantes de meditação têm probabilidade 30% menor de morrer de doenças cardíacas.

Outro estudo de Harvard apontou que apenas oito semanas de meditação podem levar a "aumento na densidade da substância cinzenta no hipocampo, conhecido pela importância para o aprendizado e a memória e estruturas associadas à compaixão, introspecção e autoconhecimento".

A meditação ajuda a desacelerar e a se concentrar em você, mesmo se for apenas por um breve intervalo. Comece a prática da meditação e diga adeus à sensação de estar disperso, sem rumo, intenção ou propósito ao longo do dia.

"Comecei a meditar porque senti que precisava fazer minha vida parar de me controlar", explicou a cantora Sheryl Crow. "A meditação ajudou a desacelerar meu dia." Ela continua a dedicar vinte minutos de manhã e outros vinte à noite a essa prática.

Ficar em silêncio de manhã abre um espaço para você antes de encontrar qualquer outra pessoa. Os benefícios são extraordinários e podem gerar a tão necessária clareza e paz de espírito para ser uma pessoa melhor em qualquer interação. Em outras palavras, praticar o silêncio pode ajudar a reduzir o estresse, aumentar o desempenho cognitivo e ganhar confiança de uma só vez.

Meditações guiadas e aplicativos de meditação

A meditação é como todo o resto. Se você nunca fez, pode ser difícil ou parecer estranho no começo. Se estiver meditando pela primeira vez, recomendo começar com uma meditação guiada.

Aqui estão alguns dos meus aplicativos de meditação prediletos, disponíveis para iPhone/iPad e dispositivos Android:

- Headspace
- Calm
- Omvana
- SimplyBeing
- Insight Timer

Existem diferenças sutis e consideráveis entre esses aplicativos de meditação, e uma delas é a voz da pessoa que está falando. Experimente vários e escolha o que funciona melhor para você.

Se você não tem um aparelho que permita baixar aplicativos, basta ir ao YouTube ou Google e procurar as palavras-chave "meditação guiada". Você também pode buscar por duração ("meditação guiada de cinco minutos", por exemplo) ou assunto ("meditação guiada para aumentar a confiança", por exemplo).

Meditação (individual) de *O milagre da manhã*

Quando estiver pronto para tentar meditar sozinho, aqui está uma meditação simples que você pode usar durante *O milagre da manhã*, mesmo que nunca tenha feito isso previamente.

- Antes de começar, é importante se preparar e definir expectativas. Este é um momento para relaxar a mente e abrir mão da necessidade compulsiva de pensar em alguma coisa, como reviver o passado ou se preocupar com o futuro sem viver totalmente no presente. Este é o momento de abrir mão do estresse, dar uma pausa na preocupação com seus problemas e estar presente. É o momento de acessar a essência de quem você é de verdade é, de ir mais a fundo do que suas posses, o que você faz ou os rótulos que aceitou para definir quem você é. Se isso parece estranho ou "hippie" demais, não tem problema. Eu também senti isso. Deve ser porque você nunca experimentou, mas felizmente você está prestes a fazer isso.

- Encontre um local calmo e confortável para se sentar: sofá, cadeira, chão ou travesseiro.
- Sente-se com a coluna reta e de pernas cruzadas. Você pode fechar os olhos ou olhar para um ponto no chão, mais ou menos dois metros à frente.
- Comece mantendo o foco na respiração lenta e profunda. Inspire pelo nariz, expire pela boca e respire pela barriga em vez de usar o tórax. A respiração mais eficaz deve fazer a sua barriga se expandir, não o peito.
- Agora comece a acertar o ritmo da respiração, inspirando lentamente em uma contagem de três segundos (dizendo mentalmente "mil e um, mil e dois, mil e três"), e depois expire lentamente em uma contagem de três segundos ("mil e um, mil e dois, mil e três"). Sinta os pensamentos e emoções se acalmarem enquanto se concentra na respiração. Tenha consciência de que, ao tentar acalmar a mente, os pensamentos ainda vão fazer uma visita. Apenas reconheça a existência deles e os deixe ir embora, sempre voltando o foco para a respiração.
- Permita-se estar totalmente presente neste momento. Algumas pessoas chamam isso de *ser*. Não pensar, não fazer, apenas *ser*. Continue a se concentrar na respiração e se imagine inspirando energia positiva, amorosa e tranquila e expirando todas as suas preocupações e o estresse. Aprecie a quietude. Aprecie o momento. Apenas respire... *Apenas seja.*
- Se você tiver um fluxo constante de pensamentos, talvez seja bom se concentrar em uma palavra ou frase e repeti-la mentalmente enquanto inspira e expira. Por exemplo, você pode experimentar algo como: "Eu inspiro confiança..." (ao inspirar), "Eu expiro medo..." (ao expirar). Você

pode trocar a palavra "confiança" por algo que precise trazer mais para a vida (amor, fé, energia, força etc.) e trocar a palavra "medo" por algo de que precise se livrar (estresse, preocupação, ressentimento etc.)

A meditação é um presente que você pode dar a si mesmo todos os dias. O tempo que passo meditando se tornou uma das partes favoritas da rotina de *O milagre da manhã*. É o momento de estar em paz, vivenciar a gratidão e se libertar dos estresses e preocupações do dia a dia.

Pense na meditação diária como férias dos seus problemas. Embora seus problemas continuem lá quando terminar a meditação, você vai descobrir que está muito mais equilibrado e preparado para resolvê-los.

Afirmações

Você já se perguntou como algumas pessoas parecem boas em *tudo* o que fazem, chegando sempre a um nível tão alto, e não faz ideia de como se equiparar a elas? Ou por que outros parecem fracassar em tudo? Em geral, a *mentalidade* é o principal fator que levou uma pessoa a ter resultados positivos.

A mentalidade é o acúmulo de crenças, atitudes e inteligência emocional. Em seu livro de sucesso *Mindset: A nova psicologia do sucesso*, Carol S. Dweck, ph.D., explica desta forma: "Minhas pesquisas ao longo de vinte anos mostraram que a opinião que você adota a respeito de si mesmo afeta profundamente a maneira como leva a vida."

As pessoas podem sentir facilmente a sua mentalidade. Ela aparece de modo inegável em sua linguagem, confiança e comportamento. A mentalidade afeta tudo! Mostre-me alguém com uma mentalidade bem-sucedida e eu mostrarei uma pessoa com mais chances de sucesso nos relacionamentos.

Contudo, sei por experiência própria o quanto pode ser difícil manter a mentalidade, confiança e o entusiasmo, sem contar a motivação, durante a montanha-russa que é estar em um relacionamento sério. A mentalidade é algo que adotamos sem pensamento consciente. Em nível subconsciente, fomos programados para pensar, acreditar, agir e ter um diálogo interno de determinada forma.

Essa programação é resultado de muitas influências, incluindo o que outros nos falaram, o que dissemos a nós mesmos e todas as nossas experiências de vida, tanto boas quanto ruins. Ela se expressa em todas as áreas da vida, incluindo a forma de estarmos presentes em nossos relacionamentos, e isso significa que, se desejamos ser melhores em nossas relações, precisamos atualizar a programação mental.

As afirmações são uma ferramenta para fazer exatamente isso. Elas permitem que você persiga seus objetivos, fornecendo o estímulo e a mentalidade positiva de que precisa para conquistá-los.

A ciência já provou que as afirmações, quando feitas corretamente, são uma das ferramentas mais eficazes para se transformar depressa na pessoa que você precisa ser para conquistar tudo o que deseja para si, seu parceiro e seus relacionamentos. Mesmo assim, as afirmações têm má fama. Muita gente experimentou e se decepcionou ao ter pouco ou nenhum resultado. Contudo, você pode usar as afirmações de modo a produzir resultados concretos. Vou ensinar a fazer isso.

Ao articular repetidas vezes e reforçar para si mesmo *qual* resultado deseja conquistar, *por que* conquistá-lo é importante para você, *quais* ações específicas são necessárias para gerar esse resultado e, mais importante, *quando* você se compromete a realizar essas ações, sua mente subconsciente vai mudar suas crenças e comportamentos. De modo automático, você vai passar a acreditar e a agir de novas formas e transformar suas afirmações em realidade, mas primeiro...

Por que o jeito antigo de fazer afirmações não funciona?

Por décadas, incontáveis "especialistas" e "gurus" ensinaram afirmações modo comprovadamente ineficaz, levando as pessoas ao fracasso. Aqui estão os dois problemas mais comuns relacionados às afirmações.

Primeiro problema: mentir para si mesmo não funciona

Eu sou um milionário. Sério?

Tenho 7% de gordura corporal. Tem mesmo?

Conquistei todos os meus objetivos este ano. Conquistou, é?

Criar afirmações como se você já tivesse se transformado ou conquistado algo pode ser o maior motivo de afirmações não serem eficazes para a maioria das pessoas.

Com essa técnica, toda vez que você recita uma afirmação que não se baseia na verdade, o subconsciente resiste a ela. Como você é um ser humano inteligente e não está delirando, mentir para si mesmo nunca vai ser a melhor estratégia. *A verdade sempre vai prevalecer.*

Segundo problema: a linguagem passiva não produz resultados

Muitas afirmações são feitas para fazer você se sentir bem criando uma promessa vazia de algo que você deseja. Por exemplo, esta é uma afirmação sobre dinheiro bastante popular que vem sendo perpetuada por muita gente:

Sou um ímã de dinheiro. O dinheiro flui para mim sem esforço e em abundância.

Esse tipo de afirmação pode fazer você se sentir bem naquele momento, ao dar uma falsa sensação de alívio das preocupações financeiras, mas não vai gerar renda alguma. Quem fica sentado esperando o dinheiro chegar magicamente acaba sem ele.

Para gerar o tipo de abundância que você deseja (ou qualquer resultado, por sinal), é preciso agir. As ações precisam estar alinhadas aos resultados desejados, e suas afirmações precisam articular e afirmar ambos.

Quatro passos para criar afirmações de *O milagre da manhã* (que dão resultado)

Estes são quatro passos simples para criar e implementar afirmações de *O milagre da manhã* voltadas para resultados que vão programar seu subconsciente, direcionando o consciente para atualizar seu comportamento, produzir resultados e levar seu nível de sucesso pessoal e profissional para além de tudo o que você já viveu.

Primeiro passo: o resultado ideal que você se compromete a alcançar e por quê

Observe que não estou começando com o que você *quer*. Todos querem algo, mas não conseguimos o que queremos: nós conseguimos o que nos comprometemos a conseguir. Você quer um amor inabalável? Quem não quer? Junte-se a esse clube, que está longe de ser exclusivo. Ah, espere aí: você está totalmente comprometido a se transformar em uma pessoa mais autêntica por meio de ferramentas e estratégias que realmente funcionam, para trazer à tona o melhor no seu parceiro e transformar seu relacionamento em um amor inabalável? Agora, sim, podemos conversar.

Ação:

Comece escrevendo um resultado específico e extraordinário que desafie você, melhoraria significativamente a sua vida e que você está pronto para se comprometer a criar, mesmo que ainda não tenha certeza de como vai realizá-lo. Depois reforce o compromisso incluindo o *porquê*, o motivo irrefutável pelo qual você está disposto a manter esse compromisso.

Exemplos:

- *Assumo toda a responsabilidade de transformar meu relacionamento. Escolho me fortalecer para virar o herói ou a heroína da minha família e não culpo mais meu parceiro!*

- *Sou dedicado e grato por viver as ferramentas e estratégias para desenvolver a relação. A cada dia em que progrido ao colocar em prática o que aprendi, eu me transformo em uma pessoa melhor, mais feliz e mais autêntica.*
- *Estou inteiramente comprometido a entender e valorizar as diferenças entre mim e meu parceiro para melhorar nosso relacionamento.*

Segundo passo: as ações necessárias que você se comprometa a fazer e quando

Escrever uma afirmação que apenas diga o que você *quer* sem especificar o que você se compromete a *fazer* é inútil e pode até atrapalhar, pois leva o subconsciente a pensar que o resultado vai acontecer de modo automático e sem esforço.

Ação:

Esclareça de modo bem específico a ação, atividade ou o hábito necessário para obter o resultado ideal e diga claramente quando e com que frequência você vai realizá-lo.

Exemplos:

- *Para garantir que eu não tenha uma recaída e coloque a culpa no meu parceiro em momentos em que estiver frustrado ou infeliz, vou me perguntar: "Qual o meu papel nessa situação? Como posso mudar isso?"*
- *Para garantir que vou colocar em prática e viver essas ferramentas em vez de apenas aprendê-las, vou arranjar um parceiro de responsabilização em até três dias e me consultar com ele regularmente para celebrar meus progressos e me responsabilizar!*
- *Para garantir que vou me comprometer a aprender as diferenças entre homens e mulheres, vou arranjar tempo na minha agenda e dedicar X horas por semana ao aprendizado sobre o desenvolvimento de relações!*

Se for preciso fazer uma pausa em algo como ver TV, dedicar mais tempo à vida social ou outras atividades não essenciais por um período, eu definitivamente vou fazer isso! (Escreva a programação em seu diário e coloque na sua agenda AGORA.)

Quanto mais específicas forem as suas ações, mais clara será a programação para que você tome as atitudes necessárias de modo regular para alcançar seus objetivos. Não se esqueça de incluir a *frequência* (quantas vezes), a *quantidade* (quanto) e *horários precisos* (quando você vai começar e terminar suas atividades).

Terceiro passo: recite suas afirmações todas as manhãs e a sério

Lembre-se: as afirmações de *O milagre da manhã* não são feitas apenas para que você *se sinta bem*. Essas declarações escritas são estrategicamente criadas para programar o subconsciente com as crenças e a mentalidade de que você precisa para conquistar o resultado desejado, direcionando a mente consciente para manter o foco em suas maiores prioridades e tomar as atitudes que vão ajudá-lo a chegar lá.

Contudo, para que as afirmações sejam eficazes, é importante que você mobilize suas emoções ao recitá-las. Apenas repetir uma afirmação sem sentir a verdade dela vai ter um impacto mínimo sobre você. É preciso assumir a responsabilidade por gerar emoções autênticas, como empolgação e determinação, e injetar essas emoções de modo poderoso em toda afirmação que você recitar.

É fundamental afirmar quem você precisa ser para fazer o necessário para ter os resultados que deseja. Vou dizer de novo: não é mágica. Essa estratégia funciona quando você se conecta com *a pessoa que precisa ser* para conquistar seus objetivos. Mais que tudo, o que vai atrair os resultados é quem você é.

Ação:

Reserve um tempo todos os dias para ler suas afirmações durante *O milagre da manhã* de modo a programar o subconsciente e concentrar a mente consciente no que é mais importante para você e no que você se compromete a fazer, a fim de transformar isso em realidade. Sim, você precisa lê-las todos os dias. Ler uma afirmação é tão eficaz quanto fazer exercícios físicos. Você só vai ver resultados quando transformar isso em parte da sua rotina diária.

Um ótimo lugar para ler afirmações é no chuveiro. Se você as plastificar e deixar lá, elas vão estar na sua frente todos os dias. Coloque-as em todos os lugares onde puder: um cartão dentro do quebra-sol do carro, um adesivo no espelho do banheiro... Vale até escrever direto no espelho com canetas especiais. Quanto mais vezes você encontrar essas afirmações, mais o subconsciente poderá se conectar com elas para mudar seu pensamento e suas ações.

Esta é a prática de Stacey, nas palavras dela:

> *Nos últimos quatro anos aumentei a eficácia do meu processo de afirmações usando fichas. Quando encontro uma oportunidade de acabar com um sistema de crenças que não me serve ou de encontrar um novo objetivo ou intenção que desejo solidificar em minha vida, escrevo uma afirmação sobre isso em uma ficha. Guardo minhas fichas em uma pilha que fica na cabeceira da cama. Tenho uma para cada área principal da vida. Geralmente minha pilha tem entre seis e nove cartões o tempo todo. Toda noite, antes de dormir, eu me coloco em um estado apaixonado e cheio de propósito e leio cada ficha como se fosse minha última ação antes de fechar os olhos. Depois permito que o suba consciente faça o trabalho por mim enquanto durmo. Quando acordo no dia seguinte, minha primeira atitude é levantar da cama e recitar intensamente minhas fichas de afirmação para começar o dia!*

Toda vez que manifesto a afirmação em uma das minhas fichas, faço um grande tique no cartão com um marcador de ponta grossa e coloco em outra pilha de fichas na minha cabeceira. Eu amo o fato de aquela pilha de fichas realizadas estar imensa hoje!

Segredo Ninja: sempre que escrevo uma ficha de afirmação que parece muito distante da minha realidade atual, eu volto e leio todas as fichas que já fiz. Em algum momento, cada uma delas também parecia muito distante e agora considero todas normais! Isso ajuda fortalecer a minha fé!

Quarto passo: atualizar e evoluir sempre as afirmações

À medida que você cresce, melhora e evolui, suas afirmações precisam fazer o mesmo. Quando tiver um novo objetivo, sonho ou resultado extraordinário que deseja criar para sua vida, adicione-o às afirmações.

Eu faço como Stacey: tenho afirmações para cada área importante da vida (finanças, saúde, felicidade, relacionamentos, criação dos filhos etc.) e atualizo todas continuamente à medida que aprendo mais. E estou sempre procurando citações, estratégias e filosofias que posso adicionar para aperfeiçoar minha mentalidade. Sempre que você esbarrar em uma citação ou filosofia e pensar: *Nossa, essa é uma área em que posso fazer uma imensa melhora na minha vida*, adicione-a às suas afirmações.

Lembre-se: suas afirmações devem ser personalizadas para você e para o que está se comprometendo a fazer. Elas precisam ser específicas para funcionar em nível subconsciente.

Sua programação pode mudar e melhorar a qualquer momento, começando agora mesmo. Você pode reprogramar qualquer limitação com novas crenças e criar novos comportamentos de modo a ser tão bem-sucedido quanto deseja em qualquer área da vida que escolher.

Em resumo, suas novas afirmações articulam os resultados extraordinários que você está comprometido a criar, por que eles são cruciais para você, e o mais importante: que ações necessárias você se compromete a realizar e quando vai realizá-las para obter e sustentar o extraordinário sucesso que realmente deseja (e merece) para sua vida.

Afirmações para criar um relacionamento nota 10

Além da fórmula para criar suas afirmações, Stacey forneceu uma lista de exemplos de afirmações capazes de ativar sua criatividade. Sinta-se à vontade para incluir frases com as quais se identifique.

- Tenho tanto valor, merecimento e capacidade de conquistar um amor inabalável e uma paixão sem limite quanto qualquer outra pessoa, e vou provar isso hoje com meus atos.
- Relacionamentos magníficos são *criados*, não encontrados. É uma *habilidade* que pode ser aprendida! Muitas outras pessoas aprenderam a fazer isso, e eu também posso!
- O relacionamento que tenho hoje é resultado das decisões e atitudes que tomei no passado. Fiz o melhor que pude com o que sabia na época. Agora sei mais e posso fazer melhor. Estou provando isso a cada mudança que faço em minha vida!
- Enquanto faço este trabalho, estou me tornando uma pessoa melhor e mais autêntica a cada dia. Esse trabalho é um presente que dou a mim mesmo.
- Curar o meu relacionamento só vai fazer bem. Tenho fé que toda a positividade que coloco neste relacionamento vai gerar o melhor para mim, meu parceiro e nossos filhos.
- A cada momento do dia o Universo oferece mais oportunidades de praticar minhas novas habilidades e ferramentas. Sinto gratidão por essas oportunidades de aprendizado e as vejo como *presentes* para o meu crescimento!

Esses são apenas alguns exemplos de afirmações. Você pode usar todas com as quais se identifique, mas experimente criar as suas usando a fórmula de quatro passos descrita nas páginas anteriores. Tudo o que você repetir várias vezes e a sério será programado no subconsciente, ajudando a formar novas crenças, que vão se manifestar nas suas ações.

Visualização

A visualização é uma prática muito conhecida entre atletas mundiais, que a utilizam para melhorar o desempenho. Atletas olímpicos e esportistas de alto nível incorporam a visualização como parte crucial do treinamento diário. O fato não muito conhecido é que outras pessoas bem-sucedidas também a utilizam com igual frequência.

A visualização é uma técnica em que você usa a imaginação para criar uma imagem convincente do futuro, fornecendo maior clareza e produzindo a motivação que vai ajudá-lo a transformar sua visão em realidade.

Para entender *por que* a visualização funciona, é importante olhar para os neurônios espelho. O neurônio é a célula que conecta o cérebro e outras partes do corpo, e um neurônio espelho é o que dispara ou envia um impulso quando agimos *ou* observamos outra pessoa agir. Trata-se de uma área relativamente nova de estudos na neurologia, mas parece que essas células permitem melhorar nossas habilidades observando ou visualizando outras pessoas enquanto elas as realizam. Alguns estudos indicam, por exemplo, que levantadores de peso experientes podem aumentar a massa muscular com sessões de visualização vívida, e os neurônios espelho são os responsáveis por isso. De várias formas, o cérebro não consegue perceber a diferença entre uma visualização vívida e experiência real.

Sempre fui meio cético em relação à visualização porque parecia muito *Nova Era*. Depois que li sobre os neurônios espelho, minha atitude mudou por completo!

O que você visualiza?

A maioria das pessoas é limitada por visões dos resultados passados. Elas repetem fracassos e mágoas anteriores. Contudo, a visualização criativa permite *criar* a visão que vai ocupar sua mente, garantindo que a maior força atuando em você seja o seu futuro — um futuro irresistível, empolgante e ilimitado.

Muitas pessoas não se sentem confortáveis visualizando o sucesso e têm até medo de serem bem-sucedidas. Algumas podem sentir resistência nessa área e até culpa por deixarem colegas, amigos e familiares para trás quando fizerem sucesso.

Esta passagem de Marianne Williamson é um ótimo lembrete para quem tiver obstáculos mentais ou emocionais na hora de visualizar:

> *Nosso medo mais profundo não é o da inadequação. O medo mais profundo é do poder além de qualquer medida. É a luz, não a escuridão, que mais nos assusta. Nós questionamos: "Quem sou eu para ser brilhante, ter beleza, talento e ser incrível?" Na verdade, quem é você para não ser tudo isso? Você é filho(a) de Deus. Minimizar seus talentos não ajuda o mundo. Não há nada iluminado em se diminuir para que outros não se sintam inseguros ao seu redor. Todos nós estamos aqui para brilhar, como as crianças. Nascemos para manifestar a glória de Deus que está em nós. Não só em alguns, em todos. E, se deixamos nossa luz brilhar, inconscientemente damos permissão aos outros para fazer o mesmo. Como nos libertamos do medo, nossa presença automaticamente liberta os outros.*

Pense que o maior presente que você pode dar a alguém que ama é viver o seu potencial completo. Como é isso para você?

Após ler minhas afirmações durante a prática de *O milagre da manhã*, eu me sento com a coluna reta, fecho os olhos e respiro lenta e profundamente. Pelos cinco ou dez minutos seguintes, apenas visualizo as *ações específicas* necessárias para transformar meus objetivos de longo e curto prazo em realidade.

Observe que eu *não* visualizo os resultados. Muita gente vai discordar disso, mas evidências científicas mostram que apenas visualizar o resultado desejado (o carro novo, a casa dos sonhos, atravessar a linha de chegada, estar no palco etc.) pode na verdade diminuir a motivação, porque seu cérebro já vivenciou a recompensa em certa medida. Então eu recomendo mesmo concentrar a visualização nas ações necessárias. Imagine-se realizando essas ações, sobretudo aquelas a que você costuma resistir ou que tende a procrastinar, criando uma experiência mental e emocional irresistível daquela ação. Por exemplo: eu detestava correr, mas assumi um compromisso comigo (e publicamente) de correr uma ultramaratona de 83 quilômetros. Ao longo de cinco meses de treinamento, usei a visualização de *O milagre da manhã* para me ver amarrando os tênis e saindo para correr *com um sorriso no rosto e muita disposição*, para que, quando chegasse a hora de treinar, eu já tivesse programado a experiência para ser positiva e prazerosa.

Você pode se imaginar recebendo apoio total do seu parceiro. Passe um tempo imaginando o quanto você tem orgulho por criar essa melhora no relacionamento. Como é isso para você? Como você se sente tendo compaixão e apreciação quando costumava ficar frustrado? Imagine-se reagindo a gatilhos e resolvendo problemas com facilidade.

Se vivenciar uma transformação no relacionamento parece impossível para você, imagine como é dar a si mesmo a educação para relacionamentos que ninguém lhe ofereceu. Imagine o modelo que você está sendo para seus filhos. Sinta a liberdade de ser uma pessoa mais autêntica e de estar em paz com o estado do seu relacionamento.

Você pode escolher qualquer ação ou habilidade que ainda não domine. Imaginar o sucesso das ações necessárias para chegar lá vai prepará-lo e quase garantir um dia de sucesso.

Três passos simples para a visualização de *O milagre da manhã*

A hora perfeita para se visualizar vivendo de acordo com suas afirmações é logo após lê-las.

Primeiro passo: prepare-se

Algumas pessoas gostam de colocar música instrumental ao fundo, como obras clássicas ou barrocas (recomendo todas as composições de Johann Sebastian Bach) durante a visualização. Se quiser ouvir música, coloque em um volume relativamente baixo. Pessoalmente, toda música com letras me distrai muito.

Stacey, por outro lado, coloca suas músicas favoritas no *repeat* ao visualizar. As letras não a distraem de forma alguma. Ela se condicionou a prosperar com elas. Talvez seja a programação feminina (falaremos mais sobre isso nos próximos capítulos).

Agora, sente-se com a coluna reta em posição confortável. Pode ser em uma cadeira, no sofá ou no chão, com uma almofada. Respire fundo. Feche os olhos, esvazie a mente e desprenda-se de quaisquer limitações que tenha se imposto ao se preparar para os benefícios da visualização.

Segundo passo: visualize o que realmente deseja

O que você *realmente* deseja? Esqueça a lógica, os limites e a praticidade. Se pudesse ter *tudo* o que desejasse em termos pessoais e profissionais, como isso seria? Veja, sinta, ouça, toque, sinta o gosto e o cheiro de cada detalhe dessa visão. Envolva todos os sentidos para aumentar a eficácia da visualização. Quanto mais vívida for a visão, maior será a motivação para tomar as atitudes necessárias e transformá-la em realidade.

Terceiro passo: visualize-se realizando e apreciando as ações necessárias

Após criar uma imagem mental clara do que deseja, comece a se visualizar fazendo exatamente o que precisa para transformar sua visão em realidade, dedicando-se a isso com extrema confiança e apreciando cada etapa do processo. Visualize-se envolvido nas ações que precisa realizar (diminuir suas expectativas, colocar o parceiro em primeiro lugar, partir de uma compreensão sincera, amar sem medida etc.). Imagine como seria a *sensação* de confiança suprema ao vivenciar os resultados das mudanças positivas que você está criando no relacionamento. Visualize e *sinta* o sorriso ao navegar pelos momentos do seu dia com mais facilidade e alegria, repleto de orgulho pela sua disciplina em manter seu compromisso. Em outras palavras, visualize-se fazendo o necessário e apreciando o processo, ainda mais se for algo que você não aprecia naturalmente. Imagine como seria a sensação se você apreciasse.

Visualize a alegria e a felicidade que você sente à medida que os dias ficam cada vez melhores. Visualize sua família, amigos e cônjuge reagindo à sua atitude positiva e perspectiva otimista.

Visualizar-se como a pessoa que tem tudo sob controle é a primeira etapa para realmente ter tudo sob controle. Imagine-se criando o relacionamento sólido que deseja. Visualize-se rindo e apreciando momentos de bom humor novamente.

Considerações finais sobre visualização

A visualização pode ser um auxílio poderoso para superar crenças e hábitos limitantes como a procrastinação e fazer você desempenhar de modo consistente as ações necessárias para obter resultados extraordinários no seu relacionamento. Ao combinar a leitura das afirmações toda manhã com a visualização diária, você vai turbinar a programação do subconsciente para o sucesso com o máximo desempenho. Os pensamentos e sentimentos vão se alinhar à sua visão a fim de manter a motivação para realizar as ações necessárias e transformar seu relacionamento.

Exercícios

Os exercícios precisam ser um componente básico do seu *Milagre da manhã*. Até mesmo poucos minutos de exercícios diários podem melhorar consideravelmente a saúde, aumentar a autoconfiança e o bem-estar emocional, permitindo que você pense melhor e se concentre mais. Você vai notar um aumento na disposição com os exercícios diários, e as pessoas com quem mais convive também vão perceber a mudança.

Os especialistas em desenvolvimento pessoal e empreendedores multimilionários Eben Pagan e Tony Robbins (que também é um escritor de sucesso, com livros entre os mais vendidos na lista do *New York Times*) concordam que o segredo para ser bem-sucedido é começar as manhãs com um ritual pessoal de sucesso. E o ritual de ambos inclui algum tipo de atividade física de manhã. Eben é inflexível quanto à importância do exercício *matinal*: "Você tem que aumentar a frequência cardíaca, fazer o sangue fluir e encher os pulmões de oxigênio todas as manhãs." Ele explica: "Não faça exercícios apenas no meio ou no fim do dia. Mesmo que você goste de se exercitar nesses horários, sempre incorpore pelo menos dez a vinte minutos de polichinelos ou algum tipo de exercício aeróbico de manhã." Bom, se funciona para Eben e Tony, então funciona para mim também!

Se estiver com medo de se envolver em um treinamento para maratona ou triatlo, fique tranquilo. Seus exercícios matinais também não precisam substituir o regime vespertino ou noturno de atividade física que você já segue. Pode continuar indo à academia no horário de sempre. Contudo, os benefícios de adicionar no mínimo cinco minutos de exercícios matinais são inegáveis, incluindo diminuição da pressão sanguínea, do nível de glicose e no risco de todo tipo de enfermidades assustadoras, como doenças cardíacas, osteoporose, câncer e diabetes. E talvez o mais importante: um pouco de exercício de manhã vai aumentar a disposição para ajudá-lo a lidar com os altos e baixos da vida no resto do dia.

Você pode fazer uma caminhada ou corrida, acompanhar um vídeo de ioga no YouTube ou encontrar um parceiro de Salvadores de Vida e jogar um pouco de raquetebol matinal. Há também um aplicativo excelente chamado 7 Minute Workout que fornece ginástica para o corpo todo em (acredite) sete minutos. A escolha é sua, mas escolha uma atividade e faça.

Com a vida ocupada que temos hoje, para obter sucesso você precisa de uma reserva infinita de energia para enfrentar os desafios que surgirem pelo caminho da melhor forma possível, e a prática matinal e diária de exercícios vai oferecer isso.

Exercícios para o cérebro

Mesmo se você não se importar com a saúde física, saiba que os exercícios vão deixá-lo mais inteligente, e isso pode ajudar sua capacidade de resolver problemas. O Dr. Steven Masley, médico e nutricionista da Flórida com toda uma clientela de executivos, explica a relação direta entre o exercício e a capacidade cognitiva.

"Se estamos falando de desempenho cerebral, o melhor indicador da velocidade cerebral é a capacidade aeróbica. Como subimos uma ladeira correndo está fortemente relacionado à velocidade cerebral e à capacidade cognitiva", define Masley.

Masley criou um programa de bem-estar corporativo baseado no trabalho que fez com mais de mil pacientes. "A pessoa comum que entra nesses programas vai aumentar a velocidade cerebral de 25 a 30%."

Eu escolhi a ioga como atividade física e comecei a praticá-la assim que criei *O milagre da manhã*. Continuo fazendo e amando a prática desde então.

Veja como a rotina de exercícios de Stacey é diferente.

> *Nos últimos dez anos, venho fazendo exercícios aeróbicos de manhã antes de começar o dia. Se consigo separar uma hora ou apenas vinte minutos, um dos presentes que me dou é respirar o ar fresco da manhã*

na natureza enquanto movimento o corpo. Com exceção da escrita, faço todos os Salvadores de Vida de O milagre da manhã *na rua! Eu até ouço a parte do audiolivro que reservei para a leitura do dia. Depois, antes de tomar banho, reservo alguns minutos para escrever no diário do meu celular ou no papel e registrar meus "downloads" da manhã.*

Encontre o que for melhor para você e acrescente ao seu *Milagre da manhã*.

Considerações finais sobre exercícios

Você sabe que, para manter a saúde e aumentar a disposição, é preciso se exercitar de modo regular. Isso não é novidade para ninguém, mas é muito fácil inventar desculpas para não se exercitar. As duas principais são: "Não tenho tempo" e "Estou muito cansado". E essas são apenas as primeiras da lista. Não há limite para as desculpas em que se pode pensar. Quanto maior a sua criatividade, mais desculpas você poderá inventar!

Esta é a beleza de incorporar os exercícios ao seu *Milagre da manhã*: eles serão feitos antes de você se cansar e antes de você ter um dia inteiro para inventar desculpas e evitar a prática de exercícios. Por ser a primeira atividade do dia, *O milagre da manhã* é infalível para evitar todas as desculpas e transformar os exercícios em hábito diário.

Aviso de responsabilidade: eu nem precisava dizer, mas consulte um médico antes de começar qualquer regime de exercícios físicos, ainda mais se você estiver sentindo qualquer tipo de dor física, desconforto, tiver alguma deficiência etc. Talvez seja preciso alterar ou até se abster da rotina de exercícios para atender suas necessidades individuais.

Leitura

Uma das formas mais rápidas de conquistar tudo o que se deseja é encontrar pessoas bem-sucedidas que sirvam como modelos de comportamento. Para cada objetivo que você tiver, há uma boa probabilidade de um especialista ter conseguido o mesmo ou algo similar. Como diz Tony Robbins: "O sucesso deixa rastros."

Felizmente, alguns dos melhores compartilharam suas histórias por escrito. E isso significa que todos esses mapas para o sucesso estão apenas esperando alguém disposto a dedicar o tempo necessário para lê-los. Os livros oferecem um suprimento infinito de ajuda e aconselhamento bem na ponta dos seus dedos.

Às vezes ouço alguém dizer: "Não sou muito de ler." Eu entendo. Também nunca me considerei um grande leitor, mas pense nesse desafio e na solução compartilhados por Stacey:

Depois do nascimento de Jake, eu costumava dizer que tinha "narcolepsia do leitor", porque não conseguia ficar acordada por mais de duas frases sem cochilar. Para minha alegria, descobri que os audiolivros são uma solução fantástica para esse problema. Eu ouço enquanto estou me exercitando, resolvendo a vida na rua ou até fazendo a maquiagem de manhã. Assim, consigo assimilar muitos livros, considerando o quanto meus dias são movimentados. Sempre compro o livro físico também, para sublinhar e fazer anotações após ter ouvido a versão em áudio.

Aqui estão alguns dos livros de desenvolvimento pessoal favoritos de Stacey para ajudar em sua jornada para desenvolver a relação.

- *O conselheiro: Uma história sobre o verdadeiro significado de que é dando que se recebe*, de Bob Burg e John David Mann
- *A alma indomável: Como se libertar dos pensamentos, emoções e energias que bloqueiam a consciência*, de Michael A. Singer

- *O ritmo da vida: Vivendo cada dia com energia, propósito e paixão*, de Matthew Kelly
- *Inspiration for a Woman's Soul Series: Choosing Happiness, Cultivating Joy and Gratitude and Grace*, de Linda Joy e coautores (com a contribuição de Stacey Martino)
- *Keys to the Kingdom*, de Alison A. Armstrong
- *Um retorno ao amor*, de Marianne Williamson
- *A guerra da arte: Supere os bloqueios e vença suas batalhas interiores de criatividade*, de Steven Pressfield
- *Por quê? Como grandes líderes inspiram ação*, de Simon Sinek
- *Peça e será atendido*, de Abraham e Esther Hicks
- *O jogo da vida e como jogá-lo*, de Florence Scovel Shinn
- *A Happy Pocket Full of Money*, de David Cameron Gikandi
- *Dinheiro: 7 passos para a liberdade financeira*, de Tony Robbins
- *Profit First: A Simple System to Transform Any Business from a Cash-Eating Monster to a Money-Making Machine*, de Mike Michalowicz

Esta é a lista de Hal:

- *The Art of Exceptional Living*, de Jim Rohn
- *A única coisa: O foco pode trazer resultados extraordinários*, de Gary Keller e Jay Papasan
- *Os 7 hábitos das pessoas altamente eficazes: Lições poderosas para a transformação pessoal*, de Stephen R. Covey
- *Maestria*, de Robert Greene
- *Trabalhe 4 horas por semana: Fuja da rotina, viva onde quiser e fique rico*, de Tim Ferriss
- *The Compound Effect*, de Darren Hardy
- *Taking Life Head On: How to Love the Life You Have While You Create the Life of Your Dreams*, de Hal Elrod
- *Pense e enriqueça*, de Napoleon Hill
- *Vision to Reality: How Short Term Massive Action Equals Long Term Maximum Results*, de Honorée Corder

- *Finding Your Element: How to Discover Your Talents and Passions and Transform Your Life*, de Sir Ken Robinson e Lou Aronica

Além de encontrar a autoconfiança, você poderá transformar os relacionamentos, aumentar a autoestima, melhorar suas habilidades de comunicação, aprender a ser saudável e melhorar qualquer área da vida em que consiga pensar. Vá até a biblioteca ou livraria local ou faça como eu e visite a Amazon.com para encontrar mais livros do que pode imaginar sobre qualquer área que deseje melhorar.

O quanto você deve ler?

Recomendo assumir o compromisso de ler no mínimo dez páginas por dia (embora cinco sejam ótimas para começar se você lê devagar ou ainda não goste de ler).

Dez páginas podem não parecer muito, mas vamos fazer as contas. Ler dez páginas por dia soma 2.650 páginas por ano, aproximadamente 18 livros de duzentas páginas, que vão lhe permitir avançar e levar seu relacionamento ao próximo patamar. Tudo em apenas dez a quinze minutos de leitura diária, ou quinze a trinta minutos, se você ler mais devagar.

Deixe-me perguntar: se você ler 18 livros de desenvolvimento pessoal e profissional nos próximos 12 meses, acha que vai melhorar a mentalidade, ganhar mais confiança e aprender estratégias comprovadas que vão acelerar seu sucesso? Você acha que será uma pessoa melhor e mais capaz do que é hoje? Acha que isso vai se refletir no relacionamento? Sem dúvida! Ler dez páginas por dia não vai destruí-lo, mas vai sem dúvida construir uma pessoa melhor.

Considerações finais sobre leitura

- Comece pensando no fim, analisando esta questão: o que você espera obter com este livro? Reserve um momento para fazer isso agora, perguntando a si mesmo o que você quer ganhar lendo esta obra.

- Os livros não precisam ser lidos do início ao fim e muito menos terminados. Lembre-se: este é o seu momento de leitura. Use o sumário para garantir que você leu as partes que mais interessam e não hesite em deixar de lado e passar para outro livro se não estiver gostando ou aprendendo com ele. Você tem várias formas de obter informações incríveis e não precisa perder tempo com o medíocre.
- Muitos praticantes de *O milagre da manhã* usam o tempo de leitura para colocar os textos religiosos em dia, como a Bíblia, a Torá, o Corão e outros.
- A menos que esteja pegando um livro emprestado da biblioteca ou de um amigo, sinta-se à vontade para sublinhar, circular, marcar, dobrar as páginas e fazer anotações nas margens. O processo de marcar livros enquanto lê permite voltar a qualquer momento para relembrar as principais lições, ideias e benefícios sem precisar ler tudo de novo. Se você usa um leitor digital como Kindle, Nook ou o aplicativo iBooks, pode revisar facilmente suas anotações e passagens destacadas sempre que folhear o livro ou ir direto para uma lista.
- Resuma as principais ideias, percepções e passagens marcantes em um diário. Ao criar um resumo dos seus livros favoritos, você poderá revisitar o conteúdo principal deles a qualquer momento em poucos minutos.
- Reler bons livros de desenvolvimento pessoal é uma estratégia pouco utilizada, porém muito eficaz. Dificilmente você vai ler um livro uma vez e internalizar todo o seu valor. Dominar qualquer área exige repetição. Por que não experimentar com este livro? Comprometa-se a reler *O milagre da manhã para transformar seu relacionamento* assim que terminar, para aprofundar seu aprendizado e ganhar mais tempo para dominar as práticas ensinadas aqui.
- De Stacey: *Há alguns programas de Tony Robbins a que eu assisti mais de 25 vezes. "A repetição é a mãe da habilidade", ensina Tony. E posso afirmar que ninguém conquistou a maestria ouvindo algo apenas uma vez.*
- Audiolivros contam como leitura! Você obtém a informação e pode ouvi-los enquanto se exercita ou vai para o trabalho. Se quiser estudar

um livro com mais cuidado, ouça o áudio enquanto lê o texto. Como Stacey mencionou antes, ela ouve os livros em áudio e ao mesmo tempo faz anotações e sublinha o texto no livro físico. Os audiolivros funcionam como excelente estratégia para o consumo repetitivo de livros.

- E o mais importante: faça um plano para aplicar logo o que leu. Reserve um tempo para seguir os conselhos que deseja incorporar à sua vida enquanto está lendo. Mantenha a agenda ao seu lado e reserve blocos de tempo para colocar o conteúdo em prática. Não se torne um viciado em desenvolvimento pessoal que lê muito e faz pouco. Conheci muita gente que se orgulha da quantidade de livros que leu, como se fosse uma medalha de honra. Eu prefiro ler e colocar em prática um bom livro a ler dez livros e não fazer nada além de começar o 11º. Embora ler seja uma ótima forma de obter conhecimento, percepções e estratégias, é a aplicação do que você aprendeu que vai fazer avançar sua vida e seus relacionamentos. Stacey já disse várias vezes: "Você não pode aprender a melhorar um relacionamento apenas na teoria." Você se compromete a usar o que aprendeu neste livro e fazer o desafio de trinta dias no final dele?

Fico feliz em saber. Vamos ao último item dos Salvadores de Vida.

Escrita

O elemento de escrita de *O milagre da manhã* permite escrever tudo pelo que você sente gratidão, além de documentar suas percepções, suas ideias, seus avanços, suas realizações, seus sucessos e as lições aprendidas, incluindo qualquer área de oportunidade, crescimento ou melhoria pessoal.

A maioria dos praticantes de *O milagre da manhã* escreve em um diário por cinco a dez minutos todos os dias. Ao tirar os pensamentos da cabeça e escrevê-los, você imediatamente ganha mais consciência, clareza e percepções valiosas que do contrário seriam esquecidas ou passariam despercebidas.

Se você é como eu costumava ser, provavelmente terá alguns diários e cadernos parcialmente usados e quase intocados. Foi só quando comecei a prática de *O milagre da manhã* que escrever passou a ser um dos meus hábitos diários favoritos.

Escrever dará o benefício diário de direcionar de forma consciente seus pensamentos, mas o mais poderoso serão as percepções que você vai obter ao revisar todos os seus diários, sobretudo no fim do ano. Tony Robbins nos lembra que "a vida digna de ser vivida é uma vida digna de ser registrada".

É difícil colocar em palavras o quanto a experiência de revisar seus diários pode ser absurdamente construtiva. Michael Maher, coautor de *The Miracle Morning for Real Estate Agents* [O milagre da manhã para corretores de imóveis, em tradução livre], é um ávido praticante dos Salvadores de Vida. Uma parte da rotina matinal de Michael consiste em registrar valorizações e afirmações no que ele chama de Livro de Bênçãos. Ele explica:

> *"O que você valoriza... VALORIZE DE VERDADE. É hora de pegar nosso apetite insaciável pelo que desejamos e substituí-lo por um apetite e gratidão insaciáveis pelo que temos. Escreva sobre o que valoriza, tenha gratidão, aprecie e você terá mais do que deseja, relacionamentos melhores, mais bens materiais e mais felicidade."*

Há certa força em colocar por escrito o que você aprecia, e revisar esse material pode mudar sua mentalidade em um dia mais difícil. Uma ótima prática para adicionar à rotina é escrever o que você valoriza em relação ao seu relacionamento, seu parceiro e sua vida. Quando desaceleramos e notamos o que valorizamos em relação ao nosso relacionamento, mesmo (e sobretudo) quando não nos sentimos muito bem em relação a ele, é fácil se concentrar nos aspectos positivos ou qualidades que do contrário passariam despercebidos.

Para saber mais sobre isso, vamos ouvir Stacey de novo:

Paul e eu ensinamos nossos alunos a procurar o presente nos desafios para que possam aprender e progredir. Às vezes pode ser difícil encontrar o significado fortalecedor, mas ele está lá.

Por exemplo, Tim é um dos clientes com dificuldades e me procurou porque, após tudo o que fez no casamento com a esposa Joanne, ele foi tomado pela constatação de que ficaria muito magoado se perdesse o relacionamento ou Joanne e não gostou dessa sensação. Depois de tantos anos de indiferença do tipo "não estou nem aí" em relação a ela, Tim ficou desconfortável com o medo iminente de ficar arrasado se o casamento acabasse ou se algo acontecesse com a esposa.

Como geralmente faço com nossos alunos, em vez de ajudá-lo a acabar com a sensação de desconforto, ajudei a mudar o significado que ele atribuiu à situação para algo mais fortalecedor, a fim de conseguir encontrar o presente. Com Tim foi simples, pois o significado fortalecedor é: "Parabéns! Você criou um relacionamento com o qual vale a pena se importar!" Esse foi um marco digno de comemoração na jornada do desenvolvido de sua relação. Ir de "não estou nem aí" a "eu ficaria arrasado se ela não fosse mais minha esposa" é um progresso enorme.

Esse era o presente. Valorizar seu progresso. Pode parecer simples para quem não está sentindo a dor da situação dele. Tim estava tão concentrado nesse desconforto recém-descoberto que encontrar algo positivo em relação a isso simplesmente não estava no campo de visão dele naquele momento.

O que fiz por Tim em nossa conversa de coaching foi mostrar todo o progresso feito por ele ao longo da jornada, para lembrar que pôr a mão na massa e enfrentar o desconforto "vale a pena". Você pode realizar esse mesmo processo usando o diário.

Entendo totalmente a sensação de Tim. Eu me lembro de quando tive esse sentimento em relação a Paul pela primeira vez. Sei exatamente onde estava na minha casa quando percebi. E isso me assustou tanto que terminar o relacionamento com ele passou pela minha cabeça naquele dia.

Hoje vejo isso acontecer o tempo todo. Geralmente as pessoas me procuram depois de tomarem alguma atitude prejudicial em um momento crítico como esse. Quando elas se assustam ou se magoam, a dor as leva a reagir fazendo ou dizendo algo que não podem desfazer ou "desdizer". É um padrão comum de reação à dor.

Fiquei grata pelo fato de Tim poder contar comigo quando isso aconteceu, para que eu pudesse parabenizá-lo e quebrar seu padrão...

Com essa nova visão fortalecedora, Tim conseguiu avançar em sua jornada para criar um amor inabalável com Joanne, e ninguém poderá separá-los agora! Outro momento marcante foi o dia em que ele ouviu Joanne declarar que só ele importava no mundo dela e que eles eram inabaláveis! Ele poderia não ter chegado a esse momento marcante se não tivesse encontrado a bênção em sua experiência dolorosa!

Esses momentos sempre vão surgir em sua jornada. Quando você entender o significado positivo, escreva e registre em um diário dedicado ao progresso e às celebrações. Nos dias em que estiver se sentindo inseguro, frustrado ou insatisfeito com seu progresso (ou a falta dele), volte e leia seu diário.

Às vezes nós avançamos muito, mas só pensamos no quanto ainda precisamos progredir. Se não registrar os pequenos, porém importantes, momentos de gratidão e tudo o que "nunca acontecia antes de começar este trabalho", você vai esquecer e, pior ainda, não vai se lembrar do progresso que fez. Acrescente à sua prática o hábito de escrever!

Registrar suas apreciações ajuda a se concentrar no positivo, o que por sua vez vai ajudá-lo a se manter flexível e concentrado na solução, mesmo quando as circunstâncias forem difíceis.

Embora o ato de manter um diário ofereça vários benefícios, inclusive os que Stacey acabou de mencionar, aqui estão alguns dos meus favoritos. Com a escrita diária, você poderá:

- **obter clareza** — escrever um diário vai oferecer mais clareza e entendimento sobre as circunstâncias passadas e atuais, ajudar na solução dos desafios presentes e permitir que você faça um *brainstorm*, priorize e planeje suas ações a cada dia para otimizar o futuro.
- **registrar ideias** — você vai conseguir registrar, organizar e expandir suas ideias e não vai perder informações importantes que serão úteis no futuro, em um momento oportuno.
- **relembrar lições** — manter um diário é um lugar para registrar, referenciar e revisar todas as lições que você está aprendendo, tanto em relação às vitórias quanto aos erros que comete pelo caminho.
- **reconhecer seu progresso** — reler o seu diário de um ano ou até uma semana atrás e observar o quanto você progrediu é imensamente benéfico. Em geral realizamos uma tarefa ou conquistamos um objetivo e seguimos para o próximo sem reconhecer nosso esforço. Observar o quanto você já avançou é uma das experiências mais prazerosas, reveladoras e inspiradoras e não pode ser realizada de outra forma.
- **melhorar a memória** — as pessoas supõem que vão se lembrar de suas ideias, das ações que desejam praticar e das perguntas que querem fazer, mas, se você já foi ao supermercado sem uma lista de compras, sabe que isso simplesmente não é verdade. Quando escrevemos algo, a probabilidade de lembrar é muito maior, e, se esquecermos, sempre é possível voltar às anotações e reler.

Como criar um diário de modo eficaz

Veja três passos simples para começar um diário ou melhorar seu processo atual.

1. **Escolha um formato: físico ou digital.** Você vai ter que decidir com antecedência se prefere um diário tradicional e físico ou digital (no computador, ou em um aplicativo para dispositivo móvel). Se você não tiver certeza, experimente ambos e veja o que mais lhe agrada.
2. **Obtenha o diário de sua escolha.** Quase tudo pode funcionar, mas, quando se trata de um diário físico, é importante ter qualidade e ser agradável ao olhar. Afinal, a ideia é guardá-lo pelo resto da vida. Gosto de comprar diários com capa de couro, duráveis e pautados, mas o diário é seu, então escolha o que funcionar melhor para você. Alguns preferem diários sem linhas para poder desenhar ou criar mapas mentais. Outros gostam de ter um livro com uma página para cada dia do ano, a fim de ajudá-los a se responsabilizar no dia a dia.

Estes são alguns dos diários físicos prediletos da comunidade *The Miracle Morning* no Facebook:

- *The Five Minute Journal* [em inglês] é muito popular entre as pessoas de sucesso. Tem um formato específico para cada dia e temas como: "Sinto gratidão por..." e "O que faria o dia de hoje ser ótimo?". Exige cinco minutos ou menos para preencher e inclui uma opção para você analisar seu dia (FiveMinuteJournal.com).
- *The Freedom Journal* [em inglês] oferece um processo diário e estruturado que se concentra em um só assunto: conquistar seu principal objetivo em até cem dias. Lindamente criado por John Lee Dumas, do podcast *Entrepeneur On Fire*, é feito especificamente para ajudá-lo a criar e conquistar um grande objetivo por vez (TheFreedomJournal.com).
- *The Plan: Your Legendary Life Planner* [em inglês], feito por amigos nossos, é um sistema para definir objetivos, acompanhar hábitos e organizar o dia, para quem deseja equilibrar a vida e está disposto a conquistar o nível 10 em todas as áreas (https: //mattaitchison.mykajabi.com/p/the-plan).
- *O milagre da manhã — Diário* foi feito especificamente para aperfeiçoar *O milagre da manhã*, além de manter você organizado e responsável ao

fazer os Salvadores de Vida todos os dias. Compre o seu em livrarias ou baixe uma amostra grátis em **www.MiracleMorning.com/Brazil** para ter certeza de que ele funciona para você.

Se você preferir um diário digital, existem várias opções disponíveis. Algumas das mais conhecidas são:

- O *Five Minute Journal* também existe como aplicativo de iPhone, que segue o mesmo formato da versão física, mas permite usar fotografias nas anotações diárias e também manda lembretes úteis para melhorar seus escritos todas as manhãs e noites. (FiveMinuteJournal.com)
- O *Day One* é um aplicativo muito popular para fazer diários, perfeito para quem não deseja estrutura ou limites para escrever. Oferece uma página em branco para cada dia, então, se você gosta de escrever textos grandes, este pode ser o aplicativo ideal. (DayOneApp.com)
- O *Penzu* é um diário on-line muito conhecido que não exige iPhone, iPad ou dispositivo Android. Você só precisa de um computador. (Penzu.com)

Mais uma vez, é tudo uma questão de preferência e dos recursos que você deseja. Se não se identificar com nenhuma dessas opções digitais, digite "diário on-line" no Google ou "diário" na busca da loja de aplicativos do seu dispositivo para encontrar várias opções.

3. **Escreva todos os dias.** Você vai achar incontáveis assuntos para registrar. Anotações sobre o livro que está lendo, lista de motivos para sentir gratidão e de três a cinco prioridades para o dia são boas opções para começar. Escreva o que faz você se sentir bem e melhora o seu dia. Não se preocupe com a gramática, ortografia ou pontuação. O diário é o lugar para deixar a imaginação correr solta, então cale a boca do seu crítico interior e não revise, apenas escreva!

Personalizando os Salvadores de Vida

Sei que em alguns dias talvez você não consiga praticar *O milagre da manhã* de uma vez só. Sinta-se à vontade para separar os Salvadores de Vida da forma que funcionar melhor para você e inclua seus filhos na prática. Veja um exemplo: se as crianças tiverem idade para meditar, convide-as para se juntar a você, mas, se forem muito pequenas, provavelmente será melhor praticar o silêncio sozinho.

Quero dividir algumas ideias específicas a personalizar os Salvadores de Vida com base em seus horários e preferências. Sua rotina matinal de hoje talvez permita encaixar um *Milagre da manhã* de seis, vinte ou trinta minutos, mas você pode fazer uma versão mais longa nos fins de semana.

Veja um exemplo bem comum de um cronograma de sessenta minutos para *O milagre da manhã* usando os Salvadores de Vida:

- silêncio: 10 minutos
- afirmações: 5 minutos
- visualização: 5 minutos
- exercícios: 10 minutos
- leitura: 20 minutos
- escrita: 10 minutos

A ordem também pode ser customizada. Algumas pessoas preferem começar com a leitura e a escrita, que exigem mais foco, enquanto outras gostam de fazer os exercícios primeiro para aumentar o fluxo sanguíneo e acordar. Eu prefiro começar com um período de silêncio tranquilo e deliberado para acordar devagar, clarear a mente e concentrar minha energia e minhas intenções. Contudo, estamos falando do seu *Milagre da manhã* e não do meu, então experimente algumas variações e veja a que mais lhe agrada.

Depleção do ego e *O milagre da manhã*

Já se perguntou por que consegue resistir a guloseimas açucaradas na parte da manhã, mas acaba cedendo à tarde ou à noite? Por que às vezes a força de vontade é grande e em outras ocasiões ela nos deixa na mão? É que a força de vontade é como um músculo que se cansa com o uso, e no fim do dia é mais difícil nos obrigarmos a fazer atividades que nos servem e evitar as que não nos servem.

A boa notícia é que sabemos como isso funciona e podemos nos preparar para o sucesso com a ajuda de um planejamento prévio. E a ótima notícia? *O milagre da manhã* faz parte desse plano. Mas antes precisamos entender a depleção do ego.

Depleção do ego é um conceito usado para descrever "a diminuição da capacidade de regular os pensamentos, sentimentos e atos", segundo Roy F. Baymeister e John Tierney, autores de *Força de vontade*. A depleção do ego piora no fim do dia, quando estamos com fome, cansados ou precisamos exercer a força de vontade com mais frequência ou por longos períodos.

Se você esperar até o fim do dia para fazer algo importante que lhe dê energia e o ajude a se transformar no parceiro que deseja ser, vai descobrir que suas desculpas são mais irresistíveis e a motivação foi embora. Mas, quando você acorda e faz *O milagre da manhã* logo de cara, sente o aumento na disposição e na consciência fornecido pelos Salvadores de Vida e evita que a depleção do ego atrapalhe seu dia.

Ao fazer os Salvadores de Vida diariamente, você aprende a mecânica da formação de hábitos quando a força de vontade estiver maior e pode usar esse conhecimento para adotar pequenos hábitos factíveis em outros momentos do dia.

Considerações finais sobre os Salvadores de Vida

Tudo é difícil antes de ser fácil. Cada experiência nova é desconfortável antes de ser confortável. Quanto mais você praticar os *Salvadores de Vida*, mais naturais e normais eles serão. A primeira vez que meditei quase foi a última, pois minha mente acelerava como uma Ferrari e meus pensamentos quicavam de modo incontrolável, como uma bolinha de pinball. Hoje em dia adoro meditar e, embora não seja um mestre, posso dizer que sou razoável.

Pense nestas palavras de Stacey:

> *Quando comecei a praticar a visualização, eu deixava a mente voar para pensamentos do tipo "como vou fazer isso?". Quinze minutos depois eu saía dessa e percebia que tinha caído em uma cilada, listando todos os motivos pelos quais eu não conseguiria obter o que tentava visualizar. Foi preciso prática, repetição e dedicação para chegar ao ponto da visualização em que conseguia ver e sentir tudo como desejava que fosse, sem apegos ou especulações sobre como isso iria acontecer.*

Convido você a praticar os Salvadores de Vida desde já para se familiarizar e ficar confortável com todos eles e antes de começar O desafio de *O milagre da manhã* para mudança de vida em trinta dias no Capítulo 10.

O milagre da manhã de seis minutos

Se você não tem dez minutos, você não tem vida.

— Tony Robbins, falando sobre um ritual matinal diário

Se sua maior preocupação é arranjar tempo, não se preocupe. Eu vou ajudar. Você pode fazer *O milagre da manhã* e receber todos os benefícios dos seis

Salvadores de Vida em apenas seis minutos. Embora essa não seja a duração que eu recomende sempre, nos dias em que você estiver com pouco tempo, faça cada um dos Salvadores de Vida por um minuto:

- **Primeiro minuto (Silêncio):** feche os olhos e aproveite um momento de silêncio tranquilo e deliberado para esvaziar a mente e se equilibrar para o dia.
- **Segundo minuto (Afirmações):** leia sua afirmação mais importante para reforçar *qual* resultado você deseja conquistar, *por que* ele é importante para você, *quais* ações específicas você precisa fazer e o mais importante: *quando* você vai se comprometer a fazer essas ações.
- **Terceiro minuto (Visualização):** visualize-se executando sem falhas a ação mais importante que deseja realizar naquele dia.
- **Quarto minuto (Exercícios):** fique de pé e faça vários polichinelos, flexões ou agachamentos para acelerar os batimentos cardíacos e movimentar o corpo.
- **Quinto minuto (Leitura):** pegue o livro que escolheu e leia uma página ou parágrafo.
- **Sexto minuto (Escrita):** pegue seu diário e escreva um motivo para sentir gratidão e o resultado mais importante a ser obtido naquele dia.

Tenho certeza de que, mesmo em seis minutos, os Salvadores de Vida vão colocar você no caminho certo para o dia. E você sempre poderá dedicar mais tempo a eles quando a agenda permitir ou surgir a oportunidade. Realizar a prática de seis minutos é um jeito de começar o pequeno hábito de aumentar sua confiança ou de manter o hábito em um dia difícil. Outro pequeno hábito que você pode fazer é começar por um dos Salvadores de Vida e acrescentar outros depois de se acostumar a acordar mais cedo. Lembre-se de que a ideia é ter tempo para trabalhar nos seus objetivos e mentalidade. Então, se você estiver sobrecarregado, não vai funcionar.

O milagre da manhã passou a ser um ritual diário de renovação e inspiração que eu amo demais!

Nos próximos capítulos, Stacey vai falar sobre os benefícios dos Salvadores de Vida e abordar várias ferramentas e estratégias de educação para relacionamentos com o potencial de transformar seu amor e sua vida!

Presenciei em primeira mão as transformações incríveis que Paul & Stacey ajudaram pessoas a criar no casamento, na família e na vida. Casamentos que pareciam impossíveis de salvar foram recuperados. Pais que perderam a paixão e começaram a decair rejuvenesceram, viraram uma equipe unida e reacenderam a paixão. Casais que se separaram e nem conseguiam manter uma conversa com civilidade se tornaram uma família harmoniosa para dividir a criação dos filhos. E solteiros que desejavam um relacionamento incrível obtiveram a clareza sobre o que lhes faltava para atrair e criar um relacionamento de amor eterno.

Quando se trata de relacionamentos, Stacey e Paul são meus especialistas de confiança. Eles estão realmente mudando a forma de as pessoas se relacionarem, e eu estou empolgado por apresentá-los a você. Mal posso esperar para que assimilem tudo o que eles têm a oferecer nos próximos capítulos.

Estudo de caso em um relacionamento real

JAMES E ALICIA

A HISTÓRIA DE JAMES

Antes

Quando Alicia procurou vocês, nosso relacionamento estava morto. Estávamos fisicamente separados havia seis meses (morando em casas diferentes), mas afastados emocionalmente por mais de dois anos.

Nosso casamento de 25 anos tinha acabado. Estávamos emocionalmente arrasados, nossos três filhos e famílias estavam todos sofrendo. Estávamos indo ladeira abaixo, sem conseguir entender nem resolver a situação.

Mãos à obra

Eu não sabia que Alicia tinha descoberto o programa e estava trabalhando sozinha nele, mas notei algumas diferenças. Não sabia por que isso estava acontecendo... Só fiquei feliz!

Seis meses depois de pôr a mão na massa, Alicia me convidou para um evento presencial com Stacey e Paul. Ali nós tivemos uma epifania, decidimos dar um salto no escuro e entrar no programa RelationshipU.

Depois

Um ano depois, nosso casamento está vivo, apaixonado, esperançoso, divertido, empolgado, autêntico e, de certa forma, melhor do que nunca! Recuperamos o casamento! E eu voltei para casa! Nossa família está unida de novo. Impressionante!

Isso é que é "mudar a história". Estou muito feliz por termos saído de um "casamento de 25 anos que terminou em divórcio doloroso" para "eles enfrentaram adversidades, nunca desistiram um do outro e renovaram o relacionamento, que ficou ainda melhor".

Essa é a história que desejo ver meus filhos contando sobre nós. Esse é o exemplo que desejo ser para eles.

Ter uma segunda chance é raro na vida. Toda manhã, quando acordo, agradeço a Deus por ter me dado outra oportunidade de ser o marido e homem que desejo ser para servir à mulher que amo. Quando agradeço a Ele por isso, também agradeço por trazer Stacey e Paul para nossa vida e permitir essa mudança.

Agradeço muito a vocês dois.

A história deles teve uma virada *incrível*! Mas e se Alicia não estivesse disposta a pôr a mão na massa? E se ela tivesse perdido a esperança depois que James saiu de casa?

A HISTÓRIA DE ALICIA

Antes

Eu não queria me divorciar, mas não via outra saída. Eu não acreditava que James poderia mudar. Estava apavorada, magoada e ressentida. Não sabia o que fazer.

Se minha amiga Kelly não tivesse compartilhado alguns vídeos de Stacey, meu casamento teria acabado. Parecia até que Stacey tinha feito aqueles vídeos só para mim! Me sentei na cadeira e fiquei de boca aberta, pensando: Cacete! *Pela primeira vez alguém estava explicando POR QUE estávamos naquela situação! Não era por eu ter me transformado em uma pessoa terrível ou por não ter sido razoável em meu descontentamento! Mas eu tinha tanta responsabilidade quanto James pelo relacionamento ter chegado àquele estado, algo que minha atitude fechada e punitiva não tinha cogitado.*

Eu me senti imensamente representada... Não estou sozinha! Outras pessoas estão passando por isso! E o mais importante: naquele dia senti um pouco de ESPERANÇA pela primeira vez em dois anos e meio. Eu precisava fazer isso por mim! Precisava parar de esperar a atitude de James e assumir o controle do meu destino e da minha felicidade.

Mãos à obra

Decidi fazer este trabalho porque precisava me curar. Não contei para James o que estava fazendo porque não estávamos conversando na época. Também não queria dar falsas esperanças a ele, pois eu nem sabia se queria salvar o casamento!

Eu me lembro do dia em que fui ao primeiro evento presencial com Stacey e Paul. Estava arrasada e chorei antes mesmo de abrir a boca. Stacey apenas abriu os braços e disse: "Nós vamos cuidar de você." Dali em diante, eu me senti segura e soube que teria ajuda nessa jornada!

Depois

Assumir o compromisso de fazer o programa RelationshipU com Paul & Stacey foi um salto no escuro, sem saber se ia funcionar ou não. Depois de um ano, posso falar que foi o melhor que poderíamos ter feito. Retomamos o casamento e meu marido voltou para casa, após um ano e meio separados. Aprendi que tudo é possível! Quando Stacey me fez perceber que eu tinha responsabilidade, foi algo transformador, porque deixei de ser vítima e vi que tinha ajudado a chegar nesse estado. Não é que eu tivesse escolhido a pessoa errada; nós apenas não sabíamos lidar com a situação.

Hoje estamos criando o casamento que desejamos. E escolhemos fazer isso!

Nem acredito no quanto nós avançamos em pouco tempo. Tenho certeza de que jamais teríamos chegado aqui sem comprometimento, trabalho árduo e o amor de Stacey e Paul. Amo vocês e sou eternamente grata pelo seu amor e apoio.

Os segredos do sucesso deles

- **Ela pôs a mão na massa sozinha:** em vez de ver isso como "trabalho de casal", Alicia decidiu que o trabalho era para ela e começou sem James. Isso a fortaleceu para seguir em frente.
- **Liberdade:** antes de começar o trabalho, Alicia estava empacada. Ela temia que o ato de pôr a mão na massa significasse um desejo de manter o casamento. Ao começar o trabalho, do jeito que a situação estava, ela *não* queria se comprometer a ficar no casamento e já tinha começado o processo de divórcio. Eu garanti que o trabalho era para *ela* e também para curar a *família* com James. Quer o casamento sobrevivesse ou não, a família precisava disso. Ela concordou e sentiu a *liberdade* para agir sem o compromisso de manter o casamento.
- **Não desistir:** em vários momentos da jornada, James e Alicia viveram tropeços, medos e dores. Eles se mantiveram conectados na comunidade RelationshipU, procuraram Paul ou a mim em busca de orientação e tiveram coragem para seguir em frente. Consigo pensar em vários momentos cruciais em que tudo poderia facilmente ter ido por água abaixo se um deles desistisse e fosse embora. Mas eles continuaram, procuraram nossa orientação e avançaram! Não pelo casamento, e sim porque ambos precisavam crescer, ou estariam fadados a viver as mesmas dores em outro relacionamento.
- **Quebrar o próprio gelo:** perdoar e esquecer foi um desafio para Alicia, como também é para muitas pessoas que passaram por momentos

difíceis. Ao longo da deterioração do casamento, ela se cercou de muros de proteção e virou uma "Princesa do Gelo" por dentro. Parte da cura foi ter a coragem de ser vulnerável de novo. Em um dos nossos eventos presenciais, eu me lembro de Alicia tomando a decisão de "quebrar o gelo"! Ela transformou o medo e a impotência em coragem e força! Nós ainda usamos essa frase em nosso trabalho! Convido *você* a quebrar o *seu* gelo!

PARTE II

COMO TRANSFORMAR SEU RELACIONAMENTO

Capítulo 5

PERSPECTIVA: TENHA UM NOVO OLHAR SOBRE O RELACIONAMENTO

STACEY MARTINO

"Se você mudar o jeito de olhar para as situações, as situações para as quais você olha vão mudar."

— Dr. Wayne Dyer, escritor de sucesso e palestrante

"É preciso coragem... para suportar a dor aguda da autodescoberta em vez de escolher a dor opaca da inconsciência, que duraria o resto da nossa vida."

— Marianne Williamson, autora do livro
Um retorno ao amor

Há 16 anos, eu só queria sair da dor que sentia no meu relacionamento amoroso. Eu queria um relacionamento forte com muito fogo e paixão!

Eu queria o sonho.

Um relacionamento de sonho em que meu parceiro me apoiasse mil por cento! Ele iria me proteger, defender e lutar por mim no mundo.

A maior alegria dele seria me ajudar, apoiar e abrir caminho para a realização dos meus sonhos.

Eu desejava que ele me amasse apesar das minhas falhas, cuidasse de mim e fosse o meu número um. (Claro que eu faria tudo isso por ele também.)

Eu queria que nós enfrentássemos o mundo unidos e vencêssemos!

Meu parceiro seria a pessoa com quem eu mais amaria conviver. Nós sairíamos em aventuras, explorando o mundo juntos. Nós sentiríamos prazer em levar diversão, risos e empolgação para a vida um do outro.

Eu sonhava com uma paixão febril, sem limites e com um sexo incrível que nos levaria ao limite do êxtase!

Parece ótimo, não é? O único problema era que eu não sabia se isso era possível, pois nunca tinha visto um relacionamento assim na vida real. Mesmo que *fosse* possível, eu não fazia ideia de como criá-lo!

Você se identifica com isso? Se for esse o caso, você não está sozinho.

Após interagir com milhares de pessoas neste trabalho, sei que a maioria das pessoas deseja uma versão desse meu sonho (*se* estiverem sendo francas).

Embora os detalhes do sonho possam ser diferentes do meu, no fim das contas as pessoas querem tudo: amor, apoio, alinhamento, diversão, bom humor, intimidade e sexo *incrível*!

Agora, se elas *não* estiverem sendo francas, vão dizer logo de cara que não desejam esse sonho. Mas estão mentindo.

Eu sei disso porque fui uma dessas pessoas. Aos vinte e poucos anos, eu dizia que não acreditava no casamento nem no *amor*.

Tentei me convencer de que não precisava de amor e que minha vida era completa sem ele, mas a verdade é que eu estava mentindo para mim mesma.

Por que as pessoas mentem para si mesmas sobre não desejar esse sonho?

- Algumas são amargas e cínicas.
- Outras estão apavoradas e vivem se protegendo.
- Muitas estão desconectadas do desejo e se entorpecendo com distrações e vícios.

O amor e a paixão ficaram associados a muita dor, então as pessoas se distanciam desse sonho.

Na verdade, até para admitir a sua *existência* esse sonho ficou doloroso demais, então quase todo mundo mente de uma forma ou de outra e decide que não deseja isso.

Contudo, é da natureza humana querer amor e paixão! Estudos mostram que isso está programado em nosso DNA.

O amor é uma *necessidade* humana. Se não o recebemos, começamos a definhar e morrer, conforme provado por estudos realizados com bebês em orfanatos. Em instituições onde apenas as necessidades fisiológicas básicas humanas eram atendidas sem amor, toque físico e conexão humana, quase metade dos bebês morria, apesar de não haver motivos físicos para a morte.

O amor é a única emoção transcendente. Ele tem um poder que nenhum outro *sentimento* tem de nos levar a outro lugar, outro nível. Ele cria *euforia.*

Todo ser humano precisa de amor, mas e a paixão?

Ela também não é opcional!

A paixão é a força vital de qualquer relacionamento amoroso. Se a paixão diminuir ou desaparecer, o relacionamento morre.

Todos os dias eu ouço pais ocupados tentando se convencer de que podem ficar sem sexo. Ao questionar mais, descubro que o sexo e a paixão definharam no casamento e eles não fazem ideia de como retomá-los. A ideia de passar o resto da vida sem paixão assusta, e a de terminar o casamento também.

Eles estão presos no dilema de estarem cansados demais para fazer sexo e ocupados demais para investir tempo nisso. Estão absolutamente exaustos e não precisam de *mais uma tarefa.*

Então, eles resolvem que o certo é "crescer" e decidir que o sexo não é tão importante assim. E se dedicam ao trabalho, às crianças, à casa e à abundância de afazeres disponíveis para todos.

Quando se dão conta, meses e meses se passaram e o sexo ficou cada vez mais raro. E, quando ele acontece, está longe de ser ardente!

Fico de coração partido quando vejo pessoas bem-intencionadas destruindo relacionamentos perfeitamente bons e amorosos dessa forma. Elas ficam por um fio sem nem saber como chegaram ali.

Eu ensino uma ferramenta que ajuda a impedir essa queda: salada ou lixo?

O que esse negócio de salada ou lixo tem a ver com seu relacionamento?

Uma piada antiga diz: "Qual é a diferença entre a salada e o lixo?"

A resposta é: "O TEMPO! A diferença entre a salada e o lixo é o tempo!" (Entendeu?)

O mesmo vale para um relacionamento carinhoso ou amoroso (mas sem paixão) e o que está por um fio (porque um ou os dois parceiros pensam em terminar): o tempo.

Por quê?

Quando você para de viver a paixão e de fazer sexo com a única pessoa que você deveria ser capaz de fazer, começa a surgir uma dor entre vocês. Você se sente rejeitado e traído, e com o tempo isso se transforma em ressentimento. A partir daí, a distância só aumenta.

Vocês acabam tendo vidas paralelas, vivendo sob o mesmo teto, criando filhos, seguindo o dia a dia e tentando não se esbarrar. Cada esbarrão é um lembrete doloroso de que vocês não estão mais dividindo a vida.

Vocês continuam nesse desespero silencioso até o fio que os unia se romper (o que geralmente acontece quando os filhos saem de casa). Aí vocês refletem sobre o relacionamento e perguntam: "Eu consigo viver assim por mais quarenta anos?"

Então você se dá conta... BUM! Com o tempo, seu relacionamento foi de salada para lixo! Agora você questiona se consegue ficar no relacionamento e até se este é o parceiro certo.

Infelizmente, ir de salada para lixo é uma progressão orgânica. Sem o treinamento e as ações estratégicas adequadas, os relacionamentos sérios e de longo prazo progridem naturalmente nessa direção.

É por isso que Paul e eu somos *tão* apaixonados por ajudar as pessoas a retomarem a paixão no relacionamento!

Ouça bem: paixão não significa fazer *sexo* apenas pelo sexo. Claro que sexo é maravilhoso, e você vai ser muito mais feliz quando estiver fazendo bastante sexo incrível! Mas isso vai muito além do sexo. O sexo é um sintoma, não a causa.

Queremos parar a epidemia de relacionamentos que estão deixando de ser salada e se transformando em lixo pela ausência da *força vital* chamada paixão!

Se este for o seu caso, saiba que você não está sozinho.

Aviso: até uma busca rápida no Google sobre as últimas pesquisas revela que pais ocupados *não estão* fazendo sexo.

Então, se vocês não fazem sexo ou fazem muito pouco (na sua opinião), ou se não estão fazendo aquele sexo ardente... Você *não está sozinho.*

E não é culpa sua!

Por que os que relacionamentos amorosos sérios e de longo prazo vão perdendo a paixão ao longo do tempo?

Para explicar esse fenômeno, criei uma ferramenta chamada gangorra do amor e da paixão.

De modo simples, o amor e a paixão funcionam como uma gangorra em relação inversa.

A *igualdade* cria o *amor*, enquanto a *diferença* cria a *paixão.*

Em outras palavras, ter pontos em comum cria amizade, e a amizade é a base do relacionamento amoroso.

À medida que o relacionamento amoroso se aprofunda, vocês começam a acumular mais e mais pontos em comum: experiências e atividades compartilhadas, além de pessoas. Vocês acabam morando juntos, criando filhos e dividindo quase todos os aspectos da vida.

À medida que aumentam os pontos em comum, vocês se aprofundam cada vez mais no amor, o que é ótimo! Mas sabe o que não sai ganhando com isso? Adivinhou: *a paixão!*

A paixão vem das diferenças!

Quando o relacionamento é novo, existem muitas diferenças entre os parceiros. O que eles dizem e fazem, as pessoas que conhecem, onde moram e os lugares que frequentam são todos diferentes e novos um para o outro. As novidades e diferenças criam muitas fagulhas e alimentam a paixão.

Ao longo do tempo, a novidade desaparece e as diferenças somem, diminuindo a paixão no seu relacionamento.

O amor fica mais forte, mas a paixão diminui devido à gangorra do amor e da paixão. Quando um sobe, o outro desce.

Se isso acontece com você, por favor, não se desespere. Embora essa seja a progressão natural de um relacionamento sério, é *possível* virar o jogo!

Você pode *aumentar* a paixão de acordo com a *profundidade* do seu amor ao *cultivar as diferenças!*

Download bônus: Para assistir ao vídeo de treinamento sobre a salada e o lixo, além de aprender mais sobre a energia masculina e feminina, visite RelationshipDevelopment.org/tmmbonus [em inglês].

Nós ensinamos várias ferramentas e estratégias para ajudar os alunos a cultivarem as diferenças e reacenderem a paixão. *Cultivar a diferença entre a energia masculina e feminina é de longe a mais poderosa de todas* e vai gerar o maior benefício.

Todos têm a energia masculina e a feminina dentro de si, mas a maioria dos seres humanos tem uma energia central autêntica e dominante, que é masculina ou feminina. (Não importa em qual corpo você veio; é questão de saber qual a sua energia autêntica central e dominante.)

OBSERVAÇÃO: às vezes eu uso o atalho de me referir aos homens para a energia masculina e às mulheres para a energia feminina. Nem sempre é o caso, pois o gênero nem sempre determina a sua energia autêntica central. Por favor, não deixe meu vocabulário impedi-lo de obter o que precisa deste material. Se você é uma mulher com centro masculino ou um homem com centro feminino, troque meu vocabulário de modo a atender sua necessidade. O que importa para este conteúdo é a sua energia central autêntica, não a sua embalagem!

A energia masculina e a feminina são *imensamente* diferentes.

Elas são iguais? *Sim!*

São idênticas? *De jeito nenhum!*

O que é a energia masculina?

A energia masculina é toda voltada para ter os pés no chão, ter determinação, decidir, agir, enfrentar obstáculos e avançar. Além disso, o masculino maduro é programado para servir, proteger e prover, sendo alimentado e movido pela integridade, honra e liberdade. Paul vai se aprofundar nas diferenças entre o masculino imaturo e o maduro no Capítulo 8.

O que é a energia feminina?

A energia feminina diz respeito a ser uma pessoa aberta, vulnerável, receptiva, criativa, útil, colaborativa e comunicativa.

Quando você consegue cultivar a diferença entre as energias masculina e feminina no relacionamento, pode reacender a paixão e recuperar a velha chama!

No Capítulo 8, Paul e eu vamos levá-lo a um mergulho mais profundo nas energias feminina e masculina e ensinar a realinhá-las com a sua.

Não posso impedir que você pule direto para esse capítulo, pois sei que muita gente faz isso, mas este livro é feito desta forma por um motivo. A maior oportunidade de ter sucesso em mudar a energia consiste em *primeiro entender e apreciar* as diferenças entre você e seu parceiro.

Essa lição começa agora.

PRINCIPAIS LIÇÕES SOBRE AS DIFERENÇAS ENTRE MASCULINO E FEMININO

Primeira lição: homens e mulheres são completamente iguais, mas totalmente diferentes!

A cultura ocidental moderna nos ensinou a minimizar ou desprezar as diferenças, como se elas fossem sinônimo de inferioridade. Porém, nós *não* somos os mesmos, e tentar suprimir nossa energia central e viver de modo inautêntico tem um custo, sobretudo no relacionamento amoroso!

Depois de trabalhar com milhares de pessoas, posso afirmar que a raiz de boa parte da dor nos relacionamentos é a falta de compreensão sobre as diferenças entre masculino e feminino.

Esperamos que nossos parceiros pensem e se comportem como nós. Então, sempre que eles fazem, dizem, sentem ou processam algo do modo como *não* fazemos, nós os julgamos, achamos que estão errados e sentimos raiva, mágoa ou frustração.

Começamos a ter pensamentos do tipo:

Por que você diz que... ?
É tão irritante quando você...
Você nunca...
Por que você simplesmente não...?

Parece familiar?

É *você* avaliando o parceiro com base na sua visão de mundo em vez de entender e apreciar o jeito de ser dele.

Todos têm uma forma particular de ver o mundo, englobando mentalidade, regras, valores, crenças, padrões, gatilhos, significados e emoções. Pense nisso como o programa que gerencia o seu show.

Quando o seu parceiro não pensa, age, sente ou processa do mesmo jeito que você, a tendência é reagir negativamente, pois você está avaliando o comportamento dele pela lente da *sua* visão de mundo. Como ele não agiu da forma que você imaginou, você interpreta isso como mau comportamento.

Vou dar um exemplo desse princípio usando as diferenças entre meus dois filhos por ser mais fácil de entender — e menos provável de gerar resistência — do que se eu usasse seu parceiro.

Nosso filho Jake é um menino gentil, carinhoso, sensível e engraçado. Ele gosta de ler e de jogar videogame. Um abraço resolve quase tudo para ele, que não perde a oportunidade de elogiar, dizer o quanto ama você e ter cuidado com os sentimentos alheios, além de ser um amigo bacana e confiável.

Nossa filha Grace é uma espoleta e uma força da natureza. Tem um nível extraordinário de instintos protetores, é ousada, assertiva, confiante e gosta de aventuras. Programada para a sobrevivência, ela é forte, independente e exuberante.

É meu trabalho ser a mãe de que meus filhos precisam. Jake e Grace são como a noite e o dia. Além da energia masculina e feminina, são crianças completamente diferentes.

Portanto, não posso usar a mesma abordagem para os dois.

Quando Jake tem problemas, eu ofereço um abraço e me sento para falar com ele, fazendo carinho e dizendo palavras amorosas e positivas, enquanto ele processa os próprios sentimentos até chegar a um estado melhor.

Quando Grace tem problemas, eu dou espaço e me sento ao seu lado enquanto ela processa tudo internamente, por conta própria, até chegar a um estado melhor.

Eu poderia insistir em tratar os dois da mesma forma, mas seria teimosia esperar que eles cedessem na própria autenticidade para aceitar meu jeito de criá-los. Isso só geraria frustração e sofrimento para todos. E me definiria como uma mãe pouco iluminada, egoísta e infeliz.

Ao me comprometer a aprender as diferenças entre meus filhos e criá-los de acordo com elas, posso trazer à tona o melhor de ambos, ajudá-los a florescer como indivíduos e criá-los com mais prazer e *muito* menos trabalho!

A escolha é minha. Embora essa abordagem seja mais trabalhosa, leva a resultados que valem a pena. Afinal, eu não tive filhos para viver de modo egoísta e ter dificuldades diárias como mãe. Me tornei mãe sabendo que seria algo extremamente difícil e me comprometi a fazer o melhor que pudesse... Não por mim, mas por *eles*!

Bom, o mesmo vale para o seu relacionamento amoroso. Seu parceiro é diferente de você, assim como todas as crianças são diferentes umas das outras.

Você pode continuar tratando o parceiro como se fosse igualzinho a você, dificultando tudo, lutando com a falta de resultados e sofrendo o tempo todo, ou pode se comprometer a entender as diferenças e mudar para trazer à tona o melhor dele. Essa abordagem vai trazer resultados impressionantes e mais alegria ao seu relacionamento.

A escolha é sua.

Segunda lição: entender que as diferenças entre o masculino e o feminino acontecem gradualmente

Você não vai de A a Z nessas diferenças de uma hora para a outra. É um processo e, como toda mudança, acontece gradualmente, dentro de uma escala.

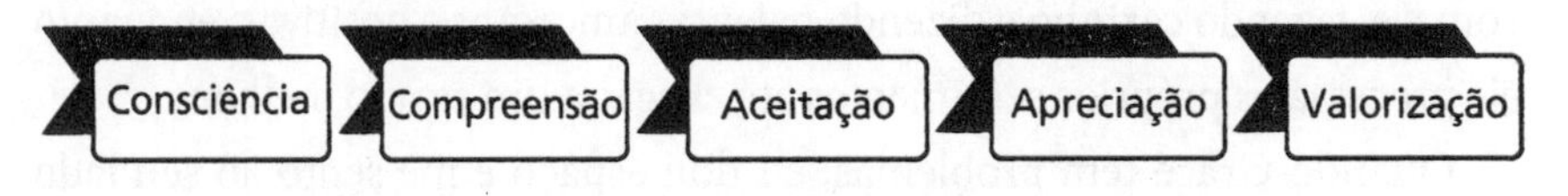

ESCALA DA MUDANÇA

Etapa zero: sem consciência

Você não tem consciência das diferenças entre o masculino e o feminino nem sabe trabalhar com elas. Você não está *dentro* da escala da mudança a esta altura, então é a etapa zero.

É nesse ponto que as diferenças entre seu parceiro e você tendem a ser enlouquecedoras, porque não fazem sentido para você, que se pega questionando: *Por que você faria isso?* Essa é a dor de estar na etapa zero da escala da mudança. A boa notícia é: quanto mais você aprende, melhor fica.

Primeira etapa: consciência

Você está na primeira etapa depois de ler até aqui. Agora você tem consciência de que existem diferenças, mas ainda não sabe quais são ou como usá-las. (Parabéns! Você está na escala!)

Segunda etapa: compreensão

É quando você entende as principais diferenças entre o masculino e o feminino. Ela só acontece depois de receber uma educação profunda para relacionamentos.

Contudo, quando você para na compreensão e não progride para a aceitação das diferenças, a situação fica assim:

> Neste cenário, o marido e a esposa foram à loja Home Depot e ela comentou que *adora* hortênsias, esperando que ele entendesse a dica e a presenteasse com essa flor no Dia das Mães. O marido só ouviu que a esposa gosta de hortênsias. Bom saber. Quando eles passaram pela seção de exaustores, ela lembrou que precisava de um novo, e, como ele é programado para servir, imediatamente colocou no carrinho. Ela ficou magoada, pois ele não só *não deu* o que ela desejava como ofereceu um presente entediante e impensado. Afinal, era uma coisa para a casa, não para ela.

Então a esposa disse:

"Ah, já sei. Você não entende a comunicação indireta. Só entende quando falo diretamente. Mas eu *disse* que adorava hortênsias quando nós passamos na Home Depot ontem e você nem comprou uma droga de hortênsia para mim na bosta do Dia das Mães? Ah, *claro* que não! Você pegou a porcaria de um exaustor novo! Sério? Eu sei, eu sei, vocês homens não conseguem perceber algo *gritantemente* óbvio. Entendi."

Compreender sem aceitar e valorizar não vai gerar um caso de amor magnífico. Vai apenas *amplificar* os problemas à medida que você usa as ferramentas recém-adquiridas como armas contra seu parceiro.

A compreensão não basta, e infelizmente a maioria dos conselhos, das pesquisas e dos especialistas em relacionamento para nesse ponto.

Terceira etapa: aceitação

É quando você aceita totalmente as diferenças no seu parceiro. Depois de obter a educação para relacionamentos e entender que você e o seu parceiro são programados de modo diferente, você libera todos os juízos de valor em relação ao conflito entre masculino e feminino. Você aceita totalmente que, embora sejamos iguais, somos diferentes, e *é assim que deve ser.* Nenhum dos lados está certo ou errado. Isso é aceitação sem julgamento.

O exemplo anterior aconteceria da seguinte forma entre um marido e uma esposa que aceitam as diferenças entre o masculino e o feminino.

De novo, eles estavam andando pela loja Home Depot. Ela viu as hortênsias e pensou: *Seria um ótimo presente de Dia das Mães.* Ela acariciou a mão do marido (já que ele responde melhor ao toque físico) e disse:

"Amor, eu adoro hortênsias. Você poderia me dar uma no Dia das Mães ou em outra data comemorativa? Eu ia adorar."

"Claro! Pode deixar", ele respondeu, pegando o telefone e digitando um lembrete para não esquecer. Ele tirou uma foto da flor, pois nunca iria lembrar a aparência dela, e se sentiu bem com sua capacidade de oferecer esse presente nota 10!

Quando passaram pela seção de exaustores, ela lembrou que precisava de um novo. Sendo programado para servi-la, ele logo pegou um. Quando colocou o produto no carrinho, ela deu um sorrisão e acariciou o braço do marido, dizendo:

"Obrigada por cuidar tão bem de mim, amor. Sinto muita gratidão por você."

"O prazer é meu. Estou aqui para isso, amor!", ele respondeu.

Talvez você esteja achando esse cenário difícil demais de acreditar. As pessoas não falam assim umas com as outras de verdade, certo?

Essa cena aconteceu entre mim e Paul há vários anos!

Paul realmente me deu a hortênsia. Ela morreu (não consigo manter uma planta viva nem se a minha própria vida dependesse disso). Sabe o que ele comprou para mim no Dia das Mães deste ano? *Uma hortênsia artificial.* Eu adorei! Está linda no meu jardim, sobrevivendo à chuva e à neve! Esse homem me conhece bem demais.

Quarta etapa: apreciação

Depois de perceber que as diferenças entre você e seu parceiro são realmente um presente, você vai sentir uma apreciação profunda por elas.

Ao chegar a esse nível, seu parceiro vai perceber e você vai sentir uma qualidade de vida muito melhor no dia a dia.

Contudo, para criar um amor inabalável e uma paixão sem limites, você não pode parar aí.

Oportunidade para *O milagre da manhã*: durante o seu *Milagre da manhã*, crie afirmações para lembrar o que você aprecia nas diferenças trazidas pelo seu parceiro.

Quinta etapa: VALORIZE!

O objetivo final é sentir *muita* gratidão por tudo o que é diferente no seu parceiro, a ponto de valorizar os presentes que ele traz ao relacionamento e à sua vida!

Nesse estado mágico, você vai descobrir que agora valoriza tudo o que costumava irritá-lo!

Terceira lição: três diferenças principais entre o masculino e o feminino

Em nossos programas e eventos, ensinamos algumas dessas principais diferenças e as ferramentas para lidar com elas.

Devido ao tempo limitado que temos, vou ensinar as três que você pode usar logo de cara para começar a sentir o poder de criar mudanças positivas no seu relacionamento.

Vamos nos concentrar em usá-las no relacionamento amoroso, mas o impacto de dominar essas ferramentas vai muito além. Entender, aceitar, apreciar e valorizar as diferenças vai melhorar drasticamente a forma de se relacionar com todas as pessoas do seu mundo.

PRIMEIRA DIFERENÇA: RESULTADO × JORNADA

O masculino se concentra no resultado.

Ele deseja encontrar a solução, conquistar o ganho e obter resultados. Ele quer conquistar o objetivo para chegar à paz, à calma ou ao "vazio".

O feminino se concentra na experiência.

Somos feitas para apreciar a jornada e vivê-la por inteiro. Claro que também gostamos de obter resultados, mas não para chegar ao nada. Quando conquistamos nossos objetivos, nós alcançamos o "cheio". (Claro que dá para usar "cheio" dessa forma. Se o editor deixou, então dá!)

Existem momentos na jornada em que o feminino quer apenas aproveitar a experiência, como agora, quando fiz uma piadinha no meio do livro.

É um comentário que não precisava estar naquele parágrafo. Não tinha um objetivo e nem era necessário. Paul poderia tê-lo editado. Se estivesse analisando este manuscrito com um olhar puramente masculino, ele teria removido essa frase supérflua (olha só, eu sei falar difícil) porque não era necessária para chegar ao resultado.

Como sou uma mulher com energia feminina, gosto de brincar, de me divertir e incluir *mais* palavras para aproveitar *mais* a minha jornada de escrita e você aproveitar *mais* a sua jornada de leitura.

Se você tiver um centro masculino, ler os últimos parágrafos deve ter sido bem frustrante. Você deseja que eu vá direto ao ponto!

Se for esse o caso, Paul tem uma ótima estratégia que você pode usar para aprender a *valorizar,* apesar da influência, o estilo feminino de comunicação.

ESTRATÉGIAS PARA LIDAR COM O RESULTADO × JORNADA — PARA HOMENS

Primeira estratégia de Paul: aprecie o entusiasmo que ela sente pela vida

O feminino é feito para incluir um pouco de *cor* no seu mundo preto e branco. A primeira etapa rumo a apreciar esse aspecto do feminino consiste em ver o mundo pelos olhos dela e sentir prazer ao vê-la feliz.

Oportunidade para *O milagre da manhã*: crie uma afirmação para o seu *Milagre da manhã* para lembrar o quanto aprecia o entusiasmo que ela sente pela vida.

Ferramenta: se você tiver dificuldade com esse conceito, reconheça que pode apreciar como seus filhos curtem todos os aspectos da vida a cada nova experiência. As crianças não precisam estar em algum lugar em um determinado momento ou conquistar um resultado específico. Elas podem encontrar diversão por horas com objetos simples, como uma caixa de papelão, a mangueira do jardim e alguns itens de papelaria.

Quando vê os seus filhos tendo aquela aventura e defendendo bravamente o forte de papelão, você diz a eles para não serem tão corajosos, já que é apenas uma caixa de papelão? Espero que não... Sobretudo se deseja que eles cresçam e *sejam* corajosos!

Quando eles dão gritinhos e riem incontrolavelmente no instante em que a água da mangueira atinge seus corpinhos, você diz que eles não deviam rir das sensações físicas ou se divertir porque é apenas água?

Quando eles criam algo totalmente sozinhos usando itens de papelaria e correm orgulhosos para mostrar a criação, você sacode a cabeça dizendo que os cantos não estão simétricos ou que eles deviam ter usado outros materiais para deixar a obra mais forte e durável? Ah, sério, espero que não! Se você fizesse isso, não apenas seria totalmente babaca diante de criancinhas sensíveis como estaria perdendo o imenso presente que eles estão mostrando. Você perderia totalmente a oportunidade de ver o mundo pelos olhos delas!

Se você consegue ver claramente o mundo pelos olhos delas quando brincam, isso significa que abriu o presente capaz de transformar sua experiência de vida. Sou fortemente enraizado em minha energia masculina madura e afirmo com toda a certeza que apreciar as crianças brincando e se divertindo com suas risadas, sua empolgação, ousadia, criatividade e seu orgulho fez de mim um homem mais forte e sábio. Ao mesmo tempo, isso me deixa mais completo e me reconecta com as oportunidades de me divertir novamente na vida adulta e alimentar meu propósito de melhorar a vida delas.

Se você gosta de observar as crianças, então goste de observar também sua parceria. Ela não é como nós e consegue apreciar a vida de um jeito que passaria despercebido... A menos que você comece a apreciar a maneira como ela vê a vida.

Dica prática: às vezes escolher o caminho mais longo ao dirigir faz parte do objetivo. Parar no café favorito dela ou passar pela área rural para que ela possa ver as flores e árvores. Essa é uma ótima forma de servi-la e vencer. Aprecie o quanto você consegue fazê-la feliz!

Vamos ser sinceros, rapazes: se tudo o que tivéssemos neste planeta fosse um bando de homens, a vida acabaria ficando chata, fria e mecânica e não gostaríamos de vivê-la a longo prazo. Você não ia querer que as mulheres fossem como você.

Segunda estratégia de Stacey: faça a jornada de sua parceira ser o seu resultado

Vai ficar muito mais fácil apreciá-la quando você transformar a *jornada* da sua parceira no *resultado* que você deseja.

Como? Vejamos as compras, por exemplo.

Uma mulher vai a uma loja comprar alguma coisa. O objetivo dela é aproveitar o tempo explorando e vivenciando a alegria da jornada.

As moças vão às compras. Os rapazes não vão às compras. Eles escolhem objetos.

Um homem vai à loja para obter algo específico. O objetivo dele é o resultado: achar exatamente o que precisa e levar para casa do modo mais eficiente possível. Ele não quer ir às compras.

Paul diz: *Homens com energia masculina não vão às compras felizes, mas esse tipo de homem pode ficar feliz em ir às compras com você se puder encontrar um objetivo pessoal na sua experiência de compras.*

Exemplo: Paul me leva às compras e fica feliz com isso se decidir que o melhor jeito de me servir é me levando às compras.

Ele quer me acompanhar até a loja e me proteger enquanto estou lá, além de garantir que eu tome um café ou faça um lanche se precisar, pagar tudo e me levar para casa em segurança.

Ele se orgulha de oferecer esse serviço para mim. Eu aprecio a jornada e ele obtém o resultado de me fazer feliz. Todos saem ganhando.

Paul diz: *Então, amigo, se você decidir se concentrar na jornada de experiência de compras de sua parceira como uma perda de tempo sem sentido, vai sofrer a cada instante, criar uma distância desnecessária entre você e sua mulher e garantir que todos saiam perdendo. Se a satisfação, proteção e conforto dela ao longo da jornada forem o seu resultado desejado, você poderá criar uma experiência vencedora para ambos. É sempre uma escolha: quando você decidir marcar uma vitória aqui e oferecer uma boa experiência para ela, ambos saem ganhando.*

ESTRATÉGIAS PARA MULHERES DE STACEY

Primeira estratégia: aprecie a eficiência dele

Homens são programados para fazer! A verdade é que todo mundo tem mais tarefas do que consegue dar conta. Se esse for o seu caso, aprecie o quanto ele é eficiente ao realizar tantas tarefas.

Oportunidade para *O milagre da manhã*: outra grande afirmação para o seu *Milagre da manhã* é: "Sinto muita gratidão pela eficiência e produtividade que meu marido traz ao meu mundo."

Dica prática: se você se sentir desprezada quando seu marido criticá-la ou fizer a tarefa de um jeito diferente do seu porque a resumiu ao mínimo e retirou os "enfeites", aprecie a eficiência dele. Sinta gratidão pelo resultado obtido mais rapidamente pelo seu marido.

Segunda estratégia: aproveite a habilidade dele para ajudar com sua imensa lista de tarefas

Dica prática: quando estiver sobrecarregada, repasse algumas tarefas ao seu parceiro e deixe que ele faça o que sabe fazer melhor: obter resultados.

Admita, há muita besteira na sua lista de tarefas. Delegue uma parte para ele e se deixe maravilhar com a eficácia ao cumprir todos os itens.

Estratégia ninja: quando ele fizer suas tarefas, cubra-o de aprovação! Não deixe passar batido e definitivamente *não* o critique pelo *jeito* como faz a tarefa! Simplesmente cubra-o de elogios (e deixe de ser controladora, só um pouquinho). É bom para o seu crescimento.

Terceira estratégia: avise quando você quiser ser feminina e apreciar a jornada

Dica prática: quando você estiver no modo feminino aproveitando a experiência e perceber que seu parceiro se sente frustrado, reserve um momento para ajudá-lo. Diga o que você está fazendo para que ele saiba qual é o resultado. Não espere que ele aprecie o mesmo que você. Use a comunicação direta para dizer como ele pode servi-la melhor. (Vamos mergulhar a fundo no modo feminino × modo masculino no Capítulo 8.)

Exemplo de roteiro:

Amor, eu adoraria ter meia horinha para dar uma olhada nos utensílios de cozinha desta loja. Isso me deixaria muito feliz agora. Não estou procurando nada específico, só quero olhar mesmo. Temos tempo para isso agora? Você poderia pegar um café para mim enquanto eu dou uma volta? Obrigada, querido!

SEGUNDA DIFERENÇA: FOCO ESPECÍFICO × PERCEPÇÃO DIFUSA

O masculino concentra a atenção em um ponto específico.

Quando eles concentram a atenção em alguma coisa, mergulham especificamente naquilo e ignoram todo o resto.

A pesquisadora Alison Armstrong descreveu esse foco masculino como descer "profundamente em um poço".

Para que ele se concentre em outro ponto, precisa subir até a superfície, sair do poço, ajustar o foco para algo novo e depois mergulhar profundamente no poço com o novo foco.

O feminino tem percepção difusa.

Não importa o que estejamos fazendo, temos consciência de tudo o que está em um determinado raio ao nosso redor, o tempo todo.

Dê uma olhada na minha mente para ver o que é a percepção difusa no seguinte cenário: estou andando pela casa e me arrumando para sair.

Já estou ciente de que uma das crianças ainda não calçou os sapatos. Eu digo a ela para encontrar os sapatos. Quero dar independência ao menino, então apenas falo:

"Vá buscar os seus sapatos, querido."

Eu sei que estão embaixo da mesa da sala porque ele os deixou lá quando fez a lição de casa de inglês ontem à noite. Também há um misterioso pé de meia vermelho embaixo daquela mesa. Tenho certeza de que ainda está lá.

Em seguida eu pego uma bolsa e embalagens pequenas de cereal para servir de lanche porque vai levar umas duas horas até voltarmos para casa e a menorzinha ainda não terminou de comer o waffle. Para evitar pirraça, levo os peixinhos empanados também.

Notei que a pedra pintada ainda está no balcão da cozinha. Pensei que eles já tivessem colocado no aquário.

"Já achou os sapatos, filho? Não? Que tal procurar embaixo da mesa na sala? Ah, achou. Ótimo!"

Pego um carregador extra na cozinha, pois preciso carregar o iPod antes de voltarmos para ele não brigar com a irmã por causa do filme que deseja ver.

"Vista o casaco de manga comprida, querida. Vai estar frio quando a gente voltar!", digo isso já entregando a ela o casaco que estava pendurado atrás da porta desde ontem.

Vejo os casacos antigos de inverno na porta. Eu realmente devia tê-los doado. Eles não vão servir nas crianças quando o inverno chegar.

"Muito bem pessoal, vamos embora!"

Ih, essas caixas deviam ter ido para reciclagem na quarta-feira. Ah, é, eu não estava em casa na quarta à noite, por isso não foram!

"Filho, abra a porta para sua irmã, por favor?"

Preciso chamar o cara da árvore esta semana! Aquele tronco ainda está aqui, e ele não voltou para buscá-lo.

Que dia lindo! Olha só o céu!

Homens, vocês provavelmente estão exaustos só de ler isso tudo. E eu gostaria que não houvesse mais nada na zona de percepção feminina em um período de três minutos, mas, se eu tentasse incluir tudo... Até as mulheres sairiam correndo!

A percepção difusa significa que não podemos ignorar o resto do mundo para manter o foco em um só ponto.

Claro que podemos nos concentrar, mas exige muito esforço, e, depois de um tempo, ficamos esgotadas. Na verdade, uma mulher que funciona no modo feminino vai achar doloroso e exaustivo manter o foco em apenas uma tarefa por longos intervalos.

Sempre que ensino isso em nossos programas e eventos, uma mulher diz: "Mas eu consigo me concentrar. Acho que isso não se aplica a mim."

Eu sei que você *consegue* se concentrar, prestar atenção a uma tarefa e ser eficiente em relação a ela, mas não é disso que estou falando.

O masculino tem um foco específico. Ele se concentra apenas em uma tarefa por vez.

Moças, foco específico significa bloquear todos os outros pensamentos. Você não tem consciência de onde estão seus filhos e não surge qualquer pensamento aleatório. Você não tem consciência de nada além *daquela* tarefa. Por quanto tempo você acha que consegue manter esse tipo de foco?

Exemplo: enquanto escrevo este livro, estou superconcentrada, pois defini a escrita dele como único objetivo e deixei todo o resto de lado esta manhã. Contudo, quando escrevi esta última frase, ouvi alguém subindo a escada e me perguntei se era Paul ou minha assistente. Também senti o ar frio entrando pela janela e me perguntei se deveria fechá-la ou pegar meias mais quentes. Então me dei conta de que minha xícara está vazia, mesmo não me lembrando de ter tomado o café todo. Eu não parei de escrever e não me interrompi. Só estou ciente de tudo isso enquanto trabalho.

Eu estou concentrada... De modo feminino.

O masculino não faz isso. O masculino mergulha fundo no poço e mantém o foco específico.

Está começando a apreciar essa diferença?

ESTRATÉGIAS PARA LIDAR COM O FOCO ESPECÍFICO × PERCEPÇÃO DIFUSA

Primeira estratégia de Paul: homens, parem de pedir a elas que se concentrem.

Elas não foram feitas para isso. Ficar chateado por esse motivo é se preparar para uma série de frustrações desnecessárias.

Para ajudar a entender isso ao contrário, pense em como é ser um homem que está tentando se concentrar em alguma coisa. Enquanto isso, seus filhos ficam pedindo atenção, o telefone continua tocando e sua esposa precisa de ajuda para tirar alguns objetos das prateleiras mais altas na cozinha. A maioria dos homens ia achar todas essas interrupções bem frustrantes e exaustivas, certo? As mulheres podem funcionar confortavelmente com todas essas distrações e estar inteiramente presentes o tempo todo, porque funcionam com percepção difusa. Quando você pede à sua parceira que se concentre profundamente em uma só tarefa, é tão difícil e frustrante para ela quanto é para você tentar se concentrar com várias distrações atrapalhando.

Segunda estratégia de Paul: homens, observem a capacidade delas de perceber tudo ao redor e se espantem com o quanto elas conseguem assimilar simultaneamente.

É bem impressionante. Um homem até pode absorver todos esses dados, mas logo os apagaria por serem irrelevantes e desnecessários para o resultado que procura. Pelo fato de funcionarmos dessa forma, tendemos a perder boa parte da experiência de vida que acontece ao nosso redor. Homens, comecem a apreciar a força de suas mulheres para absorver tudo isso e seguir em frente. Elas fazem muito.

Dica prática: substitua a frustração pela apreciação. Isso vai reprogramar seu comportamento natural de julgá-la pela falta de foco.

Oportunidade para *O milagre da manhã*: durante o seu momento de visualização, imagine-se apreciando a percepção difusa da sua parceira.

Terceira estratégia de Stacey: moças, parem de interrompê-los.

Desenvolva sua perspicácia sensorial para perceber quando ele está concentrado em alguma coisa e pare de interrompê-lo.

Oportunidade para *O milagre da manhã*: durante o seu momento de visualização, imagine-se observando o foco do parceiro e cultivando a sua perspicácia sensorial.

Quando ele está pensando, falando ou fazendo algo, está com o foco *naquela tarefa*. Não interrompa seu parceiro falando com ele enquanto está concentrado em outro assunto.

Esse é um conjunto de habilidades que talvez leve tempo para cultivar. No começo, aceite que você vai continuar a interrompê-lo o tempo todo, pois não faz ideia de que determinados comportamentos são na verdade interrupções. Fique atenta às reações dele e comece a construir sua perspicácia sensorial.

Exemplo: há muitos anos, quando comecei a praticar isso com Paul, estávamos na cozinha e eu tinha acabado de lembrar que precisava fazer a vistoria do carro, mas ainda não tinha agendado.

Eu estava prestes a soltar essa informação quando notei que Paul estava vendo alguma coisa no celular. Você pode rir se quiser, mas eu me lembro de ter arregalado os olhos como se estivesse em um momento de pânico! Eu tinha algo a dizer e sabia que não devia interrompê-lo (perspicácia sensorial), mas não sabia o que *fazer* nesse meio-tempo. Parecia que minha pressão estava subindo: *preciso falar isso ou vou explodir.*

Parece bobo, mas uma mulher tem outros 25 pensamentos na cabeça ao mesmo tempo, então impedir isso equivale a fechar o vazamento de uma represa com uma rolha. Parece que tudo está ganhando pressão e vai vazar.

Como eu estava comprometida a colocar essa estratégia em prática, escrevi: "Agendar vistoria do carro" no bloco de notas da cozinha e senti um alívio *imenso.*

Quando terminei de escrever, ele largou o celular e se concentrou em mim. Isso durou uns quatro segundos, mas pareceu uma jornada de mil quilômetros.

Olhei minha anotação e disse:

"Está na hora de fazer a vistoria do carro, mas ainda não agendei. Você pode fazer isso para mim, por favor?"

"Claro!", ele respondeu, pegando o celular e criando um lembrete para agendar a vistoria.

Eu quis contar toda a história do que tinha pensado nos últimos quatro segundos, mas ele já estava concentrado em outra tarefa. Achei isso tão absurdamente hilário e irônico que gargalhei.

Paul tirou os olhos do telefone para ver do que eu estava rindo e eu me dei conta: *Merda! Acabei interrompendo ele.* E isso me fez rir de novo. Ele riu também, mas não fazia ideia do motivo.

Eu ainda estava na escala em relação a isso.

Nossos alunos têm uma frase que geralmente usam para descrever quando ainda não dominaram uma nova estratégia ou ferramenta. Como há uma escala gradual para toda mudança, às vezes caímos de cara no chão durante o processo e usamos a frase: "Ainda estou na escala."

É a forma que encontramos de ter compaixão conosco e com os parceiros enquanto trabalhamos para progredir sem perfeição. Simplesmente faça o melhor que puder sempre. Você está "na escala".

Quarta estratégia de Stacey: moças, parem de julgá-los por não terem a capacidade de fazer várias tarefas ao mesmo tempo.

É preciso muita energia e trabalho para que seu parceiro faça mais de uma tarefa por vez, assim como é preciso muita energia e trabalho para que você se concentre em apenas uma tarefa e bloqueie tudo ao redor (incluindo a sua enxurrada de pensamentos). Você consegue, mas não é fácil e é exaustivo. Isso também acontece quando ele precisa fazer várias tarefas simultaneamente: o homem não consegue focar-se em dois lugares ao mesmo tempo.

Quinta estratégia: ensine as crianças sobre o foco específico.

É importante ajudá-las a aprender que o papai tem foco específico e a mamãe tem percepção difusa. Esse conhecimento vai ajudar sua família nos momentos em que ele ficar irritado com as crianças pedindo atenção ao mesmo tempo. Em vez de ficar frustrada pelo fato de ele rechaçar os filhos, aproveite a oportunidade para ensiná-las sobre o foco específico.

Exemplo de roteiro, dito em tom alegre e sem julgamentos:

> *Ei, pessoal, o papai tem foco específico e não consegue ouvir duas vozes ao mesmo tempo, então falem um de cada vez. Assim o papai pode ouvir* tudo *o que vocês têm a dizer.*

Após repetir esse roteiro algumas vezes, um dia entreouvi nossa filha Gracie (por volta dos 4 anos) dizer ao irmão: "Jake, o papai não consegue ouvir você enquanto eu falo, então, espera o 'grande foco' dele até chegar sua vez, por favor." Adorei!

Gracie e Jake aprenderam desde cedo que os meninos têm foco específico e as meninas têm percepção difusa, e *ambos* são valiosos e necessários.

Sexta estratégia: use essas ferramentas e estratégias ao interagir com outros homens e mulheres no local de trabalho!

As pessoas masculinas e femininas em seu mundo vão ficar muito felizes com isso (mesmo sem saber o motivo).

Dica prática para mulheres: parem de interromper os homens no trabalho e apreciem a capacidade de concentração deles. É um conjunto de habilidades muito valioso. Aproveitem!

Dica prática para homens: parem de pedir às mulheres que se concentrem no trabalho e reconheçam a capacidade delas de perceber vários detalhes. É um conjunto de habilidades muito valioso. Aproveitem!

Aproveite: quando se trata de usar essas habilidades no trabalho, é *crucial* entender como seus colegas ou os integrantes da sua equipe funcionam e permitir que eles usem seus pontos fortes.

Por exemplo, quando você tem uma tarefa que exige atenção aos detalhes e capacidade de lidar com vários assuntos ao mesmo tempo, é uma boa oportunidade para o feminino florescer. Por outro lado, quando você desejar que alguém masculino em sua equipe progrida, dê espaço para ele se concentrar sem distrações.

TERCEIRA DIFERENÇA: AJUDA!

O masculino *não* quer ajuda, a menos que peça.

O feminino quer ajuda o tempo todo, mesmo quando recusa uma oferta.

Esse é um *grande* causador de problemas nos relacionamentos!

Se você é mulher, imagine que sua irmã está lavando louça na pia e você diz:

"Posso secar?"

Se ela responder:

"Não, eu cuido disso. Pode sentar e relaxar."

... o que acontece a seguir?

Você tira um pano da gaveta, pega um prato molhado e começa a secar, perguntando:

"Então, diz aí. Como vão as coisas?" Ela sorri, sentindo-se apoiada.

Como mulher, se você a obedecesse e realmente se sentasse à mesa, pegasse outro pedaço de torta e comesse a *observando* lavar e secar os pratos... Você seria percebida como uma pessoa horrível!

É assim que a cena aconteceria entre duas mulheres.

Agora substitua a sua irmã por um homem nesse mesmo cenário. Nossa! Podemos falar em confusão?

Diálogo entre um homem e uma mulher:

Você: "Posso ajudar a secar, querido?"

Ele: "Não precisa. Deixa comigo. Pode sentar e relaxar."

Você vai até a gaveta, pega um pano, começa a secar e pergunta: "Então, diz aí. Como vão as coisas?"

Ele (totalmente furioso): "Tá bom! Lave os pratos *você*, então" E vai embora, fazendo você se perguntar o que raios acabou de acontecer.

Me deixe explicar.

Você estava sendo "boazinha" ao oferecer ajuda e depois tomando a iniciativa de ajudar mesmo quando a ajuda foi recusada.

Seu parceiro, por outro lado, estava tentando servi-la fazendo uma coisa por você. *Ele realmente falou sério!* (Leia isso mais uma vez.)

O desejo dele era *observar* a sua felicidade ao ser servida. Ele queria que você se sentasse, relaxasse e apreciasse a iniciativa dele de servi-la. Ele desejava ser o seu herói!

Ao ignorar a disposição dele em servi-la, ele achou que você estivesse tomando a iniciativa para rebaixá-lo. Ele pode ter entendido que você não confiava na capacidade dele de lavar os pratos ou que você simplesmente acabou com a experiência ao desprezar a ajuda, estragando tudo sem querer.

Como não quer brigar após esse ato gritante de comportamento castrador, ele joga a toalha e vai embora.

Você fica confusa.

Ele fica confuso.

Ninguém entendeu droga nenhuma do que acabou de acontecer.

(É um milagre que homens e mulheres fiquem juntos, para começo de conversa!)

Mas esse não é o fim da confusão!

Infelizmente para a nossa espécie, as mulheres são criadas desde o nascimento para oferecer ajuda o tempo todo.

O paradoxo é que, para ser uma "boa menina", a mulher é treinada para *não* pedir ajuda a menos que seja uma situação de vida ou morte.

Ela deve demonstrar a todos que pode resolver qualquer problema. Tudo está sob controle, e ela não deve pedir a ajuda de ninguém.

O problema é que, no fundo, ela *quer* ajuda o tempo todo. Esse fato passa completamente despercebido para a maioria dos homens. Eles não fazem ideia de que as mulheres querem ajuda, porque a maioria delas faz um ótimo trabalho ao demonstrar que *não precisa* de ajuda.

É aí que o problema cresce entre nós. As mulheres não pedem a ajuda dos homens porque acham que eles deveriam ser capazes de ver que elas precisam de ajuda e *simplesmente ajudar!*

Agora, vamos juntar alguns fatos:

1. Mulheres querem ajuda o tempo todo, mas dão a impressão que não precisam de ajuda e nem pedem.
2. Homens não *querem* ajuda, a menos que peçam.

Consegue ver aonde quero chegar?

Sem receber educação para relacionamentos abordando as diferenças entre masculino e feminino, a maioria dos homens vai tratar as mulheres como se ela fosse um deles!

Um homem *nunca* oferece ajuda não solicitada, a outro homem, a menos que deseje levar um soco na cara. Então, por respeito à mulher, ele *nunca* oferece ajuda não solicitada porque isso daria a entender que ela não sabe resolver seus problemas. Ele nunca a desrespeitaria dessa forma.

Junte essas dinâmicas e temos um problemão!

Bem-vindo à Confusãolândia. População: oito bilhões!

Estratégia de Stacey para mulheres

***Não* ofereça ajuda não solicitada a um homem e muito menos ajude de qualquer forma após ele dizer que não quer ajuda.** Isso pode ser percebido pelo homem como castrador, dando a entender que você não confia na capacidade dele de se virar sozinho.

Dica prática: quando o vir fazendo algo, resista à vontade de oferecer ajuda. Isso é mais difícil do que parece. No começo eu fazia de tudo para praticar: morder os lábios para não falar, colocar a mão na frente da boca, contar até cem e respirar bem fundo.

Estratégia ninja: moça, se você fica tentada a oferecer ajuda, repita minha afirmação ninja comprovada, exatamente desta forma:

"Amor, eu sei que, se você precisar da minha ajuda, vai pedir. Eu te amo!"

Dica prática: passe por ele enquanto diz a afirmação ninja e saia do recinto. Continue andando! Isso é fundamental para a estratégia. *Por quê?* Porque, se você fizer uma pausa ou hesitar, vai dizer alguma coisa *depois* dessa frase e estragar tudo. Sim, você não vai resistir, e sabe disso. Então use a minha frase ninja e siga em frente.

Não importa o que você faça, pare de oferecer ajuda quando ele não pediu. E por favor, pelo amor de Deus, pare de querer assumir o controle e ajudar sem ele ter pedido.

Estratégia de Paul para homens

Ajude-a! A boa notícia é que ela quer ajuda o tempo todo e você gosta de servi-la. Então, pare de esperar ela pedir e simplesmente sirva. É bem simples. Você vai se acostumar.

1. Ofereça ajuda o tempo todo.
2. Quando ela disser não, comece a ajudar mesmo assim.
3. Repita.

Dica prática: ajude-a mesmo quando ela disser "não, obrigada". Desenvolva sua acuidade sensorial. Quando você oferecer ajuda e ela recusar, preste atenção aos sentimentos e pare de ouvir as palavras. Ela quer ajuda, mas tem dificuldade para pedir.

Oportunidade para *O milagre da manhã*: use esta afirmação em seu *Milagre da manhã*: "Hoje procuro oportunidades de oferecer ajuda não solicitada a minha mulher. Em cada oportunidade sei que vou aprender mais sobre a melhor forma de servi-la, para que eu nunca falhe!"

DICA BÔNUS: aprenda a traduzir a comunicação indireta da sua mulher! É ilógico para um homem ouvir alguém dizer que não quer ajuda e ajudar mesmo assim. Isso acontece porque *os homens conversam entre si usando comunicação direta*. Nós realmente queremos dizer o que dizemos. Já *as mulheres usam a comunicação indireta*. Outras mulheres entendem claramente esse tipo de comunicação, enquanto os homens costumam errar o verdadeiro sentido porque interpretam as palavras literalmente.

Exemplo: vou apresentar você ao seu tradutor de feminino para masculino. O conceito vem de um vídeo muito engraçado no YouTube chamado "manslator" (jogue no Google e divirta-se!). Veja um exemplo:

Homem diz: "Precisa de ajuda?"
Mulher diz: "Não, eu resolvo. Obrigada."
Tradutor: "Sim, eu quero ajuda! Quero ajuda *o tempo todo*, então por que eu não ia querer agora? Eu fui boazinha e recusei sua ajuda. Por que você não está me ajudando agora, seu imbecil?"

Agora, se você for como nossos alunos, a esta altura estará se perguntando: *Caramba, Stacey, eu* sempre *preciso pensar no que vou dizer antes de falar?*

A resposta é sim, se você quiser melhorar seus relacionamentos!

Quando você começa a fazer esse trabalho, ele exige muito esforço! É preciso dedicar tempo, energia e ter a intenção para criar a mudança.

A mudança acontece gradualmente, mas você está com sorte: a vida vai oferecer muitas oportunidades para pôr a mão na massa. Com prática, orientação e repetição, você vai além de aprender o material e passa a vivê-lo. Tudo acontecerá naturalmente. Quando você se der conta, o impossível terá se transformado em fácil!

Mas isso *só* vai acontecer se você tomar a decisão de pôr a mão na massa e crescer. A verdade é que você já vive essas oportunidades, mas a maioria das pessoas as chama de problemas. Se você não escolher crescer, vai continuar a ver os mesmos problemas se repetindo em sua vida até desistir ou pôr a mão na massa!

Já que você vai viver essas oportunidades de um jeito ou de outro, por que não *usá-las* como catalisadores para criar a mudança de que precisa em sua vida?

Minha esperança é que você agora compreenda mais as energias masculina e feminina e perceba que o problema não é só a sua esposa, o seu marido ou ex!

Não é um problema de "você e seu parceiro". É um desafio masculino e feminino.

Você pode aprender agora a trazer à tona o melhor no seu parceiro atual ao dominar as ferramentas que honram as energias masculina e feminina ou pode aprender com seu próximo parceiro. A escolha é sua!

Não há como driblar o trabalho, e você não vai escapar do sofrimento desnecessário no seu relacionamento amoroso até dominar isso. Não é culpa do seu parceiro. Você simplesmente não *encontra* a pessoa certa e de alguma forma tudo funciona (ou não funciona) como num passe de mágica. Essa besteirada de conto de fadas já deixou muita dor e estragos pelo caminho.

Estou aqui para acabar com o sofrimento desnecessário nos relacionamentos amorosos. E vou começar por você!

Um amor inabalável e uma paixão sem limites são *criados*, não encontrados! A boa notícia é que se trata de uma *habilidade* que pode ser aprendida. Basta que apenas um parceiro crie a transformação. E vamos mostrar exatamente como fazer isso.

A pergunta é: você escolhe ser o gerador dessa mudança?

Quando você decide pôr a mão na massa, pode ser uma luta. Exige uma quantidade incrível de esforço intencional e às vezes pode parecer impossível. Para ajudar nossos alunos a lidar com essa dinâmica e se manter no caminho certo, ensinamos uma megaestratégia para facilitar esse processo.

Domínio do estado

Para obter os melhores resultados na transformação do relacionamento, é preciso entender que o seu *estado* (emocional e energético) afeta a capacidade de acessar as ferramentas e estratégias aprendidas conosco. Portanto, uma ferramenta crucial que ensinamos aos nossos alunos é o domínio do estado.

O que significa o domínio do estado?

Dominar o seu estado significa viver em um estado alto na maior parte do tempo, de modo que quase nada leve você a um estado baixo. E mais: se aparecer algum gatilho, você terá dominado a habilidade de logo sair do estado baixo e *não* vai ficar empacado ali por muito tempo.

Se você quiser ter relacionamentos magníficos, *precisa* aprender a dominar seu estado.

O domínio do estado influencia a qualidade de *todos* os relacionamentos e afeta imensamente a sua experiência de vida. Sempre que você progride no domínio do estado, melhora a capacidade de criar impacto com todas as outras estratégias.

Para ajudá-lo a dominar o estado, eu gostaria de mostrar a ferramenta que desenvolvi para ajudar nossos alunos, o Medidor de Estado.

Medidor de estado

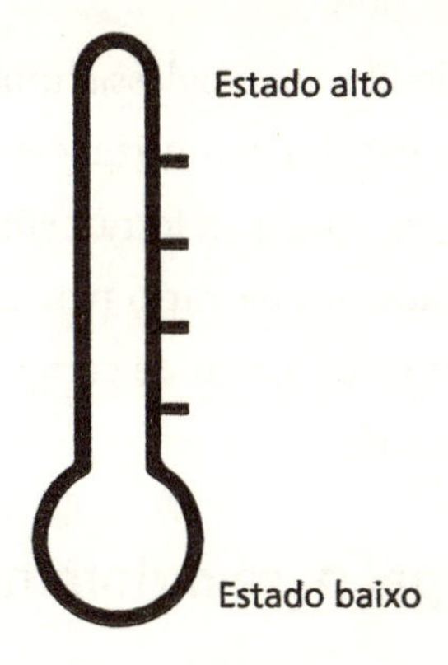

Pense em seu estado como o termômetro da imagem.

Na parte superior do termômetro está o seu estado alto. É quando você está mandando ver, arrebentando, e tudo está incrível!

Na parte inferior do termômetro está o seu estado baixo. É quando tudo está uma bosta, você se sente péssimo e tudo está dando errado!

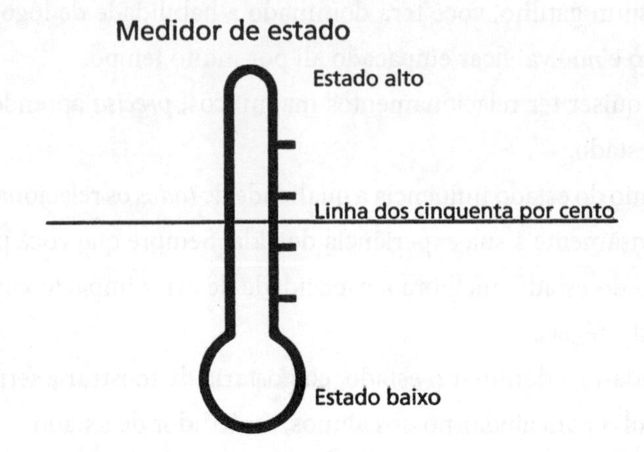

No meio do termômetro está uma das forças invisíveis mais importantes da sua vida: a Linha dos 50%®.

Quando o seu estado fica abaixo dessa linha, você fica emocionalmente descontrolado. Algum gatilho gerou reações primitivas do tipo lutar ou fugir, impedindo-o de usar qualquer ferramenta ou estratégia de crescimento. (Esqueça a capacidade de colocar o parceiro em primeiro lugar ou de atender às necessidades dele e partir da compreensão sincera. Você perdeu *totalmente* essa habilidade!)

Estratégia principal para o domínio do estado

Quando seu estado for para baixo da Linha dos 50%, você terá apenas *uma* tarefa: voltar para cima da Linha dos 50%.

É isso. É *tudo* o que você precisa fazer.

Isso é crucial! Por favor, preste atenção, porque é uma habilidade importantíssima para a vida.

Se você chegou abaixo da Linha dos 50%, pare de se esforçar ou ir além do limite para produzir resultados e conquistar seus objetivos. Quando você está abaixo da Linha dos 50%, o foco está no lugar *errado* e o resultado vai ser uma bosta. Esse *não é* o momento para usar suas ferramentas de crescimento pessoal, e também não é hora de falar com o parceiro sobre o relacionamento.

Treine-se para *interromper* o que estiver fazendo quando estiver abaixo da Linha dos 50% e concentrar os esforços em voltar para o estado alto.

Quando estiver acima dos 50%, faça tudo o que desejar: use suas ferramentas, tenha aquela conversa difícil, dê os telefonemas importantes ou lide com as crianças.

Entendeu como é importante dominar seu estado?

Falando com sinceridade, quanto tempo o seu estado fica abaixo da Linha dos 50% todos os dias? Tenho certeza de que o estado dos seus relacionamentos espelha essa porcentagem.

O fato é: se você se programou para ficar abaixo da Linha dos 50% com facilidade, os resultados na sua vida e nos relacionamentos vão refletir isso.

Por favor, não se critique! Primeiro de tudo, é contraproducente porque coloca você bem abaixo da linha. Segundo, não é culpa sua. A maioria de nós aprendeu cedo graças a adultos com boas intenções, embora desinformados para se programar, de modo que é fácil se sentir mal (abaixo dos 50%) e difícil se sentir bem (acima dos 50%).

Mudar essa programação para se sentir bem, ficar acima da Linha dos 50% e usar novas ferramentas e estratégias para criar a vida e os relacionamentos que você deseja é uma parte crucial de pôr a mão na massa, meu caro!

Chamamos o domínio do estado de megaestratégia porque o nível de domínio do estado afeta o seu sucesso ou fracasso em todos os aspectos da vida.

Você precisa cultivar a habilidade de dominar seu estado em qualquer situação e ambiente. É perfeitamente possível, pois se trata de um conjunto de habilidades e pode ser aprendido!

Nos próximos capítulos, vamos mergulhar fundo no trabalho de criar um amor inabalável e uma paixão sem limites, mas antes eu preciso lhe oferecer uma guinada poderosa rumo à liberdade.

Na minha experiência, a principal resistência que impede as pessoas de pôr a mão na massa é a incapacidade de perdoar a si ou aos outros pelo que aconteceu no passado.

Se você não conseguir lidar com o passado para se libertar e começar do zero, vai ficar empacado onde está.

Você só poderá criar um amor inabalável e uma paixão sem limites se partir do zero, mas isso não é algo que *simplesmente acontece*. Ninguém vai aparecer na sua porta e zerar tudo para você. Esse novo começo precisa ser criado intencionalmente, assim como você cria um relacionamento magnífico.

No próximo capítulo vou mostrar exatamente como zerar tudo, ensinando o nosso único e comprovado **Processo de Perdão em Cinco Passos.**

Vamos começar do zero juntos!

Estudo de caso em um relacionamento real

LEA

Antes

Depois de uns dez anos de problemas e desafios, meu marido e eu tivemos uma imensa ruptura no relacionamento e apertamos com força o botão de saída! Em um momento de total desespero, acabei recebendo um e-mail de uma pessoa chamada Stacey Martino, e o assunto era: "Como você sabe quando é hora de ir embora?"

Eu esperava mais do mesmo... Artigos falando "Você tem que resolver a situação" ou "Você tem que ir embora", mas isso era bem diferente!

Stacey escreveu uma carta do fundo do coração, falando que, se você tem filhos, vai dividir a criação deles com essa pessoa até o fim da vida, então é melhor curar o que existe entre vocês, não importa a decisão que você tome sobre o casamento. E eu me identifiquei muito com isso.

Mãos à obra

Eu comecei o programa e percebi que tinha cometido todos os erros possíveis. Mesmo sem saber se isso iria salvar meu casamento, percebi que ainda havia trabalho a fazer.

Eu só sabia que não queria desenhar uma linha na minha vida e no rosto do meu filho, que é o que se vê quando as pessoas se divorciam.

Depois

Embora possa não parecer uma celebração para vocês, hoje, um ano depois, estou celebrando o fato de que meu marido e eu decidimos acabar com o casamento MAS continuar como família. É lindo, porque, nesta mesma época do ano passado, nós poderíamos ter nos separado de forma horrível, com brigas e muito rancor.

Hoje nós concordamos em assumir o compromisso de criar nosso filho juntos e com harmonia, para que os pais dele sempre sejam grandes amigos. Na verdade, nosso relacionamento é mais carinhoso e companheiro do que NUNCA. Nós entendemos que não estamos alinhados a longo prazo como casal, mas sentimos muita gratidão por criar nosso filho juntos!

Mesmo tendo sido a única a participar do programa, meu relacionamento se transformou. Agora temos conversas abertas, sinceras e reais, usando as ferramentas que aprendi com Paul & Stacey. É produtivo, lindo e amigável. Aprendi a usar meu feminino e a trazer à tona o masculino dele para me ajudar. Estamos melhores agora do no início do relacionamento. Vamos levar isso para a VIDA, e sou eternamente grata!

Graças ao trabalho com Paul & Stacey, percebi que o objetivo deste programa não era "consertar a relação" para que pudéssemos ficar juntos e sofrendo. O objetivo era nos curar para que pudéssemos chegar ao ponto de seguir em frente e expandir a família de modo carinhoso, o que considero lindo. E as habilidades que aprendi fazendo esse trabalho vão ficar para sempre!

Segredos do sucesso

- **Resgatar a relação, mesmo que o casamento não tenha durado:** o que desejo que você aprenda com a história de Lea é que todo relacionamento pode ser resgatado. Nem todo casamento foi feito para ser eterno, mas, se vocês têm filhos, esse relacionamento vai durar até você morrer. E vocês *têm o dever* de serem pais harmoniosos e tranquilos, capazes de estar no mesmo recinto e de apreciar um ao outro enquanto seguem a vida, prontos, curados e completos, para atrair amor eterno e trazer mais amor e integrantes para a família. Essa é jornada heroica na qual Lea está envolvida.

- **Trabalhar para se transformar:** Lea pôs a mão na massa. Em vez de gastar dezenas de milhares de dólares em advogados e batalhas judiciais, Lea e o ex-marido conseguiram trabalhar pacificamente com um mediador (por alguns milhares de dólares) e preservar a estabilidade financeira da família.

Nós honramos profundamente o trabalho feito por Lea para resgatar o relacionamento com o ex-marido de modo a criar o filho junto com ele em harmonia.

Se você puser a mão na massa, *vai* resgatar seu relacionamento. Você pode não resgatar o casamento, mas vai resgatar a relação. De um jeito ou de outro, vai estar em paz com a sua decisão quando chegar lá.

Eu conto essa história para você hoje porque o divórcio *pode* ser assim! Você pode se livrar de um casamento desalinhado enquanto se cura e mantém a *família* unida!

Estudo de caso em um relacionamento real

JENNIFER E TOM

A HISTÓRIA DE JENNIFER

Antes

Antes de trabalhar com Stacey, meu marido e eu estávamos em uma situação muito difícil. Éramos estranhos um para o outro. Estávamos na mesma casa por necessidade, mas dormíamos em quartos separados (em andares diferentes).

Eu não tinha nem certeza se estava apaixonada pelo meu marido, mesmo que me preocupasse imensamente com ele. Eu estava apavorada por ter destruído meu casamento e não sabia se poderia fazer algo em relação a isso.

Ir ao evento presencial de Stacey e Paul foi o meu último esforço desesperado. Era "tentar uma última vez" ou procurar os advogados.

Mãos à obra

Ao pôr a mão na massa neste programa, aprendi a me recuperar de mágoas passadas, a me comunicar de modo eficaz com meu marido e a criar um relacionamento sólido como uma rocha!

Nós resgatamos o casamento de várias formas, e nossa relação agora é melhor do que nos tempos de namoro!

Agora nós curtimos um relacionamento MUITO apaixonado. Eu adoro ser louca pelo meu marido! Nós nos divertimos demais. Temos noites de encontros amorosos, ficamos de mãos dadas, dormimos agarradinhos, rimos, flertamos e temos uma felicidade de satisfazer a alma.

Depois

Saber que meu marido é o primeiro na minha vida e que eu sou a primeira na vida dele ajuda muito a definir o que é mais importante, o que é menos importante e o que não tem importância alguma. Sinto que nada consegue me segurar agora graças ao relacionamento que tenho hoje. Isso ajuda sobretudo no meu trabalho. Eu tentava agradar as pessoas o tempo todo, mas agora tenho prioridades mais claras e sou uma líder muito mais eficaz para meus funcionários. Isso me permite passar mais tempo fazendo o que amo e recebendo o apoio de que preciso e menos tempo gerenciando.

O maior resultado que obtive ao ser aluna do RelationshipU foi um nível de conexão íntima com meu marido que nunca imaginei ser possível. A intimidade e a paixão que vivencio agora no relacionamento me dão um brilho nos olhos e um sorriso no rosto e melhoram meu humor, mesmo quando meu marido não está por perto. Essa sensação alimenta todos os meus dias e fornece paz interior. Passo o dia me sentindo muito mais relaxada e contente.

Eu digo às pessoas: "Tudo o que você IMAGINA ser possível para o seu relacionamento... pode ser MUITO mais! Você nem consegue imaginar O QUE é possível quando se vive um amor inabalável e uma paixão sem limites!"

A HISTÓRIA DE TOM

Antes

Antes de trabalhar com Stacey e Paul, meu casamento apenas existia. Ele estava definhando tão devagar que eu nem tinha notado. Nada estava obviamente ruim ou errado, mas nada acontecia. Eu podia simplesmente ter ido embora.

Depois

Pôr a mão na massa me levou a entender como esse processo aconteceu e como poderia alterá-lo. Nem sempre é fácil mudar meu jeito, mas sempre vale a pena.

A maior mudança que ocorreu para mim foi ter assumido a responsabilidade pelo casamento. Em vez de não valorizar minha esposa, ignorá-la ou culpá-la por tudo de errado, agora me sinto responsável pelo que aconteceu antes e pelo que está acontecendo agora. Isso me fortaleceu. É uma diferença simples, mas que muda tudo!

Tenho muita sorte por ter feito essa mudança e reconhecer o quanto minha esposa é incrível e importante. Ela sempre foi assim, e eu não conseguia ver.

Os segredos do sucesso deles

- **Trabalhar individualmente:** Jennifer pôs a mão na massa uns seis meses antes de convidar Tom para um dos nossos programas. Quando os dois estavam participando do programa, continuaram a trabalhar *individualmente*, o que foi *crucial* para o sucesso deles!
- **Nunca perder uma ligação (ou um evento):** Jennifer e Tom nunca perdem uma *live* de *coaching* ou evento presencial! Toda semana os

dois buscam orientação, respostas e o apoio de que precisam para aprender a enfrentar as situações de modo diferente e obter os resultados que desejam!

- **Começar do zero:** Paul e eu sugerimos algo a Jen e Tom que também recomendamos para desenvolver sua relação, caso lhe sirva.

Às vezes percebemos que o casamento não é o certo para nós e não desejamos continuar nele, mas amamos o cônjuge e temos esperança. Jen e Tom não queriam ficar no casamento nas condições em que começaram, mas ambos tinham esperança e se comprometeram com o trabalho. Eles transformaram a relação, e o casamento estava se curando.

Para conseguir que eles se libertassem do passado, Paul e eu sugerimos um segundo casamento, mas com a mesma pessoa! Isso lhes permitiria dizer: "Não queremos trazer o casamento antigo para o hoje; queremos começar do zero, como as pessoas que somos hoje!" Foi magnífico e inspirador quando Jen e Tom se casaram de novo na praia, em Santa Lucia, após um dos nossos eventos presenciais!

Capítulo 6

COMO PERDOAR TUDO

STACEY MARTINO

"Perdoar é a nossa contribuição mais importante para a cura do mundo."

— Marianne Williamson

"O perdão o liberta para superar a dor e entrar em uma vida dedicada a amar e a servir."

— Dr. Wayne Dyer

Infelizmente, há uma dinâmica que vejo com muita frequência.

As pessoas me procuram em momentos difíceis. Sofrendo muito todos os dias. Elas querem transformar seus relacionamentos, criar uma vida melhor, ser bons modelos de comportamento para os filhos, além de ter um amor inabalável e uma paixão sem limites.

Mas estão paralisadas no sofrimento.

Quando mergulho mais fundo, geralmente descubro que elas estão empacadas em razão de algo que ainda não conseguem perdoar. Ao se agarrar a isso, não conseguem obter o que tanto desejam.

Você simplesmente não pode ter um amor inabalável e um relacionamento forte sem perdoar. Mágoas, traições, arrependimentos, erros, dores do passado; por definição, é isso que atrapalha. Não perdoar aumenta a distância entre vocês e cria um relacionamento suscetível a abalos.

Em alguns casos, temos dificuldade de perdoar os parceiros, e a distância aumenta ao longo do tempo. Em outros, quem mais precisa de perdão somos nós mesmos.

Estou aqui para dizer que tudo pode ser perdoado. Sim, tudo.

Antes de começar a surtar, deixe-me explicar. Não estou depreciando suas emoções. Acredite, no meu trabalho ajudei pessoas a enfrentar situações horríveis, algumas que você *nunca* vai imaginar. E, sim, *tudo* pode ser perdoado.

No fim deste capítulo, você vai entender por que digo isso. Melhor ainda: no fim deste capítulo você não só vai acreditar como também vai guardar esse conhecimento pelo resto da vida.

Não importa se você precisa perdoar seu parceiro, outra pessoa de seu círculo de relacionamentos ou a si mesmo. É hora de zerar tudo e recomeçar.

Como?

Há muitos anos, Paul e eu desenvolvemos este Processo de Perdão em Cinco Passos, que foi testado e aprovado.

De todo o trabalho que fazemos no mundo, este é um dos favoritos de Paul, porque ele é imensamente apaixonado por ajudar as pessoas a se libertarem do peso desnecessário que é não perdoar! (Venha a um dos nossos eventos presenciais, onde ele poderá guiar você por todos os passos desse processo *ao vivo*... É uma experiência imperdível!)

Depois de se libertar desse peso, conseguir perdoar e zerar tudo, você vai reconquistar a liberdade! E vai ficar:

- livre do passado,
- livre para seguir em frente no relacionamento (ou começar outro),
- livre para planejar sua vida,
- livre para ter um relacionamento sólido e
- livre para viver uma paixão sem limites.

O processo é tão poderoso que, quando nossa equipe conversou sobre as ferramentas e estratégias que *precisávamos* incluir neste livro para fortalecer você e transformar seus relacionamentos, esta ficou em primeiro lugar na opinião de todos!

Processo de Perdão em Cinco Passos

1. Liberar a resistência a se perdoar e a perdoar os outros.
2. Entender o verdadeiro significado do perdão.
3. Encontrar as bênçãos e desempacar.
4. Mudar sua história.
5. Decidir e zerar tudo.
6. Está pronto? Vamos lá!

Primeiro passo: liberar a resistência!

Vamos começar com sua resistência a se perdoar.

Consegue pensar em algo que você fez no passado e tem dificuldade para se perdoar? Talvez tenha falado algo negativo no calor do momento e tenha remorso por isso. Ou quem sabe se arrependa de uma decisão ruim. Você já fez seu parceiro sofrer com mentiras, infidelidade, vícios ou outros comportamentos nocivos?

Após guiar milhares de clientes rumo ao perdão, a causa mais comum de resistência a ser perdoado é a sensação de que, de alguma forma, as pessoas estão pagando uma dívida.

Se você fez algo e não consegue se perdoar por isso, essa sensação é familiar, certo?

Uma parte de você teme que se perdoar signifique de alguma forma *se livrar* da responsabilidade e que a única decisão honrada é *se responsabilizar*.

Se for o seu caso, me diga: isso ajudou?

Não se perdoar *resolveu* algo para você ou para qualquer uma das partes envolvidas?

Se você refletir e responder com sinceridade, posso apostar que nem você mesmo, nem qualquer outra pessoa obteve algo de bom com sua recusa em se perdoar.

Vamos ser sinceros: não resolveu absolutamente nada. Continuar nesse arrependimento e autoflagelação só faz mal e deixa você congelado no mesmo lugar.

Liberar a resistência a se perdoar é o primeiro passo na direção de um novo começo.

Mas sabemos que falar é mais fácil que fazer. Esse é um trabalho desafiador. Se conseguisse, você já teria se perdoado. Felizmente, nós desenvolvemos muitas ferramentas para ajudá-lo. E uma das mais poderosas se chama Versão de você.

Como seres humanos, continuamos a crescer e a mudar ao longo da vida. A cada dia estamos diferentes do que éramos no dia anterior. Portanto, o que dizemos ou fazemos é definido por quem somos naquele momento. Fazemos o melhor possível a cada instante, com base no nível de desenvolvimento atual. A verdade é: quando sabemos mais, podemos agir melhor.

A ferramenta Versão de você reconhece essa dinâmica. Com ela, nós olhamos para algo de que nos arrependemos e dizemos:

> *A versão de mim naquele momento fez o melhor que pôde com o conjunto de habilidades que tinha. Hoje sou uma versão ainda melhor de mim, por isso vou fazer melhor.*

Oportunidade para *O milagre da manhã*: se esta for uma área importante para você, pense em adicionar a declaração do parágrafo anterior às afirmações do seu milagre da manhã.

A esta altura você deve estar pensando: *Bom, essa ferramenta é ótima para quem não fez uma coisa tão ruim assim, mas você não faz ideia de quanta dor e estrago eu causei com o que disse ou fiz (ou deixei de fazer).*

Eu compreendo. Quero que você saiba que entendo mesmo, pois já estive na mesma situação.

Em 2010, eu estava empacada exatamente nesse ponto. A pessoa que eu mais precisava perdoar era a mim mesma, mas eu não sentia que poderia fazer isso porque meu fracasso tinha causado muita dor e sofrimento a minha família.

Veja bem: em 2009, Paul e eu tínhamos uma empresa de consultoria em TI. Nós fazíamos coaching de relacionamentos por fora, mas éramos consultores em tecnologia.

Devido à crise econômica global da época, que afetou muitas famílias, nós vivemos um desafio financeiro muito inesperado naquele ano. Minha ideia era investir em uma solução que eu esperava que pudesse nos tirar da crise.

Contudo, eu estava errada. Muito errada. Em vez de resolver o problema, o caminho que seguimos nos afundou ainda mais na crise financeira.

Em 2010, nós tínhamos apenas US$ 1.300 (cerca de R$ 5 mil) em dinheiro, com dois bebês na família. Com uma dívida na casa dos seis dígitos, estávamos prestes a falir e perder nosso imóvel.

Felizmente, Paul e eu buscávamos o desenvolvimento pessoal havia anos, e, em vez de deixar o estresse e o arrependimento nos separarem, ficamos ainda mais unidos e saímos mais fortes disso tudo.

Paul e eu ralamos muito. Ambos conseguimos empregos em tempo integral e fizemos de tudo para desafiar as probabilidades e sair do desastre financeiro.

Em 2011, apenas um ano depois, começamos a sair da crise. Nosso relacionamento estava mais forte do que nunca, mas eu ainda me culpava e me punia pelas perdas financeiras que havia causado. Eu simplesmente não sabia como me perdoar... Até que surgiu um momento que me marcou muito.

Enquanto subia na hierarquia corporativa do meu novo emprego, cheguei a um ponto tão alto que conseguia facilmente ir além dos meus objetivos e fazer todo o trabalho em menos de uma semana típica de quarenta horas. Àquela altura, eu me senti pronta para arranjar outro emprego e ajudar minha família, mas não conseguia decidir o que fazer.

Pedi a ajuda de Jon Vroman, meu coach, mentor e um dos meus melhores amigos, para descobrir que tipo de trabalho ou negócio eu deveria procurar. Lembro vivamente de todos os detalhes do que aconteceu depois, pois aquela conversa se tornou um dos momentos *mais marcantes* da minha vida.

Quando estava no escritório do Jon, ele começou a falar sobre minha maior paixão: ajudar as pessoas a transformar seus relacionamentos (como se isso fosse uma opção viável de renda!).

Eu me lembro de dizer:

"Não, não, não, Jon. Não posso fazer mais coaching de relacionamentos! *Preciso fazer algo que me dê dinheiro.* Ainda tenho muitas dívidas a pagar!" (Guarde essas palavras, por favor.)

Perguntei a Jon o que ele achava de eu arranjar outro emprego na área de contabilidade, que é minha antiga profissão, ou lançar o sistema on-line para compra de carros que havia inventado. (Não estou brincando. É sério!)

Jon riu, descartou sem demora essas possibilidades e começou a dizer que qualquer assunto pelo qual eu seja apaixonada sempre vai me dar retorno financeiro. É inevitável.

Eu ouvi o que ele disse. Até acreditei naquilo. "*Droga!*", eu até teria dito tudo isso a ele se nossos papéis estivessem trocados!

Mas...

Eu já tinha fracassado em uma empresa. Como poderia *pensar* em abrir outra quando foi justo isso que causou todo aquele desastre?

Sem contar que eu ainda tinha dívidas "a pagar". Na minha cabeça, eu devia esse dinheiro a minha família. Nós o perdemos por minha culpa, e eu não sossegaria até pagar tudo.

Jon é um técnico incrivelmente perceptivo e um mestre em fazer perguntas essenciais. Com duas perguntas precisas e poderosas, ele logo chamou a atenção para o fato de eu não me perdoar:

"Stacey, a quem você vai pagar essa dívida?"

"*Por que* você precisa pagar a essas pessoas?"

Quando refleti sobre minhas respostas a essas perguntas, percebi pela primeira vez de modo consciente que estava assumindo a responsabilidade pela nossa quase falência e que estava me punindo até pagar minha dúvida.

Essa revelação foi um grande momento de virada. Quando voltei para casa naquela noite, contei minha percepção a Paul. Chorando, confessei que sentia muito por ter perdido todo o dinheiro que tínhamos.

E a resposta de Paul me espantou!

Stacey, do que você está falando? Você não me obrigou *a fazer nada! Eu fiz a mesma escolha que você na época. Você não fez nada sozinha. Nós fizemos juntos. E não foi um fracasso, de forma alguma, Stacey. Foi uma das maiores lições que aprendemos na vida. Aprendemos tanta coisa durante esse período que vamos* precisar *exercer nossa vocação para o mundo. Lições pelas quais eu sou muito grato. E nós nunca* fracassamos. *Nós triunfamos! Poucas pessoas poderiam passar de US$ 1.300 no banco, com dois bebês e à beira de perder a casa, a estar sem dívidas, com a casa quitada e dois salários de seis dígitos em menos de um ano. Isso não é um fracasso, Stacey... Isso é uma* vitória*!*

Minha mente estava a mil por hora. Eu estava bastante confusa.

Eu vinha carregando a culpa sozinha esse tempo todo. A voz da consciência me atormentava pelo meu fracasso de modo tão incessante que eu só podia ser a única responsável. Era óbvio! Mas Paul, a pessoa de quem sou mais íntima no mundo e o único que poderia usar aquilo contra mim, não via a situação da mesma forma. Ao não me perdoar e me punir pelas decisões tomadas na época, eu estava me causando um sofrimento desnecessário.

Realmente acreditei que fazia algo honrado ao me responsabilizar pelo pagamento da minha dívida, e mesmo assim eu estava *errada* o tempo todo.

No dia seguinte, abri minha empresa de coaching para relacionamentos.

Se eu não tivesse acabado com a resistência e me perdoado, quem sabe o que poderia ter acontecido?! Eu provavelmente teria lançado aquele guia on-line para compra de carros no Clickbank. Caramba! Dá para imaginar isso?

Penso nas famílias que ajudamos e cujos relacionamentos nós auxiliamos a transformar: onde elas estariam hoje se eu tivesse mantido a resistência a me perdoar imaginando que fazia algo honrado? Se eu continuasse a fazer coaching para relacionamentos sem cobrar, teria que manter o emprego em tempo integral e trabalhar em algo distante da minha vocação.

Pior ainda: por conta do tempo, eu só teria ajudado uma fração minúscula das pessoas que ajudamos hoje.

Quando disse "SIM!" e mergulhei em minha vocação e destino, ajudei a curar vários corações, transformar vidas e relacionamentos, além de manter crianças em lares mais felizes!

É impossível conquistar algo positivo fazendo algo negativo! É a Lei Universal.

Não perdoar gera uma energia negativa. Portanto, manter-se nesse caminho jamais vai resolver os desafios ou melhorar a situação.

(Leia isso de novo!)

Você não pode fazer algo negativo (isto é: se criticar) e esperar que resulte em algo positivo (resolver o problema). É um fato!

Por mais que pareça difícil se perdoar, a verdade é que continuar não se perdoando é prejudicial a você e a todos com quem você convive. De novo: quantas pessoas não teriam recebido a ajuda de que precisavam se eu não tivesse me perdoado e mergulhado em minha vocação?

Pense nisso. E se tudo o que VOCÊ deseja também vier quando você se perdoar?

Sua resistência a perdoar outras pessoas

Agora, vamos lidar com sua resistência a perdoar outras pessoas

Quando se trata de perdoar os outros, descobri que a resistência é criada pelas objeções a seguir.

"Não quero que ele ou ela saia impune" é a maior objeção.

Quando alguém se considera prejudicado por outra pessoa, seja de modo catastrófico ou sutil, isso pode deixar a pessoa paralisada na resistência.

Nessa situação, o perdão significa dizer que NÃO HOUVE PROBLEMA ALGUM no que aconteceu, tirando a responsabilidade da pessoa.

Essa sensação vem do fato de não entender o verdadeiro significado de perdoar. Vamos falar disso no segundo passo deste processo.

"Não quero ser um capacho" é a segunda objeção mais comum que empaca as pessoas na resistência a perdoar os outros.

Você acredita que vai ser um capacho e deixar todo mundo passar por cima de você caso perdoe os outros.

Não perdoar não impede você de ser um capacho hoje, neste exato momento. (Analise isso por um instante.)

Na verdade, ocorre exatamente o oposto. De acordo com a Lei Universal, ao guardar a experiência de não perdoar em si, lembrar continuamente dela e associar-se a ela, você está atraindo mais falta de perdão no presente.

Como nós atraímos circunstâncias que se identificam com nossa situação emocional, se continuarmos com raiva por alguém nos fazer de capacho, vamos atrair *mais* situações em que alguém vai nos fazer de capacho.

Se ao não perdoar você diz que está se protegendo para que isso não aconteça de novo, está se enganando.

Como saber se você está fazendo isso?

Bom, há alguma situação na vida que é um gatilho quase instantâneo para você?

Há alguma situação que faz você morrer de raiva e se perguntar *Por que isso sempre me acontece?* ou *Por que eles sempre...?* ou ainda *Por que eles nunca...?*

Caso você tenha respondido sim, posso garantir que há um trabalho de perdão a fazer.

Mas como fazer isso?

Olha, meu anjo, nós ensinamos aos outros como devemos ser tratados. Para impedir que você seja tratado como capacho no futuro, misture o presente curativo do perdão à *sabedoria* obtida com o que viveu e defina limites saudáveis.

A sabedoria é o presente que vai fortalecê-lo para viver melhor no futuro.

Mas aqui está a pegadinha: adquirir sabedoria com a experiência não é automático. É preciso definir sua intenção e pensar nestas perguntas sobre a ofensa:

- O que você aprendeu com essa experiência?
- O que você pode mudar em si mesmo?
- O que você pode aprender com isso para na próxima vez enfrentar a situação de outra forma e criar um resultado diferente?

A sabedoria revelada nas respostas a essas perguntas de qualidade vai ajudá-lo a criar um resultado melhor no futuro.

A sabedoria é a fonte do seu poder pessoal e de proteção no futuro. Continuar não se perdoando não vai protegê-lo de problema algum.

Não se perdoar só garante sofrimento futuro, portanto a hora do perdão é agora!

Não importa se quem precisa ser perdoado é você ou outras pessoas: é hora de se libertar! Fortaleça-se. Zere tudo.

Decida que você quer perdoar!

Para superar a resistência a se perdoar ou a perdoar outra pessoa, aperte o interruptor neste exato momento e decida: hoje é o dia em que você vai dar a si mesmo e aos outros o presente do perdão!

Ao tomar a decisão e eliminar toda a resistência ao perdão, você está pronto para a próxima etapa do processo.

Segundo passo: entender o que realmente é o perdão!

O segundo motivo mais comum pelo qual as pessoas ficam empacadas, incapazes de perdoar e começar do zero é o fato de a maioria delas não entender o que realmente é o perdão.

Elas acreditam na concepção errônea e de que perdoar significa dizer: "Tudo bem. Não tem problema isso ter acontecido."

Querido, o perdão *não é* isso, e infelizmente muita gente boa fica imobilizada e não consegue seguir em frente.

Você *não precisa* jamais dizer que tudo bem isso ter acontecido, seja lá o que for.

Há muitos anos, quando ouvi de Oprah uma definição de perdão, fiquei atônita, de queixo caído, analisando essa verdade revolucionária.

Perdoar é abrir mão da esperança de que
o passado poderia ter sido diferente.

— Oprah Winfrey

(Deixe essa ideia amadurecer uns instantes.)

É muito diferente de dizer: "Ah, está ótimo! Tudo bem. Isso que você fez não me chateou!"

Depois de explicar essa definição naquele dia, Oprah contou à plateia uma história incrível que demonstrou lindamente o que ela queria dizer.

(Não vou fazer justiça ao recontar a história porque, convenhamos, é a Oprah e foi a experiência dela, mas esta é a ideia central do que a apresentadora disse:)

Um dia, quando Oprah estava andando pela Michigan Avenue em Chicago, notou uma mulher saindo de uma limusine do outro lado da rua.

A apresentadora na hora a reconheceu como alguém que odiava. Segundo ela, aquela pessoa a havia magoado no passado. Oprah ainda estava furiosa com a mulher e guardava um rancor imenso em relação a ela.

Assim que a reconheceu, ela sentiu uma raiva incomensurável.

Foi quando algo completamente surreal aconteceu!

Do outro lado da rua, Oprah viu a mulher entrar na Tiffany's com a pessoa que a acompanhava, rindo, como se não tivesse preocupação alguma na vida.

Oprah contou que ficou embasbacada.

Ela percebeu que a mulher não fazia a menor ideia de que Oprah estava com raiva dela! O alvo de sua revolta entrou na Tiffany's feliz da vida, sem ter a menor ideia daquela raiva. Naquele momento, Oprah se deu conta: o rancor que estava guardando afetava *apenas* a *ela mesma*, não a outra mulher!

Querido, não perdoar é *sempre* assim. Afeta só você, por *dentro.*

Da mesma forma, o perdão acontece *dentro de você*! É para você, não para a outra pessoa.

O perdão não acontece *entre* duas pessoas.

Assim que Oprah decidiu abrir mão da esperança de que o passado tivesse sido diferente, o perdão aconteceu internamente e ela ficou livre dos efeitos da raiva e do rancor que carregava.

Observação: ela não precisou atravessar a rua até a Tiffany's e dizer para a mulher: "Eu perdoo você."

Ela poderia até ter feito isso, mas aí seria "fazer as pazes", o que não é necessário para o perdão.

Para mudar sua cabeça: fazer as pazes acontece entre duas pessoas, e o perdão acontece dentro de uma só pessoa.

É uma grande diferença. São dois conceitos completamente distintos!

Muitos de nós aprendemos que eles são iguais, e por isso é comum ficarmos empacados em não perdoar. Nós acreditamos que perdoar significa pegar o telefone e dizer: "Tudo bem. Eu perdoo você."

Às vezes não é seguro fazer contato com a pessoa. Ou ela pode já ter falecido. Por motivos diversos, não podemos ou não queremos fazer contato, e sentimos que não podemos perdoar.

Fazer as pazes nem sempre é possível, porque envolve duas pessoas, mas perdoar sempre está ao seu alcance, porque só envolve você. Um momento de decisão. Um ato feito por vontade própria.

Você só precisa decidir em seu coração e mente que abre mão da esperança de que o passado poderia ter sido diferente.

Sinta a liberdade e a leveza disso! É o dom do perdão em você!

Você está aí? Consegue sentir?

Se não conseguiu, talvez esteja com outro problema bem comum.

A esta altura do processo, muitas pessoas sentem um novo patamar de resistência devido à necessidade de que a "justiça" seja feita.

Para mudar sua cabeça: não perdoar é diferente de fazer justiça.

Ao continuar não perdoando, você não está fazendo justiça, certo? Se estivesse, se sentiria melhor com a ausência do perdão.

Mas não é o caso. A raiva, a ira e o rancor são energias cancerosas que o afetam negativamente no espírito, no corpo e na alma.

Isso não faz justiça a ninguém, porque não é assim que funciona. A ausência de perdão não tem a capacidade de afetar a outra pessoa a ponto de fazer justiça.

Injustiça é a sensação de que algo precisa acontecer para acertar tudo. Olho por olho, dente por dente. Carma. Mas não é possível retirar o que foi dito. Ações não podem ser desfeitas. Não se pode agir depois que o momento passou. Não há como fingir que nunca aconteceu. Não podemos voltar no tempo e mudar o passado!

Mas e a justiça?

Não é seu trabalho fazer justiça. Não é assim que o Universo funciona. A lei da causa e efeito é a mais poderosa entre as leis do Universo.

O Universo vai fazer justiça usando a lei da causa e efeito. Como ensina a terceira lei de Newton: "Para cada ação existe uma reação oposta e de igual intensidade."

Muitas vezes você pode ver uma situação e dizer: *Não houve justiça! Eles saíram impunes!*

Pode parecer que sim, mas na verdade isso não é possível no mundo em que vivemos. O Universo está sempre se corrigindo, e ninguém pode fugir dele.

Meu anjo, muita dor e sofrimento acontecem por trás de portas fechadas e jamais são vistos. O que você joga para o Universo volta para você... Às vezes multiplicado por dez.

Se alguém fez algo bom ou ruim, isso vai voltar para a pessoa feito um bumerangue. E pode acontecer de uma forma que você nunca saiba.

E não é seu trabalho saber! Como disse Byron Katie, autora de *Ame a realidade*: "Existem três tipos de contas: a sua conta, a conta de alguém e a conta de Deus." A justiça se encaixa perfeitamente na conta de Deus.

Às vezes nós vemos um magnata que rouba milhões e sai impune... O que não vemos é que ele traz a mesma falta de integridade ao casamento e está colhendo as consequências em casa. A esposa tem um amante e acaba pedindo o divórcio, o que o arrasa financeiramente, ou os filhos usam drogas para anestesiar a dor da ausência de conexão e amor paterno e podem roubar dinheiro dele para comprar drogas ou até fazer coisa pior. O dinheiro roubado vira uma maldição. Ele não saiu impune, no fim das contas.

Isso acontece todos os dias, e você nunca vai saber. *As pessoas sempre vivem os resultados que criaram com suas decisões.* Ninguém escapa disso. (Leia a frase de novo, por favor.)

O ato de não perdoar é incapaz de gerar justiça no mundo. Achamos que estamos punindo a outra pessoa, mas não estamos. Ela segue com sua vida e talvez sinta remorso, mas isso não tem *nada* a ver com o fato de você se agarrar à decisão de não perdoar.

Conseguiu entender agora? O ato de não perdoar fica arraigado em seu corpo físico, emocional ou espiritual e não tem poder algum para criar justiça.

Se você ainda estiver lutando com a necessidade de fazer justiça, é hora de abandonar a crença falsa de que fazer justiça está em seu poder. Sua função neste planeta não é fazer justiça. Não é assim que funciona.

Se você parte do princípio de que pode fazer justiça, recaiu na *responsabilidade excessiva.* Abra mão dessa ideia e deixe que o Universo faça seu trabalho.

Como você viu no exemplo de Oprah, a outra mulher estava sorrindo a caminho da Tiffany's. Quando se agarrava à decisão de não perdoar, Oprah definitivamente não estava fazendo justiça.

Além do mais, não perdoar tem as mesmas consequências de culpar outra pessoa. Ao fazer isso, você coloca todo o poder de resolver a questão nas mãos dela. E você fica impotente, porque ela pode fazer algo a respeito ou não.

O mesmo acontece com a ausência de perdão: você entrega seu poder a outra pessoa!

Por quê? Bom, para que o transgressor receba a justiça que você procura, precisa tratar você com justiça. *Ele* precisa fazer algo.

Você pode passar o resto da vida esperando a pessoa que o magoou dar a meia-volta e acertar tudo em um passe de mágica.

Odeio trazer más notícias, mas é improvável que isso aconteça. Enquanto isso, você fica alimentando uma energia negativa que atrapalha sua paz de espírito, faz você perder o sono e contrai seus músculos de um jeito doloroso!

Não vale a pena! O ato de não perdoar é uma prisão que você cria para si mesmo. O tempo passado nessa cela só serve para magoar e impedi-lo de criar a vida e o amor que tanto deseja.

A boa notícia é que você tem a *chave* para sair disso, pois o perdão é um presente para si mesmo. Tome a decisão de se presentear hoje para seguir em frente, rumo à próxima etapa do Processo de Perdão.

Oportunidade para *O milagre da manhã*: se você tem a forte intenção de se libertar dos perdões não concedidos no passado, crie uma afirmação poderosa para usar no *Milagre da manhã*. **Exemplo:** "O perdão é um *presente* que eu me dou. Agradeço ao Universo por fazer justiça de formas que estão além da minha visão. Hoje estou livre!"

Terceiro passo: encontrar as bênçãos e desempacar

No terceiro passo, você vai mudar a forma como se *sente* em relação à pessoa ou situação que não conseguia perdoar.

Eu sei o que você está pensando: *O quê? Perdoar tudo bem, mas como vou mudar o que sinto em relação àquele ato horrível que fizeram comigo? Você não tem ideia do fizeram, Stacey!*

Amor, eu entendo. E não, eu não sei exatamente o que aconteceu, mas ajudei clientes a mudar o que sentiam sobre as situações mais dolorosas e dramáticas que você possa imaginar (e algumas em que você nem consegue pensar).

Aqui está a boa notícia: é possível se sentir muito melhor em relação a quaisquer mágoas passadas aumentando a *sabedoria* obtida com a experiência.

Lembra quando dissemos que precisávamos de sabedoria para nos protegermos no futuro? Felizmente, quando processamos os eventos de determinada forma, a sabedoria e a positividade são as bênçãos que nos dão força para desempacar e partir para o perdão!

Vamos fazer um exercício juntos.

Eu gostaria que você refletisse por um instante. Encontre uma experiência em sua vida que tenha sido desagradável, dolorosa, até horrível. Relembre os detalhes dessa experiência.

Agora, como a pessoa que você é *hoje*, olhe para essa experiência e responda à seguinte pergunta:

Embora você certamente não queira passar por isso de novo, *essa experiência gerou algo que é motivo de gratidão para você hoje?*

- Talvez você tenha recebido o aviso de que precisava para retomar o controle da sua vida e virar a pessoa que é hoje.
- Terminar aquela relação cheia de mágoas pode ter levado a um novo casamento, e agora você agradece a Deus por esse redirecionamento.
- Você foi demitido de um empego e mudou para uma carreira mais alinhada com sua vocação?
- Talvez você tenha ficado arrasado com a oportunidade perdida, mas, olhando para trás, acabou percebendo que, se tivesse dado certo, a vida teria tomado um rumo diferente e você teria perdido o que tem de melhor hoje.
- Alguém o magoou tanto que foi preciso cortar definitivamente a relação? Às vezes, analisar sua trajetória desde aquela época pode ajudar a entender que foi mais saudável para você e sua família não terem sido envolvidos em tudo o que aconteceu com essa pessoa quando ela desceu ladeira abaixo.
- Talvez, a experiência tenha sido tão terrível que *nada* se salve nos eventos em si, mas hoje você tem bagagem, capacidade e compaixão para ajudar outras pessoas que viveram tragédias similares por ter vivido a sua.
- Talvez ao enfrentar as piores tragédias da vida, você tenha recebido um pouco da bondade e compaixão de amigos e familiares, e essa experiência transformou você em um ser humano melhor.

Você se identificou com alguma dessas circunstâncias? Caso não tenha conseguido, o que elas provocam em você?

Você extrai a sabedoria de determinada situação sempre que se pergunta: "Onde está a bênção nisso?"

Mesmo nos momentos mais dolorosos e sombrios (e sobretudo neles), há uma bênção divina.

A dor faz parte da vida humana. Se você acredita que é possível viver sem dor, está se encaminhando para muitas frustrações e infelicidades. Mesmo que a dor não seja agradável, é um fato para quem está vivendo plenamente e assumindo os riscos necessários para crescer. Na verdade, se você não consegue se lembrar de uma experiência dolorosa em sua vida, posso prever com razoável certeza que está se resguardando e se protegendo demais para não se magoar. Mais uma vez, o segredo para lidar com experiências dolorosas de modo a obter crescimento pessoal e sabedoria consiste em encontrar a bênção nelas.

Em qualquer experiência é possível encontrar um motivo para a gratidão. O jeito mais rápido de cultivar a gratidão por uma experiência horrível é aprender algo com ela.

Como disse o meu principal mentor, Tony Robbins: "A vida nos oferece dois tipos de experiências: as agradáveis e as lições para o aprendizado." Se você não aprende a lição de uma experiência ruim, ela continua péssima e sem propósito. Mas, se aprender com ela, vai ganhar o presente do aprendizado e usá-lo para criar a vida que deseja. A vida envia lições de aprendizado para que possamos crescer. Se não entendermos o recado, a vida vai continuar a nos mandar várias oportunidades para aprender essa lição específica. Não tiramos nota baixa nas provas: apenas as repetimos até *aprender* e crescer!

Reserve um tempo para aprender a lição e veja como os mesmos "desafiotunidades" não vão se repetir para você!

Exemplo dado pelo cliente: Karen, uma de minhas alunas, aprendeu uma lição de vida poderosa com a maternidade. Um dia ela se inscreveu em uma de nossas sessões ao vivo de perguntas e respostas e disse que tinha definido a intenção de ser mais paciente com os filhos.

O desafio foi: a partir do momento em que ela declarou essa intenção, as crianças passaram a se comportar de modo *muito* mais desafiador. A paciência de Karen era testada diariamente, e ela estava frustrada.

A mãe de Karen, que sabia de sua intenção de ser mais paciente, chamou a filha num conto e disse:

"Como você pediu para aprender a ter paciência, Deus está mandando várias oportunidades para praticar!"

Essa mãe é uma mulher sábia. É *exatamente* assim que o Universo trabalha! Ele manda várias oportunidades até você aprender, mas a boa notícia é que, uma vez aprendida a lição, você carrega essa sabedoria para o resto da vida.

A riqueza obtida ao enfrentar os desafios é sua, então aprenda a lição: obtenha a sabedoria, mude a forma de estar presente, faça outras escolhas, aja de modo diferente e crie um novo resultado.

Todos vivem com os resultados de suas decisões. Não há exceção.

Quando você extrai a sabedoria das situações difíceis que enfrentou, muda a forma de lidar com essas situações pelo resto da vida. Assim, você não precisa se proteger para evitar a repetição dessa experiência. Depois de aprender a lição, sentir-se grato pelas bênçãos ocultas e liberar a disposição de perdoar, você vai estar em uma trajetória diferente, e a antiga experiência não aparecerá mais em seu caminho.

Segundo Marianne Williamson, "Você pode guardar rancor ou receber um milagre, mas não pode ter os dois."

Joyce Meyer diz: "Você pode ser deplorável ou inabalável, mas não pode ser os dois!"

Estou pedindo que você se ame tanto quanto eu amo você e se presenteie com o perdão. Lembre-se: basta "abrir mão da esperança de que o passado poderia ter sido diferente."

Sinta a liberdade disso. Deixe a energia fluir. O poder do perdão está dentro de você e é *para* você.

Encontre as bênçãos, aprenda com suas experiências e se fortaleça para seguir em frente como uma pessoa melhor e mais autêntica. Ao fazer isso, você estará livre para avançar no processo do perdão!

Oportunidade para *O milagre da manhã*: se você tem dificuldade para receber as bênçãos de suas experiências, use a visualização de *O milagre da manhã* e *sinta* a alegria e a liberdade de receber essa sabedoria. Veja a si mesmo como uma pessoa maravilhada e aberta para o momento em que subitamente vai *reconhecer* a bênção que veio para você graças àquela jornada.

Afirmação: "Agradeço ao Universo por essas bênçãos em minha jornada de vida. Sinto muita gratidão e me sinto abençoado por ter aprendido as lições dessa experiência para seguir em frente rumo a novas experiências, como uma pessoa mais sábia e benevolente. Agradeço mais uma vez, Universo, por sempre me oferecer graça nos momentos mais difíceis. Que assim seja."

Quarto passo: mudar sua história

O único fator que o impede de criar a vida que deseja é a história que você conta a si mesmo sobre o motivo de não poder tê-la.

— Tony Robbins

Existem dois componentes para toda situação: os fatos e a história.

Os *fatos* são os detalhes verificáveis e indiscutíveis sobre o que realmente aconteceu. Por exemplo, você tinha marcado de encontrar seu parceiro no cinema às 19h30 e ele só chegou às 19h50. Esses são fatos. Simples. Verificáveis.

A *história* é o que contamos para nós mesmos sobre o significado do que aconteceu.

No exemplo do encontro no cinema, você pode dizer que seu cônjuge não o respeita. Pode concluir que o telefonema que o impediu de chegar a tempo era claramente mais importante para ele do que você. Você pode falar para si mesmo que seu cônjuge não tem integridade para cumprir o que promete. Pode dizer que ele não está nem aí. Qualquer uma das opções (ou todas elas) pode ser a história que você conta a si mesmo em relação ao que houve. Esses não são fatos, são significados que você atribuiu aos fatos. É a história que você conta a si mesmo sobre a situação.

Ficamos tão emocionalmente envolvidos pela história que contamos (sobre o significado de tudo o que aconteceu) que fica difícil separar os fatos dessa história.

Você pode estar pensando: *Não, não é uma história, Stacey. Isso é verdade! Realmente aconteceu!* Eu entendo. É comum vivermos com nossa versão da história por tanto tempo que ela passa a ser uma velha amiga com a qual nos sentimos confortáveis. Nem a reconhecemos como o que realmente é.

Meu amor, ninguém está dizendo que os eventos não aconteceram. Sua história pode ser completamente verdadeira. Mas, mesmo que seja esse o caso, isso não significa que se agarrar à história que você conta a si mesmo em relação aos eventos está lhe servindo!

Um ensinamento menos popular, mas igualmente poderoso, de Tony Robbins: "A única pergunta que você precisa fazer sobre a história que está contando a si mesmo é: *Essa história me fortalece para seguir em frente ou está me impedindo de ter a vida que desejo?*" A história que contamos sobre o que aconteceu nos deixa empacados na falta de perdão ou nos fortalece para encontrar os presentes, aprender as lições e seguir em frente com a vida.

Pense em uma situação dolorosa que você viveu, algo que achou difícil de perdoar. Quais eram os fatos? E que história você inventou sobre o significado deles? Sua história o fortaleceu para seguir em frente ou está atrapalhando ao deixá-lo empacado na culpa e na falta de perdão?

Vou dar um exemplo do poder dos fatos sobre a história em meu relacionamento com Paul.

O fato é que, há 16 anos, Paul chegou em casa para me dizer que nosso relacionamento tinha acabado e ele estava indo embora.

Nós costumamos chamar a história daquela noite de "nosso momento por um fio". Se bem que, da perspectiva de Paul, nem havia mais um fio, porque ele já tinha *desistido* antes mesmo de chegar em casa naquela noite.

Esses eram os fatos.

Agora, vamos examinar as possíveis histórias que eu poderia ter criado a partir dos fatos daquela experiência de estar por um fio.

Primeira história:

> "Foi a pior noite que já tive. Nunca fiquei tão profundamente magoada em toda a minha vida! Ele fez isso comigo. Nunca poderei perdoá-lo por isso."

Segunda história:

> "Quase perdemos tudo em uma noite, mas graças a Deus recebemos uma nova chance! Resgatamos nosso relacionamento e começamos a criar o amor inabalável e a paixão sem limites que temos hoje. Eu não estaria aqui agora se não tivesse me aberto e passado pela dor insuportável daquela noite sombria. Eu nunca mais quero passar por esse sofrimento, mas agradeço a Deus por ter colocado Paul a meu lado no pior momento da minha vida. Como resultado de tudo o que passamos, conseguimos ajudar outras pessoas que estão sofrendo e atuar como mentores na criação de relacionamentos magníficos para elas."

Qual história é verdadeira? Ambas!

Mas qual história me fortalece para criar a vida que desejo e qual me atrapalharia?

Essa é a questão fundamental, e a resposta é perfeitamente clara.

Será que eu teria o direito de me agarrar à primeira história? E como! Você também tem todo o direito de se agarrar a sua história não fortalecedora.

Mas, por favor, escute. *Às vezes estar certo não leva você à vida que deseja.*

A verdade é que viver a partir da segunda história exige muito mais coragem e vulnerabilidade, mas vale muito a pena! Olhe para a vida que consigo ter porque estava disposta a ser vulnerável, direcionar minha coragem e contar para mim mesma uma história que me fortaleceu para criar minha vida com um propósito!

Criar uma história nova e fortalecedora é uma parte imensa do trabalho que ajudamos as pessoas a fazer. Quando você põe a mão na massa, vive os resultados maravilhosos que criou.

Oportunidade para *O milagre da manhã*: Escreva sua nova história e adicione as afirmações de modo a repeti-las todos os dias. Essa repetição vai ajudá-lo a mudar seus caminhos nervosos para gravar a nova história fortalecedora e se libertar da antiga.

Quinto passo: decidir e zerar tudo

O negócio é o seguinte: ninguém pode fazer o trabalho de perdão por você, e ninguém o está obrigando a carregar essa ausência de perdão. Você tem que tomar uma decisão.

Vai decidir continuar carregando o fardo pesado e os efeitos nocivos de não perdoar?

Ou vai decidir abrir mão disso e começar do zero?

Meu amor, hoje eu o convoco a seguir os passos desta lista:

√ **aceitar** que o perdão é o melhor para você.
√ **entender** o que realmente é o perdão.
√ **libertar-se** da crença falsa de que você vai fazer justiça.
√ **encontrar** as bênçãos e sentir gratidão.
√ **aprender** a lição e levar a sabedoria para a vida.
√ **escolher** a história fortalecedora para seguir em frente.
√ **oferecer** a si mesmo a bênção do perdão.
√ **SER LIVRE!**

Você decide! No momento em que decidir perdoar, o perdão vai acontecer dentro de você!

Estes são os meus melhores votos para você:

- pegue a mudança de perspectiva que teve e aplique algumas dessas ferramentas e estratégias em sua vida, começando hoje mesmo.
- fortaleça-se para superar as mágoas ou traições que você pode ter sofrido no passado.
- dê a si mesmo a liberdade para recomeçar, deixando o passado para trás, que é o lugar dele.
- viva plenamente no momento presente.

Declare seu compromisso de recomeçar. Perdoe e zere tudo. Depois comece a criar vida e amor deliberadamente!

BÔNUS: Baixe um pôster do Processo de Perdão em Cinco Passos em **RelationshipDevelopment.org/tmmbonus** [em inglês] e coloque em algum lugar bem à vista.

Estudo de caso em um relacionamento real

MEREDITH

Antes

Foi o período mais sombrio e doloroso da minha vida. Meu marido não estava mais apaixonado por mim. Ele não falava as palavras "Eu te amo" havia sete anos. Não contei a ninguém. Era o meu segredinho. Eu estava com o coração partido, e também me sentia envergonhada por ser tão abertamente rejeitada.

Era o homem que eu amava mais do que tudo no mundo, e ele tinha retribuído esse amor apaixonado e intenso nos dez primeiros anos de relacionamento. Até que um dia ele me chamou para conversar e falou que queria pedir o divórcio.

Eu desejava desesperadamente salvar nosso casamento, pois ainda o amava tanto quanto no dia em que nos casamos. Eu amava minha família, nossos filhos, então com 12, 10 e 5 anos. Eu amava a família DELE. Eu amava NOSSOS amigos.

Corri para tentar consertar tudo. Consumi programas para manter a boa forma do casamento, terapia, livros e tudo o que me desse um pouco de esperança. Nada funcionou. O divórcio não era uma opção. O divórcio seria quebrar minha vida inteira em pedaços que eu nunca mais seria capaz de juntar. Quinze meses depois, apareceu um e-mail na minha caixa de entrada, com o assunto: "Por que as pessoas vão embora?" Era de Stacey Martino. Ela finalmente me deu uma esperança.

Depois

Eu me lembro de perguntar a Stacey várias vezes: "Quando vou conseguir o meu arco-íris?" O sofrimento que passei foi tão intenso e pesado que em alguns dias eu achava que não tinha mais forças para seguir adiante. O primeiro avanço e transformação pelo qual Stacey me guiou foi me abrir para o conceito de que havia dois caminhos possíveis para mim, e um deles iria resultar em felicidade e em um amor magnífico. Eu poderia salvar um casamento de 17 anos ou ter uma relação carinhosa com meu cônjuge, criando os filhos juntos e sendo uma família feliz.

Por muito tempo eu pensei erroneamente que meu arco-íris seria a volta do meu marido OU um novo e magnífico amor. Com muito carinho e lindamente, Stacey me guiou para o meu arco-íris, que foi algo totalmente diferente. Meu arco-íris era eu. Amor-próprio. Boa forma emocional. Compreensão. A descoberta do meu feminino e a apreciação do masculino. Depois que aprendi a me amar, assumir o controle e me responsabilizar pela minha boa forma emocional, fui capaz de me separar harmoniosamente do meu marido e um novo relacionamento amoroso surgiu em minha vida.

Stacey ajudou a me abrir para a possibilidade de algo melhor. Ela me orientou para construir tanto uma relação harmônica de criação dos filhos com meu ex-marido quanto um novo relacionamento na fase inicial dos encontros amorosos.

Voltar a ter encontros amorosos após vinte anos era um território desconhecido, e eu precisava desesperadamente de ajuda para enfrentar essa fase. Stacey ajudou a permitir que meu novo amor criasse ritmo na fase inicial. Ela me ajudou a vê-lo pelos olhos da apreciação total pelo masculino quando meu padrão seria fazer críticas e ficar magoada. Ela plantou a semente na minha cabeça: em vez de enxergar a situação como minha família "se desfazendo", nossa família poderia na verdade ser ainda mais linda, com novos integrantes.

Em meu novo relacionamento sério, observar a relação que se desenvolveu entre meus filhos e os filhos dele foi algo surpreendentemente fácil e magnífico de acompanhar.

Igualmente ótimo como recompensa por colocar a mão na massa é o relacionamento que tenho agora com meu ex-marido e pai dos meus filhos. É incrivelmente bom, firme, fácil, carinhoso e de apoio mútuo. Temos uma família ótima, forte, amorosa e feliz. Isso não mudou. O único ponto que mudou é que moramos em casas diferentes (a menos de um quilômetro de distância). Ainda passamos muito tempo juntos como família, incluindo algumas datas comemorativas.

Eu nunca acreditei que poderia me sentir tão feliz, grata e otimista em relação ao futuro. Não sei o que teria feito se não tivesse encontrado Stacey e Paul. Agradeço demais a vocês dois.

Os segredos do sucesso dela

- **Responsabilidade pessoal:** Meredith enfrentou desafios durante esse período. E estava sempre disposta a mudar o foco para o que *ela* podia fazer a fim de criar mais transformações em sua vida.
- **Pensar diferente:** ao pôr a mão na massa, Meredith foi capaz de ver repetidas vezes que sua visão de mundo (isto é, como ela *pensava* que a vida deveria ser) era a responsável por fazê-la sofrer. Sua disposição de pôr a mão na massa comigo a fim de mudar isso e se abrir para uma nova possibilidade de ser *feliz* mudou tudo para ela.
- **Ir com tudo:** Meredith foi *com tudo!* Mesmo com uma jornada assustadora e dolorosa, ela se *comprometeu* com o trabalho e nunca desistiu. Ela atendia às ligações toda semana, ia aos eventos presen-

ciais, cumpriu o programa... Fez tudo! Mesmo quando estava com dificuldade em um período difícil no relacionamento, ela sempre esteve presente e trabalhou duro! Meredith continuou *aberta* e se jogou por inteiro em seus relacionamentos. E conseguiu resultados *gigantescos*!

Capítulo 7

FAÇA A SUA PARTE: COMO CRIAR UM AMOR INABALÁVEL

STACEY MARTINO

"O amor é o oxigênio da alma."

— Tony Robbins

"Sua tarefa não é buscar o amor, mas apenas buscar e encontrar todas as barreiras internas que você criou contra ele."

— Rumi

Criar um relacionamento magnífico *começa* com a educação para relacionamentos, e temos muito orgulho de você por dar o primeiro passo ao ler este livro! Ao fazer isso, você está demonstrando claramente que se recusa a aceitar a mediocridade na vida. Por que você iria aceitá-la quando é perfeitamente capaz de criar sua vida com um propósito e de ter o amor que deseja? Isso vai acontecer depois que você aprender a usar as ferramentas e estratégias mais eficazes para atingir esse objetivo! Uhul!

Querido, se você aplicar só uma pequena parte das ferramentas e estratégias que abordamos neste livro, vai se impressionar com a transformação que vai acontecer!

Está na hora de pôr a mão na massa!

Paul e eu somos estrategistas por natureza, e esse é um dos principais diferenciais em nosso trabalho voltado para relacionamentos! Nos últimos vinte anos, usamos esse dom singular para criar ferramentas e estratégias para relacionamentos que funcionam na vida real, em famílias de verdade.

Criamos essas ferramentas e estratégias para desenvolvimento de relações ao transformar nossos sucessos com relacionamentos em ferramentas e estratégias que podem ser repetidas, aplicadas e ensinadas para você criar os mesmos resultados em sua vida!

Se tiver disposição para pôr a mão na massa, *vai conseguir* criar um amor inabalável e uma paixão sem limites.

Os cinco princípios básicos para transformar um relacionamento

1. Não vai acontecer "*do nada*". É preciso criar.
2. Seu parceiro não vai fazer isso por você. Você vai ter que criar.
3. É preciso arregaçar as mangas por *você*. Você não pode depender do que o seu parceiro fizer ou deixar de fazer. Faça por você.
4. Você não vai criar um amor inabalável e uma paixão sem limites apenas aprendendo as ferramentas e estratégias. Há uma grande diferença entre aprendê-las e vivê-las.
5. É preciso colocar em prática o que você aprendeu. Este capítulo foi escrito com o objetivo de fornecer as ferramentas e estratégias para começar a criar o seu amor inabalável. No próximo, vamos oferecer as ferramentas para criar a sua paixão sem limites.

Nossas ferramentas e estratégias não são teóricas! Elas funcionam na vida real, com famílias de verdade.

O que é a vida real? Para a maioria das famílias de hoje, a vida real se parece com uma das configurações a seguir (ou todas).

- A família pode ser assim:
  - » A mãe e o pai trabalham (dentro ou fora de casa) e estão muito sobrecarregados.
  - » Apenas um chefe de família cuida de tudo o que normalmente seria feito por duas pessoas.
  - » A pessoa é solteira e deseja encontrar o amor eterno, mas os relacionamentos não deram certo no passado, ou
  - » A mãe e o pai não estão mais juntos, e tentar criar os filhos assim é muito mais difícil do que manter o relacionamento quando estavam juntos.
- O relacionamento está em uma situação difícil devido a problemas financeiros.
- Os patrões esperam que eles priorizem o trabalho em vez da família.
- A pessoa sente que está fracassando como parceiro e como pai ou mãe.
- Criar filhos é uma responsabilidade em tempo integral que não acaba, e ninguém está realmente preparado para lidar com essa dificuldade. Os pais se sentem tão culpados que nem sempre apreciam os bons momentos. Eles se sentem inferiores, porque parece que todos estão criando bem os filhos e eles são péssimos nisso.
- Um dos filhos está com muitos problemas, e os pais não sabem como resolvê-los.
- A pessoa não sabe como parar de brigar com o parceiro o tempo todo.
- Eles estão exaustos por tentar dar conta de tudo.
- Não há tempo para se divertir!

- Se eles estiverem fazendo sexo, não é com frequência. Quando fazem, não é aquele sexo ardente.
- Alguém tem um vício, e o casal está tentando lidar com a situação.
- Há drama familiar que causa sofrimento ou estresse de um ou de ambos os lados da família.
- Ah, sim, um deles teve um caso, e os dois não têm certeza se é possível se recuperar disso.

No fim das contas, estamos ocupados e sobrecarregados cuidando das crianças, dos bichos de estimação e dos pais que envelhecem, trabalhando uma tonelada de horas, com muitos problemas, e ninguém jamais nos ensinou a ter um amor *magnífico* na vida real.

Essa é a vida real, meu amigo. Famílias reais estão enfrentando tudo isso e muito mais. Mesmo assim, no meio de tudo, precisamos ter um romance de contos de fadas que acontece "do nada". A essa altura você certamente já entendeu que não é assim que funciona.

As pessoas nos deram a *expectativa* de que deveríamos ter esse romance de contos de fadas, mas nunca nos disseram *como* fazer isso na vida real. Não havia modelo, educação para relacionamentos ou qualquer metodologia fornecida para que pudéssemos criá-lo.

BASTA! Esse legado gerou muito sofrimento desnecessário e levou à sociedade de relacionamentos descartáveis que temos hoje, em que as pessoas desistem do relacionamento quando a situação fica difícil, pois ninguém as ensinou a agir de outra forma.

Amor, você precisa de ferramentas *reais* que funcionem no meio de todos os nossos desafios. Se as ferramentas para relacionamentos não o ensinarem a lidar com o cenário que descrevi anteriormente, então elas não servem de nada.

Afinal, não é preciso muita habilidade para ter um romance mágico quando se está de férias, sem filhos e com todas as contas pagas. Também não exige muita habilidade criar sexo ardente com um novo e excitante parceiro amoroso.

Contudo, é preciso *muita* habilidade para criar o tipo de *amor inabalável* em que nada poderá separá-los. E exige *muita* habilidade criar uma *paixão sem limites*, em que o sexo fica mais ardente com o tempo, ainda mais no meio da vida real! É quando você *precisa* de um amor inabalável e de uma paixão sem limites.

Como criar o alinhamento sólido como uma rocha que você deseja!

Vamos reler a citação de Rumi que mostrei no começo deste capítulo.

> *"Sua tarefa não é buscar o* **amor**, *mas apenas buscar e encontrar todas as* **barreiras** *internas que você criou contra ele."*
>
> — Rumi

O amor é um trabalho interno. Já está *em* você. Portanto, você não precisa *encontrar* o amor. O verdadeiro trabalho consiste em remover todas as bobagens de proteções, barreiras, sistemas de crenças falsas, regras e mentalidade que estão impedindo você de viver o amor que tanto deseja.

Você tem a melhor das intenções. Eu te conheço, meu caro. Você quer um ótimo amor, pois foi feito para isso.

E você pode tê-lo.

Estou prestes a lhe mostrar as forças até então invisíveis que estão destruindo o relacionamento sólido como uma rocha que você deseja. Vamos ensiná-lo a parar de fazer o que está fazendo sem perceber. E vamos guiá-lo para fazer o que é necessário a fim de reconstruir as bases para o amor inabalável que você merece!

Na verdade, o amor inabalável é criado nos pequenos momentos do dia.

O primeiro passo consiste em aprender o que você está fazendo (diariamente) sem perceber para *danificar* seu relacionamento e como *acabar com isso*!

Primeiro matador de relacionamentos: anotar pontos

Se você nasceu nos anos 1970 como eu ou depois, provavelmente foi criado para querer um relacionamento meio a meio. A maioria de nós aprendeu a desejar uma parceria em que você faria algo para seu parceiro e esperaria que ele retribuísse *na mesma medida*. Foi um grande avanço em relação às gerações machistas e chauvinistas do passado. Pelo menos o meio a meio se baseava em um desejo de igualdade.

Infelizmente, o foco no relacionamento meio a meio tem uma consequência invisível que está matando a maioria dos relacionamentos hoje.

Deixe-me fazer uma pergunta: como você sabe se o seu relacionamento é 50-50 e não 60-40 ou até mesmo 90-10?

Resposta: anotando pontos.

Para manter tudo igual no meio a meio, você está anotando os pontos do que obtém do seu parceiro em comparação ao que você oferece, certo?

Em outras palavras, você sente necessidade de registrar o placar.

Essa é a única forma de saber se você está *recebendo* tanto quanto está *oferecendo* em uma relação amorosa. Pior ainda: você faz (de modo consciente ou não) essa matemática do relacionamento na cabeça o dia inteiro, todos os dias, e sempre dá errado. Por quê? Bom, isso nos leva ao próximo problema...

Segundo matador de relacionamentos: usar a matemática errada

Quando você anota pontos, na verdade *está* medindo o que *sente* estar recebendo do parceiro versus o que você *sente* estar oferecendo a ele.

Aqui está o problema: seu parceiro é um ser humano, portanto alguém que, por definição, pensa, sente, processa e age de modo diferente de você.

Então, quando você mede o que ele está lhe dando, essa conta nunca fecha, porque o parceiro não está *oferecendo a você do jeito que você teria feito para si mesmo*. Veja bem: seu parceiro nunca será capaz de atender a suas expectativas, porque elas se baseiam em como *você* teria pensado, sentido, processado e agido. Em outras palavras, você espera receber do parceiro o que *você* teria dado a *você*, se estivesse no lugar dele! (Leia essa frase de novo!)

Explicando de outra forma, você espera que seu parceiro reaja exatamente do mesmo jeito que você em todas as situações. Mas ele *não* é você e não reage da mesma forma, então ele continuamente deixa a desejar na sua contagem. Você está minando a relação e nem percebe.

Ah, mas, quando *você* está cedendo, o quadro fica obviamente diferente. Como você reage ou oferece do jeitinho que gostaria de receber, da sua perspectiva você está *oferecendo* perfeitamente! De acordo com o seu sistema de avaliação pessoal (e apenas na sua cabeça), você é um astro do rock. Entendeu como essa dinâmica sempre o faz sentir que está dando mais do que recebe? É por isso que você sempre se sente uma merda!

Quer saber, astro do rock? Seu parceiro está fazendo a mesma porcaria de conta a seu respeito, e *você* está perdendo na matemática de pontos no relacionamento feita *por ele*!

A questão é que os relacionamentos meio a meio, o ato de registrar pontos e a matemática errada fazem *os dois* parceiros se sentirem uma merda! Se você está fazendo isso agora e quer transformar o relacionamento, precisa parar agora mesmo, pelo seguinte motivo:

Anotar pontos bloqueia o processo de transformação no relacionamento!

Dica prática: use a fórmula 100-100 para criar um amor inabalável e uma paixão sem limites. A única forma de *vencer* no amor é **100-100 em vez de 50-50.** Você fornece o máximo do seu afeto ao seu parceiro, e ele oferece o máximo de volta.

Você começa! Você cria a mudança! Você transforma o relacionamento. Você o inspira a mudar em resposta às suas atitudes. No fim das contas, como resultado de arregaçar as mangas, você vai viver um relacionamento em que seu parceiro lhe oferece tudo!

Pergunta: se você ficar esperando seu parceiro oferecer antes que você se disponha a fazê-lo (abordagem meio a meio) e seu parceiro estiver fazendo o *mesmo*, o que acontece?

Resposta: nada. Nada acontece. Porque nenhum de vocês está oferecendo. Ambos ficam em falta, olhando para um relacionamento vazio e esperando que alguém vá com tudo. Quer saber, meu querido? É *você*! Essa alguém é *você*. Você precisa ir com tudo para criar o relacionamento que deseja. Não importa o que o seu parceiro faz ou deixa de fazer!

O relacionamento não é um lugar em que você aparece para *obter* algo do seu parceiro. É o lugar aonde você vai para *oferecer* algo a ele (ou ela). Se os dois comparecem ao relacionamento para *obter* alguma coisa, não há *nada*, porque ninguém tem algo a *oferecer* (*e infelizmente nós temos tudo a perder*)!

Dica prática: ofereça amor ao seu parceiro íntimo sem anotar pontos, do mesmo modo como você faz com seus filhos ou com seu querido bichinho de estimação. Caso você ainda ache que não sabe fazer essa coisa de 100-100, pense nos pais de uma criança pequena. Os pais se dedicam de corpo e alma. Não há como o bebê contribuir nesse relacionamento. Os pais amam menos o bebê por estarem dando o seu máximo e o bebê não retribuir na mesma medida? NÃO! E também não o punem lhe negando amor só porque não é justo e porque eles não estão obtendo o que desejam em troca! Eles *não têm expectativas* em relação ao bebê, consequentemente não anotam pontos e não se decepcionam. O sorriso, o contentamento e os carinhos do bebê são recompensas mais do que suficientes.

Eu digo aos meus alunos o tempo todo:

"Troquem suas expectativas por apreciação e observem a transformação que acontece!"

A única equipe vencedora

É hora de ir *com tudo*, amor!

Está pronto para criar *o seu* amor inabalável?

Ter um amor inabalável significa estar alinhado ao seu parceiro como uma equipe, que vocês se apoiam em tudo e que nada pode separá-los.

Lembre-se: o amor inabalável não brota do nada. Ninguém vai entregar esse tipo de alinhamento a você de bandeja. Não dá para simplesmente esbarrar nisso por aí. E não é o seu parceiro que está impedindo você de obter esse amor!

Nós fornecemos as estratégias e ferramentas, mas você provavelmente sabe o que vou dizer agora: usá-las para criar um alinhamento imperturbável com seu parceiro é uma *escolha!* Você está disposto a avançar e fazer isso por si mesmo? Ótimo, porque nós vamos começar agora.

Quatro passos para um relacionamento sólido como uma rocha

Primeiro passo: seja claríssimo quanto às suas prioridades!

Você sabia que, há muito tempo, um dos principais elementos na cerimônia do casamento era quando todos os cidadãos do vilarejo se reuniam e o oficiante notificava a todos que, a partir daquele momento, a noiva e o noivo iriam priorizar a nova família primária em relação às famílias de origem? A cerimônia era o veículo para avisar a comunidade sobre a situação dali em diante.

Infelizmente, não só isso foi abandonado pelas cerimônias de casamento modernas como a intenção também foi completamente perdida. Ninguém ensina que devemos mudar a prioridade para o cônjuge e os filhos, que dirá *como* reconfigurar a prioridade do nosso relacionamento com a família de origem, além de todos os outros relacionamentos.

Se você quiser criar o seu relacionamento sólido como uma rocha, é preciso ser bem claro em relação à hierarquia:

PRIORIDADES

1. Parceiro e filhos
2. Pais e irmãos
3. Família estendida e amigos

Em tese, é bem simples. Absolutamente *ninguém* está acima do seu cônjuge. NINGUÉM! Além disso, se o seu parceiro sente que *todo mundo* é mais importante que ele, seu relacionamento está com problemas, e no fundo você sabe disso.

Eu digo "em tese" porque há uma grande lacuna entre aprender a ferramenta da hierarquia dos relacionamentos e vivê-la. E não há como fingir: ou o seu parceiro *sente* que é o seu número um, ou não sente.

Na verdade, você cria ou destrói o alinhamento com o seu parceiro a cada escolha que faz durante os pequenos momentos ao longo do dia.

OBSERVAÇÃO: uma das minhas clientes, Kara, um dia levantou a mão e disse:

"Não tenho relacionamento algum com minha família, mas tenho amigos tão leais e importantes em meu mundo que são como parentes. O que faço com os níveis dois e três?"

Minha resposta: nem todos têm relacionamentos com a família biológica pertencem ao nível dois. Você *não* prioriza um integrante da família para o nível dois se essa pessoa não fizer parte saudável da sua vida. Nós aceitamos e apoiamos que você projete a vida de modo autêntico para si mesmo. Como você tem a bênção de ter esses amigos lindos em sua vida que o amam e valorizam, então aprecie o fato de o Universo ter dado a você a família de que precisa. Decida quem entre esses amigos é realmente a "família que a gente escolhe" e priorize esses amigos para o nível dois.

Exemplo real de família de origem

Minha aluna Debra enfrentou um desafio ao priorizar o marido e o filho pequeno em relação à mãe nas datas comemorativas. (Talvez você se identifique com isso.)

Debra e o marido Jeff levavam o filho Zack para a casa dos pais de Debra em todas as vésperas de Natal. Em determinado ano, Debra estava com sete meses de gravidez, e Zack, com dois anos de idade, criava problemas quando os pais não o colocavam na cama às 19h30.

Jeff sugeriu a Debra que eles começassem uma nova tradição: passar a noite de Natal em casa e visitar a família de Debra na manhã do dia 25. Debra achou a ideia ótima, mas ficou com medo da reação da mãe.

Quando Debra mencionou isso à mãe, a reação foi exatamente como ela imaginava: praticamente o início da Terceira Guerra Mundial.

Vamos explorar dois cenários possíveis em que Debra vai criar alinhamento com o marido ou destruí-lo ao priorizar a mãe:

Roteiro para o primeiro cenário, em que Debra se alinha com a família de origem em vez do marido:

Debra (sem expressar seu desejo e usando o tempo como desculpa): " Mãe, o tempo está muito ruim. Nós não vamos."

Mãe (caprichando na culpa para obter o que deseja): "Mas você sempre vem... É Natal!"

Debra (cedendo para manter a paz): "Talvez a gente vá depois, se o tempo abrir..."

Mãe (usa mais culpa e constrangimento, pois ainda não conseguiu o que deseja): "Bom, o seu irmão vem. Ele não viu problema nisso..."

Debra (cedendo e agradando de novo): "Certo. Vou falar com o Jeff e ver o que ele diz."

Debra pergunta a Jeff se ele aceita ir.

Jeff (profundamente indignado porque ela sempre cede à mãe e ele já está de saco cheio): "Nós já falamos sobre isso..."

Debra (com medo de desagradar a mãe e querendo que o marido ceda para ajudar a manter a paz): "Eu sei, mas..."

Jeff (sai batendo a porta, com raiva por nunca vir em primeiro lugar e sentindo que nunca é ouvido e sempre atropelado pela família de Deborah!)

Roteiro para o segundo cenário, em que Debra se alinha com o marido:

Debra (assumindo o que ela e Jeff desejam): "Mãe, o Jeff e eu decidimos que este ano, como nossa família está crescendo, está na hora de criar uma tradição para as festas que seja melhor para os nossos filhos. De agora em diante, nós vamos passar a véspera de Natal com as crianças aqui em casa, como você fez com a gente quando nós éramos pequenos. Nós adoramos essa tradição, então vamos começá-la na nossa família. Se o tempo permitir, nós vamos visitar vocês no dia 25 em vez do dia 24."

Mãe (tentando usar culpa para obter o que deseja): "Mas você sempre vem... É Natal!"

Debra (reconhecendo os sentimentos da mãe, mas mantendo a firmeza): "Entendo que você esteja decepcionada, mãe, mas a nossa família está mudando, e o Jeff e eu sentimos que é o melhor para nós."

Mãe (tentando a tática da culpa e vergonha de novo!): "Bom, o seu irmão vem. Ele já tem *três* filhos não viu problema nisso!"

Debra (resoluta): "Mãe, o Pete faz o que é melhor para ele, e o Jeff e eu fazemos o que é melhor para a nossa família. Vamos estar aí na manhã do dia 25 para celebrar com todos vocês."

Mãe (aceita os novos termos porque Debra não cedeu): "Está bem, Debra."

Antes de entrarmos nesse cenário, Debra deixou claro que a prioridade dela era o marido e os filhos, então sabia a decisão que precisava tomar a respeito da mãe. Ela sabia o que precisava lhe dizer e sabia o resultado dessa conversa.

Quando você tem clareza total de que seu parceiro é o *número um*, pode tomar decisões baseadas em prioridades de modo mais fácil no meio das situações complicadas da vida real.

Embora o processo de tomada de decisão esteja claro para você, o processo com sua família nem sempre vai ser fácil, porque a maioria das pessoas resiste a mudanças. Assim como aconteceu com Debra quando ela precisou fazer a escolha entre decepcionar a mãe e quebrar o alinhamento com o marido, você vai ter que fazer escolhas semelhantes e depois ter conversas difíceis com seus entes queridos que resistem às suas decisões.

Dica prática: aprenda ferramentas para enfrentar conversas difíceis e construir relacionamentos em vez de destruí-los. Os resultados valem *muito* o esforço necessário para aprendê-la.

Nós sabemos que não é fácil. Na verdade, passamos uma quantidade significativa de tempo ensinando nossos alunos a ter conversas construtivas, que formam uma base sólida de "tijolos" no relacionamento para não ficarem pisando em ovos o tempo todo!

Se você for como os alunos que atendemos, provavelmente há muitas conversas construtivas que precisam acontecer em suas relações interpessoais. São os diálogos difíceis que você costuma evitar por serem desconfortáveis ou porque simplesmente não vão dar certo. Evitar essas conversas, contudo, leva a dor persistente, frustração e decepção, porque a situação não muda.

Paul e eu criamos uma metodologia simples para ajudar nossos alunos a enfrentar qualquer temática e ter um bom resultado. Isso não significa que você vai *vencer* como em um debate. Enfrentar a conversa com sucesso significa que, depois de ter terminado de expor suas perspectivas, você e seu parceiro estarão mais próximos. Vocês terão uma compreensão mais sincera um do outro, ambos se sentirão ouvidos e colocarão um tijolo sólido na base do seu relacionamento, podendo construir a partir disso.

Paul e eu criamos um vídeo de treinamento e um livro de exercícios, incluindo uma estrutura passo a passo do tipo "preencha as lacunas" que você pode usar para enfrentar qualquer conversa construtiva com sucesso.

Você pode usar essa ferramenta poderosa em seu casamento, com os parentes, no trabalho e com seus filhos! (Em qualquer conversa interpessoal.)

BÔNUS: Visite **RelationshipDevelopment.org/tmmbonus** [em ingês] para baixar um vídeo e um livro de exercícios gratuito sobre as conversas construtivas.

Em resumo, se você quiser um amor inabalável, seu parceiro e seus filhos precisam vir em primeiro lugar, acima de tudo!

Segundo passo: nunca, jamais, fale mal do seu parceiro

Nós observamos uma tendência perturbadora: uma epidemia de pessoas procurando defeitos, falando mal, criticando, competindo com o parceiro e o destruindo na frente de outras pessoas.

Pior ainda: isso virou algo socialmente aceitável! Na verdade, tanto homens quanto mulheres geralmente conversam com amigos reclamando dos parceiros.

Você já viu algo assim em um grupo de mulheres?

Mulher 1: "Preciso voltar para casa antes de começar o jogo de futebol do Alex para fazer o jantar, ou ele vai acabar comendo salgadinhos de queijo com refrigerante, se eu deixar por conta do Bill."
Mulher 2: "Ah, nem fala. Outro dia o John quis fazer um sanduíche para mim. Err... Não, obrigada."
Mulher 3: "Comigo é pior ainda... O Bob vestiu a Mikayla para a aula de balé e colocou a meia-calça por cima do collant!"

É uma competição pela medalha de honra para a mulher que está lidando com o pior marido. Há muitos anos havia uma coluna de revista chamada "O prêmio do pior marido", que publicava os comentários das leitoras sobre os respectivos cônjuges. O marido que fazia mais besteira ganhava o prêmio. Queridas, pensem nisso: quantos protestos não faríamos se existisse uma coluna em que homens reclamassem das esposas, dando a elas o prêmio de pior esposa?

Eu sei que o objetivo era fazer piada, mas sinceramente não tem graça nenhuma para os parceiros nesses relacionamentos.

Se você é uma mulher, é o seu marido que você está destruindo na frente de outras mulheres. Para quê? Para ter assunto e passar o tempo? Para que as outras tenham pena de você? Para obter empatia? Para conseguir risos à custa dele?

Se você faz isso e quer o apoio incondicional do parceiro para todos os seus sonhos ou que ele dedique a vida a servi-la, você está se enganando, minha amiga! Por favor, abra os olhos e veja que isso está destruindo a base do que você deseja ter.

Não são apenas mulheres que fazem isso. Veja como seria a mesma situação com homens:

Homem 1: "Eu trabalho dez horas por dia. A Nicole chega em casa três horas antes de mim. Quando eu chego, a casa está uma bagunça e ela espera que eu faça alguma coisa! O que raios ela faz com todo esse tempo livre?"
Homem 2: "Eu ficaria feliz no seu lugar. Quando chego em casa, a Sheila fala sobre o dia dela uns vinte minutos sem parar. Dá vontade de me matar para acabar logo, mas não a interrompo para ela não começar tudo de novo!"
Homem 3: "Pelo menos vocês veem as suas mulheres. A Deb nem se esforça para sair do escritório e estar em casa antes das onze da noite. Ela está tão exausta o tempo todo que nunca está no clima!"

Se você está fazendo isso e quer que ela honre você com todo o apoio e alinhamento, só pode estar maluco!

Por definição, sempre que você fala mal do seu parceiro na frente de alguém, está quebrando o alinhamento que deseja criar!

Não acredite na mentira de "o que os olhos não veem o coração não sente", achando que é tudo diversão desde que seu parceiro não esteja ali para ouvir. Errado! Ele sente o que acontece! Além disso, suas ações não ficam só ali! Se você tem o hábito de falar mal do seu parceiro, vai acabar tendo um lapso e fazendo isso na frente dele (ou a pessoa com quem você reclamou vai fazer isso por você).

Além do mais, quando você fala mal do seu parceiro, está colocando uma terceira pessoa entre vocês! Por definição, isso abala a relação.

Estou tomando uma posição pelo seu relacionamento agora! Use as dicas práticas a seguir para garantir que vai parar de falar mal do seu parceiro:

Primeira dica prática: faça um juramento de nunca mais falar mal do seu parceiro para outras pessoas!

Isso significa que você nunca mais poderá ter um sentimento ou pensamento negativo sobre seu parceiro? Não. É claro que você vai ter. Você é um ser humano. Continue lendo para saber o que fazer em relação a isso!

Segunda dica prática: se algo estiver incomodando, fale diretamente com o seu parceiro, e não com outras pessoas.

Esta é a sua oportunidade. Se algo não estiver bom para você, significa que há trabalho a fazer. É uma oportunidade de construir seu relacionamento e melhorar a situação. Não evite o debate. Enfrente. Exponha a questão diretamente para o seu parceiro. Se seu relacionamento ainda *não está* no ponto de permitir essas conversas, vá para a terceira dica prática.

Terceira dica prática: leve seu desafio a um coach ou mentor que possa fornecer orientação especializada a fim de mudar a situação que você não sabe resolver e criar um resultado melhor.

Se houver algo frustrando você, em vez de reclamar sobre isso e não ver mudança alguma, eu posso ensiná-lo a mudar isso sem precisar que seu parceiro mude primeiro. Fortaleça-se e melhore sua vida!

Quarta dica prática: assuma sua responsabilidade em vez de reclamar!

Reclamar significa falar mal do parceiro e não agir para melhorar seu relacionamento ou conversa. Isso apenas expõe e deixa o seu parceiro com má fama para o seu interlocutor. Pior ainda: deixa você se sentindo impotente, porque, como é tudo culpa dele, não há nada que você possa fazer até ele mudar.

Ensinamos nossos alunos a enfrentar um desafio envolvendo o parceiro usando uma Declaração de Responsabilidade Pessoal. Essa ferramenta permite expressar sua frustração de modo a se concentrar onde *você* está empacado. Trata-se de expressar o mesmo tipo de dificuldade, mas, em vez de reclamar sobre *ele*, é tudo voltado para *você* e para o que *você* pode fazer para mudar isso.

Exemplo de roteiro de responsabilidade pessoal:

> *"Estou com muita dificuldade. Tenho um gatilho quando John chega. Quando ele está com problemas ou de mau humor por não ter tido um dia bom, isso me coloca abaixo da Linha dos 50% e ativa um gatilho nas crianças. Sei que preciso mudar isso para ficar acima da linha dos 50% e ajudá-las a enfrentar a situação, mas ainda não descobri como. Estou muito frustrada comigo mesma. AJUDEM, por favor!"*

Quinta dica prática: compartilhe seu desafio com a plateia certa!

Obviamente você não pode compartilhar uma declaração de responsabilidade pessoal com qualquer pessoa. Nem todos em seu mundo vão entender.

Se você estiver trabalhando com um coach ou mentor especializado nessa área, poderá obter resultados surpreendentes. Além disso, se houver outras pessoas em seu círculo nessa mesma jornada para desenvolver seus relacionamentos, elas vão entender muito bem o seu desafio.

É por isso que nossos alunos dizem que a tribo do sétimo poder mudou a vida deles. Sétimo poder é um termo que se refere às pessoas em sua vida que estão no caminho do desenvolvimento pessoal como você. São as pessoas com quem você cresce. Elas vão desafiá-lo quando seus esforços não forem suficientes e vão levantá-lo quando você cair. Elas podem não estar fazendo o mesmo tipo de trabalho de desenvolvimento que o seu, mas gostam do crescimento e entendem sua situação.

Isso não descreve a maioria das pessoas em sua vida. A falta de pessoas em sua tribo do sétimo poder pode ser tão dolorosa quanto destrutiva para o seu progresso. É por isso que criamos uma comunidade confiável de colegas para você.

E aí, está pronto para fazer o juramento? Sim? Ótimo, então repita comigo:

Declaro que não terei mais o comportamento destrutivo de falar mal do meu parceiro para outras pessoas!

Oportunidade para *O milagre da manhã*: acrescente essa afirmação ao seu *Milagre da manhã*!

Uhul! Você deu o primeiro passo rumo a um relacionamento sólido como uma rocha!

Agora você precisa entender que vai estar "na escala" em relação a essa mudança, para não ficar desestimulado quando inevitavelmente cometer um deslize. Esse comportamento ficou tão arraigado na maioria das pessoas que no começo elas nem percebem o que estão fazendo até estarem na metade da reclamação. Tudo bem! É perfeitamente normal. Lembre-se: toda mudança acontece aos poucos. O primeiro passo consiste em decidir mudar! Quando você cair, levante-se e continue em frente!

Terceiro passo: jamais concorde com alguém que fale mal do seu parceiro

Se você quiser um amor inabalável, não pode apenas deixar de falar mal do parceiro e parar por aí. Se outra pessoa disser alguma coisa negativa sobre seu parceiro, você não pode concordar. Mesmo que concorde com o que a outra pessoa disse, você não pode se alinhar com ela contra o seu parceiro!

Isso pode ser mais fácil falar do que fazer. No próximo passo, vou fornecer roteiros e ferramentas, além de um exemplo que vai ajudar a entender o que fazer nessa situação.

Quarto passo: diante de algo negativo dito sobre seu parceiro, você não pode se calar!

Se você quiser criar um amor inabalável, não pode se calar diante de algo negativo dito sobre seu parceiro. Você precisa usar afirmações positivas sobre ele ou ela para mandar um recado bem claro.

Essa é difícil, ainda mais se você concorda com o que foi dito, como fez o meu aluno de coaching, Jackson, em uma situação que viveu com a esposa. Ele perguntou como devia ter agido em uma cena que relatou durante nossa sessão de perguntas e respostas:

> *Sábado passado nós planejamos encontrar uns amigos no cinema às 19h30. Tara vinha de algum lugar do outro lado da cidade, então ela ia me encontrar lá mesmo. Eu cheguei às 19h30. O outro casal estava lá às 19h30. Mas NENHUM sinal de Tara. Por volta das 19h55, meu colega Brian disse:*
>
> *"Cadê a Tara? Ela sempre se atrasa!"*
>
> *Antes que pudesse me controlar, eu me vi dizendo:*
>
> *"Nem me fale. Tenho que viver com isso todos os dias! Vou mandar mensagem para ela de novo."*
>
> *Assim que disse isso eu sabia que não devia ter falado, mas o que eu podia fazer? Concordo totalmente com ele. Ela só apareceu às 20h10! Você sabe que isso me deixa maluco, e estou trabalhando para mudar esse gatilho, mas o que fazer quando outra pessoa reclama da mesma coisa que me deixa louco em relação a minha esposa?*

Tenho certeza de que você quer saber o que eu disse a Jackson. Aperte os cintos, meu anjo. Lá vamos nós.

Quando você mudar o significado que está dando ao comportamento da sua esposa em relação ao tempo, além de não ativar mais seu gatilho, vai se sentir muito coerente ao abordar o assunto com outras pessoas.

Depois eu sugeri um roteiro como este:

"Brian, sabe o que eu mais amo na Tara? Ela é tão presente e vive tanto o momento que pega toda a alegria da vida e amplifica em mais de mil vezes! Ela vive de verdade! É tão cheia de empolgação e apreciação por todas as experiências de vida que não é tão ligada nesse negócio de horários e prazos. Todo dia ela me ensina a viver o momento em vez de ver a vida passar. Prefiro vê-la fazendo isso a ver a esse filme que estamos prestes a assistir!"

Depois de mais de um redirecionamento como esse, Brian provavelmente não vai precisar que isso aconteça de novo para receber a mensagem clara de não falar mal de Tara, pois Jackson não vai gostar!

Aliás, quando Jackson fez o trabalho para mudar sua visão de mundo e apreciar Tara por essas bênçãos que ela traz em vez de julgá-la e deixar a necessidade de controle atuar como gatilho, o relacionamento com a esposa e a experiência de vida só melhoraram.

P.S: Tara ficou tão inspirada pelo apreço de Jackson e com o fato de ele tê-la defendido que começou a criar sistemas para melhorar a pontualidade, porque desejava fazer isso *por Jackson*! Ele inspirou uma mudança nela! É assim que funciona.

Ponha a mão na massa! Trabalhe para mudar como você se sente em relação ao gatilho que seu parceiro ativa em você. Não fale mal dele. Arregace as mangas e mude a situação para melhor!

Esses desafiotunidades são chances de fazer o trabalho que PRECISA ser feito. SÃO PARA VOCÊ!

Nós ensinamos incontáveis ferramentas práticas para criar um relacionamento sólido como uma rocha na vida real, mas tudo começa com esses quatro passos básicos para obter um relacionamento inabalável.

Agora que você sabe o que deve parar de fazer e o que deve começar a fazer para criar o relacionamento que deseja, a partir de hoje pode passar a agir e estar presente de outra forma, de modo a construir a base para o relacionamento sólido como uma rocha que você deseja!

É uma habilidade que pode ser aprendida. Exige trabalho, mas vale muito a pena, porque, uma vez criado o amor inabalável, você terá uma base sólida para criar uma paixão sem limites!

Estudo de caso em um relacionamento real

GRACIE

Antes

Meu casamento sempre foi afetuoso, mas estava faltando alguma coisa que eu nem sabia o que era... paixão! Não saíamos para um encontro amoroso fazia uns seis meses. Com dois filhos (de 1 e 4 anos de idade), nós entendemos que era um dos sacrifícios que é preciso fazer quando os filhos são pequenos e a grana é curta.

Meu marido não tinha o menor interesse em participar desse trabalho pelo relacionamento. Ele simplesmente não gosta desse negócio, de forma alguma. Quando Stacey disse que basta UM parceiro, essa era a solução de que eu precisava.

Mãos à obra!

Logo depois que começamos o programa pela internet, tivemos vários encontros amorosos e estávamos sempre planejando mais! Stacey ofereceu ótimas estratégias para ter um encontro amoroso com seu parceiro, mesmo com filhos e um orçamento curtíssimo. E elas funcionam!

Em nosso casamento, o lema sempre foi "abertos, honestos, verdadeiros", mas esse material deu ferramentas para ser ainda MAIS aberta, honesta e verdadeira ao me permitir aprender mais sobre mim e meu parceiro. A compreensão das energias masculina e feminina e das diferenças entre homens e mulheres foi FUNDAMENTAL para mim.

Depois

Vivi tantas mudanças, tantos momentos de descoberta, que nem sei por onde começar. Até meu marido, que no início estava resistente, começou a notar as diferenças em mim e em nosso casamento, o que é I-N-C-R-Í-V-E-L!

Agora nós lidamos melhor e mais depressa com as situações difíceis e não demoramos a retomar a intimidade após períodos de distância. Me senti extremamente grata pelas mudanças que vivemos! Tudo o que aprendi com Stacey e Paul funcionou para mim. Não há dúvida de que eles se preocupam de modo sincero, verdadeiro e profundo em mudar os relacionamentos íntimos das pessoas e consequentemente a vida das crianças. E mais do que isso: não há dúvida de que eles se importam em mudar a MINHA vida! É por isso que participei de DOIS eventos ao vivo com eles e continuo pondo a mão na massa!

Obrigada, Stacey e Paul, pelas mudanças que vocês possibilitaram para mim e pelas que ainda estão por vir!

Os segredos do sucesso dela

- **Ter fé:** Gracie realmente queria criar um amor inabalável e uma paixão sem limites em seu casamento, mas temia que nosso conteúdo não estivesse de acordo com suas crenças espirituais. Ela não se fechou, manteve o interesse e explorou nosso conteúdo de coração aberto e olhos abertos. Gracie ficou *maravilhada* ao saber que nossos ensinamentos estavam todos de acordo com as crenças espirituais que são tão importantes para ela. Na verdade, Gracie acredita que aprender a amar em um nível superior a ajudou a ser uma pessoa ainda melhor em termos de espiritualidade!
- **Estar disposto a pôr a mão na massa:** Gracie estava disposta a trabalhar sem a participação do marido! O fato de ele não estar interessado e de

ter dito a ela que jamais se interessaria por esse tipo de trabalho não a impediu de seguir em frente. Gracie foi *com tudo* por sua família, disposta a arregaçar as mangas e ser a heroína!

- **Cultivar o sétimo poder:** sempre que Gracie faz um programa ou evento conosco, está fortalecendo sua tribo do sétimo poder! Como resultado, ela contar com um grupo forte de pessoas em sua vida que a apoiam, além de entenderem quem ela é e o que está fazendo!

Estudo de caso em um relacionamento real

STEPHIE

Antes

Antes de trabalhar com Stacey, meu marido e eu estávamos cada vez mais afastados, e eu sabia disso. Embora ele e eu tivéssemos algo incrível em nosso relacionamento, a paixão diminuiu, e a conexão, idem. Como já tínhamos dois filhos pequenos e outro bebê a caminho, eu queria agir.

Nós dois andávamos muito ocupados e esgotados. Eu sabia que precisávamos de uma grande dose de PAIXÃO, mas não sabia por onde começar.

Depois

Após trabalhar com Stacey e participar do programa, as conversas, o nível de compreensão, apreciação e conexão apaixonada que criei com meu marido NÃO TEM PREÇO!

Essa mudança na conexão mudou até o relacionamento que temos com as crianças (somos uma EQUIPE) e nosso apoio recíproco. Além disso, eu sou a única a participar o programa desde o primeiro módulo! Meu marido está ocupado demais para continuar!

Tudo o que eu queria (uma conexão e intimidade mais profundas) foi ÀS ALTURAS depois que participei do programa com Stacey e Paul! Meu casamento é MUITO apaixonado, lindo e exatamente o que eu procurava!

Os segredos do sucesso dela

- **Ver a situação como ela é:** em vez de olhar para trás e ver o casamento incrível que tinham antes, Stephie reconheceu as mudanças que estavam acontecendo depois de vários filhos e com uma vida mais ocupada. Ela reconheceu que a nova fase do casamento exigia algo diferente e começou a *procurar* respostas.
- **Estar disposto a arregaçar as mangas:** Stephie estava disposta a agir sem a participação do marido! Embora acreditasse no trabalho, ele não tinha tempo para acompanhar. Stephie *não* anotou pontos. Ela não *parou* de pôr a mão na massa quando ele não teve mais tempo para o programa. Ela foi *com tudo.*
- **Mudar a forma de estar presente no dia a dia:** Stephie estava disposta a *mudar* sua presença no casamento! Ela trouxe um novo patamar de vulnerabilidade, confiança e abertura para o marido e reacendeu a paixão.

Capítulo 8

FAÇA SUA PARTE: COMO LIBERAR A PAIXÃO

STACEY MARTINO

"Quero fazer contigo o que a primavera faz com as cerejeiras."

— Pablo Neruda, prêmio Nobel de Literatura

"A liberdade não é a capacidade de fazer o que você quer. A liberdade é a força de caráter de fazer o que é bom, verdadeiro, nobre e certo."

— Matthew Kelly, escritor e palestrante motivacional

Pergunta rápida: qual é a diferença entre a salada e o lixo?

Sabe qual é a resposta? Se você se lembra dos nossos ensinamentos sobre a gangorra do amor e da paixão, a resposta é... o tempo!

Ao longo do tempo, a paixão diminui organicamente em um relacionamento sério e de longo prazo.

Assim como o amor vem da semelhança e a paixão vem da diferença. Quanto mais fundo você mergulha no amor, mais semelhança você constrói. Isso é ótimo para o amor, mas nem tanto para a paixão.

À medida que você constrói cada vez mais pontos em comum em um relacionamento sério, vai perdendo as diferenças do começo e diminuindo a paixão.

É um processo orgânico e automático, mas a boa notícia é que, se isso aconteceu no seu relacionamento, é possível retomar a paixão e deixar a relação mais quente do que nunca.

Traga a paixão de volta cultivando as diferenças entre vocês

Embora tenhamos ensinado várias diferenças entre o masculino e o feminino (e você aprendeu algumas no Capítulo 5, a menos que tenha pulado direto para este capítulo), há uma diferença que vai ajudar você! A diferença é a polaridade, que é a carga energética criada pelo masculino e pelo feminino quando eles se unem!

OBSERVAÇÃO: lembre-se de que às vezes eu uso a palavra "homem" para me referir a alguém com energia central masculina e a palavra "mulher" para alguém com energia central feminina. Se esse não for o seu caso, por favor, não deixe que meu vocabulário impeça você de aproveitar este conteúdo. Faça a troca de vocabulário adequada mentalmente e siga adiante!

O que estamos vendo hoje é uma dinâmica energética invertida. Muitos homens se desconectaram da presença masculina e cultivaram suas qualidades femininas mais carinhosas e gentis. Ao mesmo tempo, cada vez mais mulheres se afastaram do esplendor da abertura feminina, preferindo cultivar a máscara e as ferramentas masculinas porque notaram que são recompensadas por agir assim no trabalho ou nos negócios. Essa inversão de energias diminuiu a polaridade e a paixão, criando uma epidemia de relacionamentos frios.

Paul e eu somos extremamente apaixonados por ajudar os outros a restaurar a polaridade e retomar a paixão nos relacionamentos, porque essa costumava ser uma das nossas maiores dificuldades. Como também já sofremos com essa dinâmica de energia invertida, quero contar a nossa situação e ver se você se identifica.

Como você já sabe, eu era conhecida como a Princesa de Gelo por ser muito fria, proativa, calejada, focada e durona. Eu tinha orgulho de evitar me magoar e de cuidar extremamente bem de mim sem confiar em ninguém para fornecer algo de que eu precisasse! Eu estava vivendo no meu masculino e suprimi minha energia feminina para não ser fraca ou vulnerável. E tive bastante sucesso com isso. Conquistei muita coisa sozinha e nunca dependi de outras pessoas para nada.

Tive um grande sucesso por fora, mas me sentia vazia por dentro. Eu estava muito solitária porque isolei meu coração, ao escondê-lo atrás dos muros criados para me proteger. A ironia é que, apesar da proteção, eu estava mais assustada do que nunca.

Paul se desconectou de sua presença forte e masculina quando era garoto. A intensidade dele na adolescência ***não foi*** *bem recebida em casa ou na escola. Ele aprendeu desde cedo a se desconectar da energia masculina de modo a parecer menos ameaçador às pessoas ao redor. Paul tinha a sensação de acordar todos os dias com a tarefa de segurar um tigre para que ele não atacasse. Ele acabou melhorando em esconder esse lado, que todos consideravam errado. Paul se desconectou dessa energia masculina, que o levou a perder a paixão e a se sentir morto por dentro. Ele nunca teve a sensação de estar sendo verdadeiro.*

Como resultado dessas energias invertidas, a paixão e o sexo eram uma dificuldade imensa para nós! Quando comecei a aprender sobre as energias masculina e feminina, eu sabia qual era o nosso problema, mas não fazia ideia de como enfrentá-lo. Foi um momento muito doloroso. Por dois anos, fiquei paralisada nesse espaço de saber qual era o problema e não ter os meios para resolvê-lo. Eu sabia que estava estragando tudo diariamente ao funcionar a partir do meu lado masculino e ativar todos os gatilhos de Paul. Eu não queria fazer isso, mas não sabia o que fazer de diferente para evitar. Foi um momento difícil para mim.

Hoje, Paul e eu vivemos com o lema de que tudo acontece por um motivo e propósito. Agora entendemos que a nossa luta, esforços exaustivos, tentativas e erros para nos libertar foram planejados. Foi preciso descobrir isso do jeito mais difícil, por isso nós ensinamos a outras pessoas como você!

Hoje, sou apaixonada por ensinar mulheres (pessoas com energia central feminina) a se abrir para o feminino, e Paul é apaixonado por ensinar homens (pessoas com energia central masculina) a voltar às raízes do masculino maduro! E o mais importante: nós demonstramos como isso funciona e servimos de modelos de comportamento aos nossos alunos, para que eles tenham uma referência e sigam em frente sozinhos.

Moça, se a sua energia central autêntica é feminina e você está funcionando a partir do masculino, é hora de se realinhar com o fluxo aberto da energia feminina!

Meu amigo, se a sua energia central autêntica é masculina e você está desconectado dessa energia ou funcionando mais a partir do feminino, é hora de voltar às raízes da energia masculina madura!

O que é energia feminina?

A energia feminina é tão incompreendida hoje que é bom definir primeiro o que ela não é.

A energia feminina não tem nada a ver com seu cabelo, roupas ou maquiagem! A energia feminina não diz respeito à aparência. É a sua energia.

Além do mais, não há apenas um tipo de energia feminina. O seu tipo de energia feminina é tão único quanto sua impressão digital. Faz parte da sua autenticidade.

Quando pedimos às pessoas que definam o que é o feminino, às vezes elas descrevem uma mulher de saia longa esvoaçante e flor no cabelo (como em um comercial de absorvente interno) e pensam: *Isso deve ser feminino, e eu não sou assim*. Errado.

Outras pessoas descrevem uma mulher de saia justa, blusa sexy, além do cabelo e da maquiagem dignos de capa de revista. Aí elas pensam: *Isso deve ser feminino, e eu não sou assim*. Errado de novo.

O maior mal-entendido de todos é achar que a energia feminina significa fraqueza! Definitivamente não!

Muitas mulheres estão acomodadas no masculino por acreditarem que estar no feminino é igual a ser fraca, e elas não desejam se alinhar a essa ideia. De novo: a energia feminina não é fraqueza. Na verdade, se você tem uma energia central feminina, ela pode ser a sua maior força, o que veremos logo a seguir.

Então, o que é a energia feminina? Apenas duas qualidades definem essa energia:

1. abertura
2. disposição para ser vulnerável

A energia feminina é só isso. Mas, se você for igual a mim ou aos milhares de pessoas que ensino, esse conceito de feminilidade pode parecer ambíguo.

A melhor forma de ensiná-la a acessar o seu feminino consiste, primeiro, em explicar o que acontece quando uma mulher funciona a partir do masculino:

- Se você tem energia central feminina, vai se sentir tensa e com os músculos rígidos ao funcionar a partir do masculino. Você fica na defensiva, fecha o coração intencionalmente e gasta a energia controlando, direcionando, movendo, abrindo espaço e se esforçando. Você se sente esgotada e exausta na maior parte do tempo.
- Para se proteger, você inconscientemente usa armas masculinas, como se fechar, corrigir e punir os outros ou se retrair para evitar se machucar.

Aqui estão alguns exemplos reais de como é funcionar a partir do masculino:

1. Stephanie vê o marido enchendo o lava-louça do jeito "errado". Ele desperdiça *muito* espaço e isso a irrita demais. Em vez de permitir que o marido faça do jeito dele e agradecer pela ajuda, ela se frustra e acaba fazendo a tarefa!
2. Lucy e a equipe receberam um projeto para ser entregue dali a quatro dias. Cada um dos integrantes precisa assumir uma parte do projeto e colaborar para unir as partes. Sabendo que os resultados desse projeto vão afetar sua carreira, ela vai para casa naquela noite, define cada parte do projeto e como ela deve ser feita, além de atribuir as etapas fundamentais do trabalho a cada área do jeito dela. No dia seguinte, Lucy entrega as tarefas a todos, com um texto para ajudar (que era praticamente 75% do trabalho). Em seguida, ela se oferece para compilar o resultado final quando todos acabarem. Em vez de ser útil, o motivo real é ter a oportunidade de refazer todas as partes que ela considera incorretas ou inadequadas para não afetar negativamente sua chance de progresso na carreira.
3. Mark liga para a esposa Sherri a caminho de casa e se oferece para pegar os crachás, capinhas e cordões para o evento do dia seguinte. Sherri diz a ele o tipo e as medidas dos crachás e capinhas, além das medidas e cor dos cordões. Ela avisa sobre as outras opções da loja e pede cuidado para "não comprar errado por engano". Após revisar minuciosamente os detalhes, ela percebe que ainda não se sente confiante quanto à capacidade do marido para comprar o material certo. Ela não quer vê-lo fazendo besteira, então finalmente diz: "Sabe o que mais? Deixa pra lá. Eu mesma vou comprar!"

Como você pode ver nesses exemplos, quando uma mulher funciona a partir do masculino, o motivo disso é o medo. Ela não acredita que pode contar com outras pessoas, então sente a necessidade de fazer tudo sozinha ou de controlar as ações alheias para que tudo saia do jeito dela. Ela vai forçar o resultado que deseja, motivar os outros, gerenciar tudo nos mínimos detalhes e se fechar para a dor, provavelmente para se proteger.

Quando dou exemplos como esses, as mulheres que estão empacadas ao funcionar a partir do masculino geralmente protestam:

"Então, para funcionar a partir do feminino eu preciso deixá-lo encher a máquina de lavar louças do jeito errado, aceitar que as pessoas da minha equipe façam um projeto incorretamente e ficar feliz quando ele voltar para casa com o material errado?"

Não! A energia feminina não é isso, mas eu consigo entender por que vocês pensam assim. Em geral ela é incorretamente descrita como uma energia do tipo "deixar rolar e permitir que todos passem por cima de você".

Para ilustrar o que estou falando, vou repassar cada um dos exemplos e mostrar uma abordagem feminina.

1. Stephanie vê o marido enchendo o lava-louça do jeito *dele*. Ela sabe que, se continuar daquele jeito, a louça diária da família não vai caber toda ali. Aqui estão duas maneiras femininas de lidar com isso.

    a. Na primeira forma de abordar a situação, Stephanie está *muito* feliz porque o marido finalmente começou a encher o lava-louça todos os dias, tirando a tarefa de suas mãos depois que ela pediu sua ajuda! Ela pensa: "Hmmm, não vai caber tudo ali, mas ele é um cara esperto e vai achar um jeito de lavar todos os pratos de uma vez só, custe o que custar!" Além disso, Stephanie ri para si mesma: "Em todo o caso, nenhuma criança ou animal será ferido e o mundo não vai acabar se alguns pratos não couberem!"
    b. A segunda forma poderia ser pedir a ele: "Bill, posso te mostrar um jeito de fazer mais pratos caberem na máquina?" Ela sabe que já mostrou isso antes e reconhece que ele já aprendeu uma parte do processo. Stephanie aprecia o fato de ele estar tentando e entende

que ele não "vê" a máquina de lavar louça naturalmente do jeito dela, mas se lembra da gratidão que sente por ter um marido que (a) faz um esforço para colocar as louças na máquina e (b) sorri quando ela oferece ajuda.

2. Lucy e a equipe receberam um projeto para ser entregue dali a quatro dias. Cada um deles deve assumir uma parte do projeto e colaborar para unir tudo no final. Sabendo que os resultados desse projeto vão afetar sua carreira, ela vai para casa naquela noite e o mapeia. Lucy pensa nos pontos fortes e na aptidão natural de cada integrante da equipe, atribuindo as tarefas aos integrantes que melhor se adaptam a elas. Ela sabe que Connie é uma pessoa de dados e vai gostar de fazer pesquisa. Por outro lado, Brad é mais cinestésico e gosta de trabalhar com as mãos, então atribui a construção do modelo para ele. Lisa é mais voltada para conexões, então Lucy a encarrega da entrevista. Como escrever é seu ponto forte, Lucy se oferece para compilar o relatório. Mantendo o interesse pela jornada, ela sente gratidão por ter pessoas em sua equipe cujos pontos fortes são diferentes dos dela.

3. Mark liga para sua mulher, Sherri, a caminho de casa e se oferece para pegar os crachás, capinhas e cordões para o evento do dia seguinte. Sherri diz: "Muito obrigada, amor. Isso vai me ajudar muito! Vou mandar uma mensagem para você com os detalhes. Eu te amo demais!" Sherri pega as caixas dos cem primeiros crachás, tira uma foto com o celular e manda para o marido, porque ele é um cara muito visual e precisa "ver" o que está procurando. Quando Mark volta para casa, está com três caixas de crachás e capinhas nas mãos. Sherri pergunta, curiosa: "O que houve?" Mark responde: "Estou muito frustrado com essa loja. Eles tinham os crachás que você me mandou, mas não tinham as capas simples que combinam com eles! Por que eles fariam isso? Não faz sentido! Enfim, eu comprei uma caixa deles para o caso de você ou a Darla terem capinhas so-

> brando." (Sherri faz que não com a cabeça com um sorriso.) "Não? Tudo bem. Vou devolver, então. Ah, esses são os conjuntos que eles tinham. Esse é o mais próximo do tamanho que você me mandou, mas é mais grosso. Eu não sabia qual você queria, amor, então comprei conjuntos completos de cada um. Escolha o que funciona e eu devolvo os outros." Sherri o abraça e diz: "MEU DEUS! Você é o melhor marido do mundo! Obrigada, amor! Acho que esta caixa aqui vai ser ótima. Você poderia me ajudar a reformatar o arquivo do crachá para funcionar com esses?" Sorrindo e satisfeito por tê-la ajudado, ele responde: "É claro!"

Essa é a energia feminina: aberta, e não controladora! Aberta ao prazer, às possibilidades e, sim, até à dor de se decepcionar de vez em quando, pois sabe que a vida não é perfeita e que ninguém é perfeito. Ela é colaborativa e curiosa, sempre mantendo o foco em um grande resultado. Ela realmente "vê" os outros em vez de achar que tudo gira em torno de si mesma. A energia feminina permite e ajuda os outros a prosperar, sabendo que também vai ganhar com isso. Ela fala de suas necessidades e desejos para outras pessoas e depois considera as necessidades e desejos delas, em vez de atropelar todo mundo. A abertura da energia feminina leva os outros a tomar a iniciativa e servi-la com alegria, dando o melhor de si! A energia feminina adora cobrir os outros de elogios e apreciação, sempre disposta a permitir que os outros a façam feliz! Você pode sentir a vulnerabilidade de funcionar dessa forma? A energia feminina não é fraqueza de forma alguma! É preciso ter força e coragem para viver assim!

Agora que você já viu o que acontece quando uma pessoa com energia central feminina está funcionando em seu masculino e também o que acontece quando ela funciona a partir do feminino, é hora de refletir um pouco. Se você é uma mulher com energia central feminina autêntica e a energia feminina significa estar disposta a ser vulnerável e aberta, a questão passa a ser...

Você é uma pessoa aberta?

Quero que você reserve um momento para refletir sobre isso e depois classifique sua abertura em uma escala de zero a dez. Dez significa totalmente aberta, permitindo que cada momento da vida flua sem tentar controlar nada ou ninguém, permitindo que todas as experiências entrem sem muros de autoproteção. Uma classificação de zero significa que você está totalmente fechada, protegendo e controlando a cada momento. Onde está o seu centro de gravidade diário?

Não tenha medo de ser sincera sobre a situação em que está agora. É apenas um ponto de partida. Se a pontuação for baixa, não haverá julgamento algum em relação a isso.

Nas palavras imortais do Mestre Oogway, do filme *Kung Fu Panda*, "Não existem notícias boas ou ruins, apenas notícias."

Quando você está viajando e se perde, precisa descobrir onde está para encontrar um caminho até o seu destino. O mesmo vale para este trabalho.

Oportunidade para *O milagre da manhã*: se o ato de se abrir para o feminino é importante para você, use o momento de visualização para se conectar à energia feminina interna e depois crie uma afirmação que vai ajudar nessa mudança!

Exemplo de afirmação: "A energia feminina faz parte da minha autenticidade. É o meu verdadeiro eu. Ser uma pessoa aberta traz à tona o melhor de todos ao meu redor. Quando funciono a partir do feminino, as pessoas fazem de tudo para me servir e apoiar. A cada dia eu aprecio a oportunidade de direcionar minha coragem e *me abrir* para a alegria e o amor que a vida tem a oferecer."

Antes de seguir adiante, vamos conversar sobre vulnerabilidade.

Essa palavra tende a ser um enorme gatilho para mulheres ao começar o trabalho de reconexão ao feminino.

Por que alguém em sã consciência seria vulnerável de propósito? Parece loucura, não é?

A esta altura da vida, há uma boa probabilidade de você ter passado por experiências nada agradáveis que desejava não ter vivido. (Acredite, eu entendo e sinto muito por todas essas experiências dolorosas que você teve pelo caminho!) A maioria de nós, sobretudo as pessoas que são femininas, viveu essa dor e aprendeu a se proteger, jurando: "Nunca mais vou deixar isso acontecer de novo!"

Meu exemplo:

No início dos meus vinte anos, eu não estava disposta a ter um relacionamento sério, morar com alguém, namorar e fazer sexo. Não estava disposta a depender financeiramente de ninguém ou a me entregar a outra pessoa. Também não estava disposta a abandonar a vida de solteira, sair de casa e nem da minha cidade. Eu não estava disposta a deixar meu parceiro ver as partes de mim que me envergonhavam. E não estava disposta a permitir que ele me servisse ou cuidasse de mim, para o caso de eu gostar e depois sofrer quando ele parasse de fazer isso algum dia.

Como consequência, eu me sentia feliz com o relacionamento uma parte do tempo e ficava furiosa nos outros momentos. Eu gostava da companhia dele e também gostava de estar sozinha. Eu me sentia bem por me sustentar, mas às vezes ficava sobrecarregada, porque eu era a única a me sustentar. Eu me sentia próxima dos meus amigos e me abria mais com eles do que com meu namorado. O sexo era legal, mas não ótimo. Eu gostava dele, mas não me sentia tomada pelo amor. Nunca fiquei faminta por ele. Eu não sentia o tipo de amor e paixão de que os cantores falam em suas canções, nem vivenciei o êxtase. Minha experiência de estar em um relacionamento comprometido naquela época era viver minha vida de solteira com uma companhia.

Eu só me sentia confortável em estar aberta o bastante para vivenciar a conexão, o companheirismo e a amizade, portanto estava limitada a vivenciar o nível de amor compatível com a abertura que eu oferecia. Era tudo muito sem graça!

Anos depois, quando eu estava em um relacionamento sério com Paul, a situação era bem diferente. Quando vivenciei o momento de me abrir na noite que batizamos carinhosamente de "momento por um fio", a sensação foi diferente de tudo o que eu tinha vivido até então.

Eu achava que estava me protegendo, mas, quando ele falou que ia me deixar, senti uma dor, desespero e desesperança imensos. Foi angustiante. Eu me senti muito perdida. Era como se tudo o que pensei saber em relação à vida estivesse desabando debaixo dos meus pés.

"Você fracassou. Você fracassou. Você fracassou", zombava a voz na minha cabeça. Não por eu ter falhado no relacionamento. Afinal, eu era a Princesa do Gelo, então isso não surpreendeu! O verdadeiro terror que senti foi por não me protegido da dor que estava sentindo.

Eu chorei histericamente, sem acreditar que estava sofrendo tanto. Eu me perguntava o que raios estava acontecendo. Passei a vida inteira me protegendo com todas as forças dessa agonia que destruía meu coração e me assustava. Como era possível eu estar de coração partido? Eu nem estava apaixonada!

É um momento brutal, que coloca tudo em perspectiva, quando você simultaneamente descobre (a) que está sentindo o maior amor possível por um ser humano e que (b) você o perdeu para sempre porque fez tudo errado.

É isso aí!

Em meus 29 anos de vida, eu nunca soube que era possível sentir um amor como esse por ninguém! O surto de amor que senti por Paul foi tão avassalador e abrangente que é difícil de explicar. Isso me levou para outro patamar na vida.

Dizem que o amor é a única experiência do planeta que nos conecta à quarta dimensão. Eu acredito, pois vivenciei isso pela primeira vez naquela noite. Foi transcendental.

Eu não queria me sentir daquela forma. Pode acreditar. Se houvesse algo que eu pudesse fazer para acabar com aquilo, eu teria feito. Na verdade, depois que Paul falou as palavras "Nosso relacionamento acabou", passei as duas ou três horas em total histeria tentando usar o velho cérebro racional para fazer aquilo parar. Hoje, dou graças a Deus por não ter funcionado!

Como diz Oprah: "Agora você sabe. E não tem como deixar de saber."

Depois de um tempo, fiz as pazes com o fato de que nunca seria capaz de "deixar de sentir" aquilo, ou deixar de conhecer a experiência daquele nível de amor!

Sofrer com a ideia de perder aquele amor para sempre quando tinha acabado de descobrir essa experiência tão rara e preciosa foi absolutamente brutal para mim. Quase não há palavras para descrever tamanha agonia. Eu achava que não conseguiria respirar sem Paul, e acredite: foi assustador! Foi naquele momento de me abrir que entendi uma nova verdade que não poderia mais deixar de saber:

Se eu não posso me proteger da dor e é possível experimentar esse nível de amor por outra pessoa, então preciso fazer tudo o que for necessário para viver e amar nesse nível!

Passei a vida inteira me protegendo para não me magoar, mas não deu certo. Então, pensei: já que é possível sentir esse nível de amor e júbilo, vale a pena enfrentar o risco de me abrir para a experiência. Decidi mergulhar de cabeça, pois queria viver plenamente.

Eu preferia ir com tudo e correr o risco de dar merda a ter uma vidinha de bosta todos os dias tentando não me magoar.

Paul e eu agora vivemos com esse lema. Na época, concluí que, se o amor por Paul continuasse a fazer parte da minha vida, eu iria parar de me esconder. Valia a pena mergulhar de cabeça, porque finalmente decidi que eu merecia isso!

Esse foi o meu despertar.

Viver dessa forma exige muita coragem. Eu permito que a vida entre e estou disposta a enfrentar as dores que surgem no caminho resultantes disso. Mas também vivencio os pontos altos da vida e o amor resultantes disso.

Quando você põe a mão na massa, pode evoluir para que as dores venham em quantidade menor e em intervalos maiores. No fim das contas, você vai olhar para a experiência mais dolorosa da sua vida e dizer: "Agradeço a Deus por ter me dado essa experiência! Se eu não tivesse passado por isso, minha vida não seria o que é hoje."

Agradeço a Deus por colocar Paul Martino perto de mim quando enfrentei aquela noite sombria!

O resultado compensa muito o risco necessário de ser aberta e vulnerável!

Infelizmente, não é assim que a maioria das mulheres funciona hoje. Temos uma epidemia de mulheres com energia central autenticamente feminina funcionando a partir do masculino todos os dias, como aconteceu comigo.

Como foi que chegamos a este ponto?

Nas palavras do Barney da série *How I Met Your Mother*, foi uma "correção do excesso".

A liberação feminina foi uma melhoria incrível e necessária para toda a humanidade. As mulheres merecem toda a igualdade do mundo. A sociedade precisava evoluir, e nós a fizemos evoluir.

As mulheres fizeram grandes progressos rumo à igualdade e ficaram independentes, competentes e capazes de sustentar a si e às suas famílias, o que foi bom, porque outra mudança estava prestes a acontecer na sociedade.

Além disso, o divórcio ficou mais acessível e predominante. Com essa nova oportunidade de ir embora, os homens começaram a abandonar ou se divorciar das esposas aos montes. Toda uma geração viu as mães sofrerem por estarem completamente despreparadas para se sustentar na época.

Prestando atenção às lições dessas mulheres, as meninas entenderam que nunca deveriam depender de um homem. E precisariam se sustentar.

Ao mesmo tempo, por terem sido abandonadas ou traídas pelos maridos, as mães começaram a ensinar os filhos a serem bons garotos e a não agirem como babacas!

E aí...

Aconteceu a correção do excesso. Na escola, no trabalho e em casa, várias mulheres foram ensinadas a ser mais como os homens. A autêntica energia feminina foi percebida como fraqueza e desprezada junto com a inferioridade contra a qual estávamos nos rebelando.

Recebemos toda a glória de nossa independência, mas, no processo, tivemos essa correção do excesso e adotamos uma crença falsa de que nunca deveríamos depender de outra pessoa. Não havia uma educação para relacionamentos que pudesse nos ajudar a apreciar as diferenças entre a energia central masculina e a feminina. A feminilidade foi considerada uma fraqueza e virou o bode expiatório daquele período.

Olhe ao redor para todas as mulheres que estão empacadas em seu masculino hoje em dia e veja a consequência tóxica dessa correção do excesso.

Não foi o fato de funcionar a partir do feminino que causou o sofrimento das mulheres que vieram antes de nós. A ausência de um pensamento elevado, alimentada pelo medo, foi que criou a dor. Infelizmente, várias mulheres associaram o sofrimento à feminilidade e se afastaram da energia feminina desde então por acreditar que ela demonstrava carência e as inferiorizava.

Quando nossa geração de mulheres entrou no espaço corporativo, fomos ensinadas a agir como homens. Não é, moças?

> "Nada de chorar no trabalho."
> "Não seja tão emotiva. São apenas negócios."
> "Não *sinta* nada em relação a isso. Simplesmente se concentre, se esforce, faça e produza resultados!"

Essas foram as mensagens que recebemos, em tom alto e claro!

Ao longo do tempo nós nos adaptamos ao ambiente de trabalho. Ficamos muito boas em usar máscaras e ferramentas masculinas. Aprendemos a gerenciar, pressionar, controlar, dirigir, punir, retrair, fechar, ser rígidas e usar a sagacidade para enfraquecer os outros. Infelizmente, ficamos tão empacadas em nosso masculino que trouxemos isso para casa e para os relacionamentos! Quando um relacionamento amoroso nos magoa, nós bloqueamos outra camada de sentimentos e nos isolamos para nos proteger.

Toda a energia feminina que tínhamos definhou.

Aprendemos a ser fortes e bem-sucedidas e mesmo assim nos sentimos infelizes e incompletas.

Por quê?

É bem simples: se sua energia autêntica é feminina e você está funcionando a partir do masculino todos os dias, você não está funcionando a partir do seu lado mais poderoso e autêntico.

Fato: você só pode ser poderosa ao máximo quando funcionar a partir do seu lado mais autêntico.

Fato: se você é uma pessoa de energia central feminina, não pode estar no ápice do seu poder ao funcionar a partir do masculino.

Se você está empacada no masculino, sem dúvida está cansada. A vida é mais difícil do que você pensava. Seu relacionamento não é o que você sonhou. Você fica irritável. E eu já disse que você está cansada? Estou até pegando leve, não é? Você está exausta!

Você merece o presente da energia que sua feminilidade lhe reserva. É hora de começar a voltar para quem você realmente é. Esse foi o ponto onde fiquei dolorosamente empacada por muito tempo, tentando descobrir como ser algo que eu sentia que não era.

Embora eu pudesse passar três dias ensinando a se abrir ao feminino e se permitir funcionar a partir da sua maior força, você pode começar usando as quatro estratégias poderosas a seguir.

Estratégias de Stacey para se abrir a sua autêntica energia feminina

Primeira estratégia: coragem

Abrir-se para o feminino exige disposição para tirar a máscara e as ferramentas masculinas e simplesmente *ser* feminina, aberta e vulnerável. Isso exige coragem.

Quando Paul me falou que estava indo embora e descreveu em detalhes todos os motivos pelos quais eu não era a parceira amorosa ideal, escolher olhar nos olhos dele no meio das lágrimas e pedir uma nova chance exigiu *coragem*!

Da mesma forma, manter-se aberta nos pequenos momentos do dia exige coragem. No exemplo, Lucy precisou de coragem para deixar os integrantes de sua equipe fazerem a parte deles no projeto sem tentar controlá-los. Sherri também precisou de coragem para deixar que Mark descobrisse os suprimentos dos crachás por conta própria em vez de obrigá-lo a fazer do jeito dela.

É um ato de coragem se abrir e estar disposta a se decepcionar, magoar ou ser rejeitada se não der certo. Não é fácil, mas sempre vale a pena.

Segunda estratégia: prática

Você vai cultivar a conexão com sua energia feminina por meio da prática. Sou uma grande defensora de usar a estratégia dos intervalos de tempo para isso.

Reserve dez minutos e decida que vai ficar totalmente aberta nesse intervalo, sem se fechar. Não se trata de meditação silenciosa ou de um momento para ficar sozinha. São dez minutos vivendo a vida real e funcionando a partir do feminino em vez do masculino.

Durante esses dez minutos, decida intencionalmente não entrar no modo de proteger, gerenciar, controlar, forçar, dirigir ou fechar.

Escolha permanecer aberta e permita que a vulnerabilidade apareça por apenas dez minutos. Conecte-se a essa energia aberta em você para que o sistema nervoso comece a reconhecê-la. Faça isso repetidas vezes, de modo a se treinar.

Terceira estratégia: prepare-se para o sucesso

Quando você escolhe ter a coragem de se abrir para o feminino por um intervalo de tempo, tenha consciência de quando, onde e com quem vai fazer isso. Prepare-se para o sucesso ao escolher o ambiente que ofereça mais segurança. Se você vai se concentrar intencionalmente em "não se proteger", faz sentido que o sucesso seja maior ao fazer isso onde estiver mais segura para ser o seu "verdadeiro eu".

Paul era essa pessoa para mim, então pratiquei com ele. Levei *anos* para dominar meu feminino em outras áreas da vida (com meus filhos, amigos e familiares e na comunidade) até estar disposta a trazer *qualquer* energia feminina que fosse para o meu trabalho.

Uma das minhas alunas, Sue, teve a experiência oposta quando pôs a mão na massa. Ela ama o trabalho, pois é criativo e permite que ela se conecte com várias pessoas maravilhosas. Quando veio me procurar, considerando o estado do relacionamento com o marido, Sue não tinha certeza se que ele queria o melhor para ela. Como se sentia mais segura no trabalho, Sue começou seus intervalos lá e continuou praticando até ter fortalecido a capacidade de funcionar a partir do feminino constantemente.

Quarta estratégia: modelo de comportamento

Encontre um modelo de comportamento que seja totalmente aberto e vivo a partir da energia feminina. Mais fácil falar do que fazer, eu sei, mas essa é a estratégia mais eficaz, sobretudo se houver dificuldade para descobrir como é a energia feminina.

Quando você estiver na presença de uma mulher em seu feminino, seu sistema nervoso vai captar a energia feminina dela e criar uma ressonância com a energia feminina que existe em você, criando um atalho para o seu sistema nervoso.

Pense nesse modelo como o seu diapasão feminino pessoal!

Estratégia bônus: viva a troca energética entre o masculino maduro e o feminino.

Se conseguir conviver com um modelo de comportamento feminino na presença de um homem masculino maduro, você vai ganhar na loteria! Essa é a combinação vencedora que vai gerar o atalho máximo: seu sistema nervoso vai captar o que é o feminino e o masculino maduro *e ao mesmo tempo* vivenciar como é a mistura, tudo de uma vez.

Além disso, quando o *seu* sistema nervoso vivenciar a energia feminina sendo totalmente protegida e servida pelo parceiro, vai ajudar a derrubar suas defesas e acreditar que estar em seu feminino e vivenciar a proteção do masculino maduro não só é possível como também real!

Nossos alunos sempre dizem que, embora aprendam muito com todo o conteúdo que fornecemos em nossos eventos presenciais, eles recebem igual valor ao nos ver interagindo por dias seguidos. Como disse nossa aluna Shelley:

> *Mesmo se você e Paul aparecessem aqui, convivessem com a gente por três dias e não ensinassem conteúdo algum, minha vida se transformaria só com o que vivi estando na presença de vocês e vendo-os interagindo e convivendo.*

Espero que um dia você me abençoe com o presente de vir a um evento presencial, para que eu possa guiá-lo para se abrir ao feminino.

Resgate o poder de sua energia feminina

A ótima notícia é que, quando você parar de funcionar a partir de um masculino inautêntico e passar a usar a energia feminina como força motriz, vai sentir um pico de energia!

Como vai ser quando você funcionar a partir do feminino?

- A vida vai começar a *fluir* de modo inédito!
- As pessoas vão reagir a você de modo mais favorável.
- Todo tipo de recurso e oportunidade vai aparecer com mais facilidade.
- Você vai vivenciar uma paixão renovada no relacionamento íntimo.
- Seu homem vai tomar a iniciativa de servi-la como nunca fez antes!
- Você não vai mais sentir o peso do fardo que costumava carregar.
- Você terá a energia renovada em vez de se sentir esgotada.

Quem não teria um pico de energia ao viver tudo isso? Uhul! Minha amiga, esse é o poder de viver a partir do seu feminino.

Sim, eu notei que tudo isso parece um conto de fadas em que uma mulher de vestido esvoaçante praticamente flutua pelo mundo com as pessoas à disposição para sempre garantir todos os desejos dela. O mundo inteiro (incluindo plantas e animais) se alinha quando essa mulher passa! Tartarugas se jogam no caminho para ela não andar em poças d'água e elefantes usam as orelhas para proteger suas belas madeixas da chuva.

Certo, a vida não é exatamente assim quando você funciona a partir do feminino, mas falando sério: ela pode se parecer com esse retrato aparentemente irreal. E há bons motivos para isso, desde que você entenda como o masculino é programado!

O masculino é programado para tomar a iniciativa e servir ao feminino.

Em um dos nossos eventos presenciais recentes, Paul queria demonstrar como homens e mulheres se comunicam de modo diferente. Ele virou para nosso aluno Jared e fez uma pergunta reveladora:

> "Jared, se eu pegasse o telefone no meio do dia, ligasse para você no trabalho e dissesse: 'E aí, Jared? Como está o seu dia? Só liguei para falar como foi o meu dia'... Você gostaria de receber esse telefonema?"
>
> Essa ideia era hilária, e Jared devolveu a piada gargalhando:
>
> "Ah, sim. Depois você pode falar sobre o que está vestindo hoje!"
>
> Quando a sala se encheu de risadas, Paul falou uma verdade:
>
> "Obviamente, se eu fizesse isso, Jared nunca mais atenderia uma ligação minha."

Por que isso era tão ridículo? Porque não é assim que homens tratam outros homens! Paul nunca diria isso para outro cara.

Ouça bem. Agora é sério.

Os homens interagem com outros caras de um modo previsível.

Se um homem precisa da ajuda de outro homem, vai pedir diretamente, e qualquer homem maduro vai tomar a iniciativa de servir o seu irmão que está precisando com a maior boa vontade. Contudo, se não for solicitado, um homem não vai tomar a iniciativa e dar apoio ou proteção a outro homem!

Moça, se você funciona o tempo todo a partir do masculino e se pergunta por que seu homem não está "servindo, protegendo e sendo provedor", eu tenho a resposta. É porque você está aparecendo como um homem no relacionamento, e a sua energia masculina o faz tratar você como um dos rapazes.

Os homens interagem entre si de modo diferente da interação com o feminino. Quando você aparece em seu masculino, está ativando o gatilho para ser tratada como um dos rapazes. Apenas o feminino vai ativar organicamente o gatilho de servir, proteger e ser um provedor para você.

Eu sei que você não ativa esse gatilho de modo intencional. Temos um ditado na comunidade para o desenvolvimento de relações: "Você pode não ser a causa das merdas que não gosta no seu parceiro, mas sem dúvida é o gatilho!" É verdade! Estamos sempre ensinando os outros como eles devem nos tratar, e seu masculino está ativando o gatilho para ele tratar você como trata os outros caras.

A boa notícia é que, quando você se abre ao feminino e está presente com uma energia que permite a ele servir, proteger e ser um provedor para você, vai ativar o gatilho dessa reação nele de modo natural!

Infelizmente, muitas mulheres temem se abrir ao feminino porque tiveram uma experiência ruim com o masculino. Isso é lastimável, porque, se elas foram magoadas no passado, foi pelo masculino imaturo, não pelo masculino maduro. Há uma grande diferença, e ela vai ser explicada por Paul na seção a seguir.

O que é a energia masculina?

Paul

A energia masculina é arraigada, concentrada, resoluta, decisiva, confiante, assertiva, além de focada em resultados e impossível de deter.

Na busca por um objetivo, os obstáculos encontrados pelo caminho são apenas parte da diversão para os homens. A realização sentida pela energia masculina acontece ao conquistar o objetivo, mas o nível de satisfação depende em parte dos desafios encontrados. Se o caminho para o objetivo for fácil, o valor de conquista será baixo ou nenhum. Por outro lado, quando o caminho para o objetivo for árduo, há um imenso valor de conquista que satisfaz profundamente o cerne da energia masculina. Conquistar resultados dá à energia masculina uma ideia de objetivo na vida. Sem objetivo, a energia masculina vai acabar se sentindo oca e morta por dentro.

Não me entenda mal. A energia masculina não é masoquista por natureza. Nós não amamos sofrer. Na verdade, quando estamos em um fluxo masculino e comprometidos com a conquista do objetivo, não nos concentramos nos obstáculos ou no sofrimento que podemos vivenciar. Mantemos o foco único tão voltado para o objetivo que em geral nem percebemos o sofrimento. Uma vez que o objetivo é conquistado, sentimos o valor total da vitória e só então nos concentramos no que vivenciamos e no que superamos no caminho para a vitória. Essas conquistas alimentam a nossa ideia de autoestima.

A energia masculina é uma força poderosa que surge de dentro de nós. Ela é voltada para os resultados. Há muita energia movendo esse objetivo.

Infelizmente, existem poucos modelos de comportamento positivos para o masculino maduro hoje, então pode ser difícil para os homens aprender a acessar e usar seu maior poder, a energia masculina, para servir os outros de um modo que seja alimentado pela integridade e honra.

As diferenças entre masculino maduro e masculino imaturo

Muitas mulheres (talvez a maioria) se lembram de uma experiência na qual encontraram um homem com uma energia masculina concentrada, motivada, aparentemente confiante e decisiva (essas características estão presentes no masculino maduro e no imaturo). Você pode ter ficado sexualmente atraída, ter sido levada por ela por vontade própria e acabou profundamente magoada, decepcionada e confusa pelo jeito como aquele homem acabou tratando você. Esse é o resultado de uma experiência com o masculino imaturo. Ele faz a mulher acreditar que todos os homens são babacas, ou pior.

Há uma grande diferença entre o masculino maduro e o imaturo, e não tem nada a ver com a idade: muitos jovens funcionam a partir da energia masculina madura, e vários homens mais velhos estão imensamente empacados na energia masculina imatura.

Como isso acontece? Calma que eu explico. É simples!

A diferença fundamental entre a energia masculina madura e a imatura é que os homens com energia masculina imatura são movidos pelo ego, e a energia masculina madura é movida pelo coração e pela alma.

Vou explicar.

O homem masculino imaturo vai usar a poderosa energia masculina para atender às próprias necessidades, mesmo à custa direta dos outros, incluindo sua parceira. O masculino imaturo é egoísta, egocêntrico, míope, reativo e não confiável por natureza.

Não estou dizendo que você jamais pode confiar no masculino imaturo, mas, como ele é egoísta por natureza, só é possível confiar razoavelmente nesse homem quando seus interesses por acaso forem os mesmos que os dele.

A energia masculina imatura está sempre em busca da próxima conquista ou de uma sensação de completude temporária, pois lhe faltam a verdadeira força e a paz interior que a energia masculina madura detém.

A energia masculina imatura parece enganosamente similar a todas as qualidades que a energia feminina considera muito atraentes nos homens. Ela ainda é motivada, decisiva, confiante, sabe o que quer e parece poderosa. As mulheres as consideram atraentes porque essas mesmas características indicam um forte protetor, provedor e líder para o feminino. Como resultado, as mulheres geralmente se veem atraídas por uma energia masculina que acreditavam ser capaz de protegê-las e sustentá-las e descobrem que na verdade era o oposto: a energia masculina imatura estava muito mais interessada em pegar o que desejava dela em vez de protegê-la ou sustentá-la. Quando as mulheres femininas se veem em uma relação com o masculino imaturo, o egoísmo e o ego dele geram muitas experiências negativas para ela.

A energia masculina imatura é o lado da escala que faz a masculinidade ter má fama de modo injusto. Quando as mulheres erroneamente categorizam todos os homens como tendo essa energia masculina imatura, acabam gerando ainda mais confusão, mal-entendidos e problemas de relacionamento nos dois lados da equação.

As mulheres tendem a corrigir o excesso procurando um homem mais gentil, que pareça menos ameaçador. Quando isso acontece, infelizmente a mulher acaba descobrindo que esse cara bacana e gentil não está conectado à energia masculina madura. Como resultado, ele não a protege nem lidera, e ela fica decepcionada e com o fardo de continuar fazendo tudo sozinha.

Exemplos:

1. A irmã de Bob liga para avisá-lo de que a festa de formatura de sua sobrinha, Claire, acontecerá no segundo domingo de maio. Olhando o calendário, ele vê que vai cair no fim de semana do aniversário de sua mulher, Bonnie.

    a. Resposta masculina imatura: Bob agrada à irmã e à família de origem ao dizer que ele e a família vão à festa de formatura. Ele sabe que Bonnie vai ficar infeliz, mas pensa que ela vai superar isso. Além do mais, "O que mais ele poderia fazer?".

b. Resposta masculina madura: Bob educadamente recusa o convite para a festa, avisando a irmã que eles não vão poder ir por ser o fim de semana do aniversário de Bonnie. Ele diz à irmã o quanto se orgulha de Claire e avisa que eles vão marcar outra data para comemorar com a sobrinha. No mesmo dia ele avisa Bonnie que a festa de Claire será no fim de semana do aniversário dela, mas que ele já recusou e colocou um lembrete no telefone para os dois levarem Claire a um brunch e ao museu no primeiro fim de semana de junho. Bonnie sorri e coloca a data do brunch na agenda.

2. Barb estava voltando de Seattle para casa. A viagem estava marcada para a manhã de quinta-feira, mas o voo atrasou e ela só vai aterrissar às 19h30. Barb está fora de casa desde domingo, trabalhando muito e à exaustão. Bryan tem um evento de networking na quinta-feira que começa às 19h.

    a. Resposta masculina imatura: Brian manda mensagem para Barb: "Você arranjou uma babá? O que vai fazer em relação às meninas? Você sabe que não vou estar em casa. Tenho um evento de networking às 7 horas da noite. Avise o que você vai fazer antes de eu sair de casa."

    b. Resposta masculina madura: Bryan está no telefone com Barb a manhã toda ajudando com o atraso no voo, mas agora ele tem uma boa notícia:

    Bryan: "Amor, eu consegui um voo que faz conexão pelo Chicago O'Hare e você chega em casa às 19h30. Vá para o portão C. Você tem cerca de uma hora. Já almoçou? Tem um lugar que vende salada nesse portão. Compre alguma coisa para comer no avião, amor."

    Barb: "Eu te amo, Bry. Obrigada. Sinto muito pelo seu evento de networking hoje, querido. Eu sei que estraguei seus planos." Realmente pensei que estaria em casa bem antes de você sair.

Bryan: "Barb, não estou nem aí para o networking. Não esquente a cabeça com isso. Arranjei uma babá para as meninas e vou buscar você no aeroporto."

Barb: "Querido, não precisa. Eu posso ir de Uber."

Bryan: "De jeito nenhum, amor. O seu dia já foi cheio. Faço questão de estar lá. Assim eu consigo te ver por uma hora e mais cedo. E só eu posso levar o seu café favorito!"

Barb: "Ah, então você vai se dar muito bem hoje."

Bryan: "A ideia é essa!"

Masculino maduro

A energia masculina madura se realiza ao prover, servir e proteger. O masculino maduro é altruísta por natureza. É uma energia concentrada no externo, não no interno. É completamente alimentada por uma ideia de propósito, força interior, honra e integridade.

O masculino maduro é sempre voltado para fazer o que é certo, não importa a dificuldade ou o custo pessoal. Honra, propósito e liberdade são alguns dos ingredientes mais poderosos da mentalidade masculina madura. A energia masculina madura vai morrer pelos outros, fazendo o que acredita ser certo. Essa energia pode liderar os outros com eficácia, inspirando as pessoas a segui-la por vontade própria. Um homem com energia masculina madura é dono de si e plenamente confiante no poder de influenciar o mundo ao redor sem com isso precisar ceder em sua integridade e honra.

Como ele, na habilidade de atender às próprias necessidades, o masculino maduro não tem interesse em tirar nada de ninguém. Movido por virtudes como honra e integridade, ele é um parceiro altamente confiável em um relacionamento.

Ao longo da história, o masculino imaturo forneceu muita munição para o feminino atacar os homens modernos. Quando combinado à correção do excesso, feita pelo movimento de mulheres, na qual os homens foram ensinados a suprimir sua masculinidade ou a se minimizar em prol da igualdade, isso criou um poderoso coquetel, que as gerações atuais estão bebendo há tempo demais, para matar a polaridade!

Como homem masculino maduro, fico profundamente triste ao observar os homens passarem pela vida com honra e fazendo o que acreditam ser o certo, mas à custa de si mesmos. Eles foram condicionados a ser mais gentis para parecer menos ameaçadores. Isso os deixa enfraquecidos e mortos por dentro. Como resultado dessa dinâmica, tanto os homens quanto as mulheres saem perdendo de várias formas! As mulheres são obrigadas a ser mais masculinas, porque o homem parece gentil demais para protegê-las, enquanto os homens se desconectam por não verem objetivo na relação.

Na verdade, a energia masculina é magnífica, profundamente honrada e muito necessária neste mundo. A energia masculina é a mesma que leva um bombeiro a chutar portas e entrar correndo em um prédio em chamas para resgatar pessoas que não conhece, voluntariamente arriscando a vida para livrá-las do perigo. A energia masculina madura é intensa, poderosa e imbatível, mas não é ameaçadora. Ela é protetora por ter uma base sólida na honra, na integridade e em fazer o certo, não importa o custo pessoal ou a dificuldade pelo caminho.

O masculino maduro daquele bombeiro é exatamente como descrevi antes: arraigado, concentrado, inabalável, decidido, confiante, assertivo e focado no resultado. Ele sabe o que quer, gosta de desafios e de se envolver no conflito logo de cara. É totalmente concentrado, e nada vai impedi-lo de salvar a vida de alguém que mal conhece. E ele sabe que, se morrer tentando, terá valido a pena. Não é esse tipo de energia e compromisso que você tanto deseja do seu parceiro?

Stacey e eu criamos um vídeo bônus para você observar na prática do que se trata o conceito de masculino maduro!!

Muitas dores e frustrações desnecessárias nos relacionamentos vêm de situações em que o homem está desconectado da energia masculina e/ou da mulher que assumiu o papel masculino na ausência dele, na inversão que Stacey explicou antes.

A boa notícia é que qualquer um dos lados pode virar a chave no relacionamento. Para que isso aconteça, homens e mulheres precisam parar de usar as energias centrais do jeito errado, não só por si mesmos como também pelos parceiros.

Interação entre o masculino maduro e o imaturo

Um homem masculino maduro pode identificar um homem masculino imaturo a dez quilômetros de distância. Não gostamos dele, nem confiamos nele. Preste atenção, moça: se um homem masculino maduro se refere a outro cara como um babaca ou um completo imbecil, fique longe! Ele detectou um homem masculino imaturo. Você deve confiar no que ele diz.

A energia masculina madura vai entrar em conflito com a energia masculina imatura devido à falta de honra e integridade do masculino imaturo. A energia masculina imatura não gosta de estar perto da energia masculina madura, pois a lacuna de caráter é grande demais, causando uma sensação de inferioridade. Os homens masculinos imaturos justificam esse comportamento ao ver os homens masculinos maduros como arrogantes.

Como o masculino maduro traz à tona o feminino

Homens, para que uma mulher se abra como deseja tanto fazer, ela precisa se sentir segura e ter certeza de que você vai liderá-la, além de querer o melhor para ela.

(Leia essa frase várias vezes, porque esse fato simples é muito importante para a longevidade e a felicidade do seu relacionamento amoroso.)

Pare de esperar que sua mulher funcione mais a partir do feminino. Se você não estiver firmemente arraigado no masculino maduro, servindo à sua parceira e querendo o melhor para ela de modo consistente, ela simplesmente não vai se abrir para o feminino. Dito de outra forma: ela não vai parar de ser um dos caras até que você prove que é o homem ideal para essa função!

Ela instintivamente sabe que não pode abrir mão de gerenciar, forçar e controlar no relacionamento enquanto a energia masculina madura não estiver presente e agindo para proteger, liderar e sustentá-la, sempre querendo o melhor para ela. Como ela pode abrir mão desse cargo se você não está comandando o navio?

Se quiser uma mulher feminina que vai se abrir para você com alegria e seguir a sua liderança por vontade própria, você precisa cultivar sua energia masculina madura e sua presença masculina. Essa é uma habilidade que pode ser aprendida. O masculino imaturo pode evoluir para o masculino maduro, e os homens que funcionam a partir do feminino podem voltar à autêntica energia central masculina.

A motivação para mudar vem da inspiração ou do desespero. Contudo, eu descobri que, sem ferramentas práticas, muitos homens têm dificuldade para acessar e viver a partir do masculino maduro. Por isso eu ensino a presença masculina madura e sirvo como modelo de comportamento para os alunos em nossos eventos, conectando intensamente os homens ao autêntico masculino maduro.

Seja qual for o caminho escolhido para voltar ao seu centro autêntico, o objetivo é vivenciar a plenitude imensamente satisfatória que surge ao funcionar a partir do centro masculino maduro! É o seu jeito de ser! E é hora de voltar para casa, irmãos!

O impacto da presença do masculino maduro no feminino

A verdadeira energia do masculino maduro tem um poder incrível, capaz de abrir a flor da feminilidade de um jeito rápido, profundo e incrivelmente rejuvenescedor.

A presença masculina é algo difícil de encontrar para vários homens, mas você pode exalar energia masculina quando estiver totalmente conectado ao seu centro masculino. O simples poder, foco e confiança da verdadeira energia masculina madura vão criar um clima sentido por todos ao seu redor.

A energia masculina não é monolítica! Assim como a feminina, ela aparece em vários sabores e níveis porque faz parte da sua autenticidade. Além disso, o masculino maduro está disponível para qualquer homem que deseje possuí-lo, assim como sua contraparte feminina está disponível para todas as mulheres que desejem aceitar totalmente a própria essência.

A presença masculina é a energia masculina totalmente presente e em ação. Quando a mulher sente a verdadeira presença masculina, consegue a chave para abrir mão da energia masculina forçada e retomar a verdadeira feminilidade. Quando sentir a sua presença masculina madura de modo consistente, até a mulher mais sobrecarregada e exausta vai começar a florescer diante dos seus olhos à medida que vivenciar a capacidade de seguir a sua liderança.

A presença masculina acontece quando você está profundamente conectado ao seu masculino, totalmente presente e concentrado nela de tal modo que nada mais existe. Com esse foco, você fica profundamente conectado e em sintonia com o que ela está sentindo.

Quando você ostentar a presença masculina com sucesso, vai usar a força de sua presença para libertar sua mulher em poucos segundos. Em alguns dos nossos eventos presenciais, eu demonstro a presença masculina em uma experiência muito visceral e visual com Stacey. Sempre que isso acontece, Stacey diz que é como se o cerebro dela desligasse. Ela descreve a sensação da seguinte forma:

Quando Paul traz sua presença para mim, eu posso senti-lo se aproximando antes mesmo de me alcançar. É como se eu fosse a única pessoa no recinto, e ele não pensa em nada além de mim. A confiança e a presença do Paul dominam a minha mente, e é como se meu cérebro se fechasse. Eu o sinto totalmente conectado a mim. Sinto uma confiança tremenda por ele, e sei que estou totalmente protegida naquele momento. Vinte e cinco ninjas poderiam cair do teto, e nada me aconteceria. Paul está completamente presente e no controle de tudo naquele momento. Eu tenho um conhecimento profundo de que o masculino falso em mim não é páreo para esse poder que ele traz. Qualquer rigidez, gerenciamento ou controle em que eu possa ter incorrido (ao funcionar a partir do masculino) vai embora. Eu me derreto para ele. A sensação de abrir mão de tudo e de permitir que ele assuma o controle para mim é incrível. É como dar férias ao meu cérebro.

Paul pode exercer vários níveis de presença masculina em momentos diferentes. Ele está totalmente presente para mim no dia a dia, e não deixa esse nível de conexão total cair. Ele tem um nível operacional de presença masculina, e eu sei que ele sempre dá conta. Paul é meu líder, que abre o caminho e deseja o melhor para mim o tempo todo. Ele cria nossa vida para me servir de modo altruísta e transforma todos os meus sonhos em realidade.

Às vezes, quando fico ranzinza, presa em um momento de gerenciar, controlar ou de pavor, Paul aumenta o volume de sua presença masculina para que eu possa abrir mão de tudo. O nível de energia (volume) dessa presença precisa superar o nível da minha implicância para funcionar. E ele sempre consegue! Meu Deus, como eu amo esse homem!

Só para que isso não passe em branco, na descrição de Stacey você consegue ver como uma pessoa (eu) cria uma mudança no relacionamento só por estar presente de uma nova forma?

Homens, cultivar sua presença masculina de modo a conseguir mudar sua mulher em um instante é uma habilidade que pode ser aprendida!

Reconectando-se com o masculino maduro

Primeiro, saiba o seguinte: se você tem uma energia central masculina, você é masculino. Ninguém tirou a sua masculinidade, que também não foi perdida em algum lugar no curso da vida. Você apenas aprendeu a suprimi-la ou perdeu o contato com ela por tanto tempo que não consegue mais se reconectar.

Estratégias para cultivar sua presença e energia masculina madura

Primeira estratégia: encontrar um desafio e avançar

Procure atividades que o obriguem a superar um desafio e avançar para o próximo nível. Alguns exemplos podem ser a prática de exercícios físicos, esportes ou artes marciais. À medida que participa dessas atividades e supera os desafios, você vai ressoar que é poderoso, imbatível, confiante e concentrado de um modo que só a energia masculina entende. Quando você sentir essa ressonância natural, sentirá a intensidade da sua energia central masculina. Cultive-a ainda mais.

Oportunidade para *O milagre da manhã*: use o seu horário de exercícios durante *O milagre da manhã* para escolher uma atividade que o conecte com o seu centro masculino.

Segunda estratégia: colocá-la em primeiro lugar

Para exercitar o funcionamento a partir do masculino maduro, você precisa colocar as necessidades dela acima das suas e ter uma compreensão clara de quais são essas necessidades da sua parceira, o que não acontece naturalmente. Ao estudar o trabalho de desenvolvimento de relações de modo mais profundo, você vai cultivar a capacidade de entender as necessidades dela até virar algo natural. Enquanto isso, veja o que você pode fazer:

1. **Comprometer-se a obter a maestria na educação para relacionamentos e nas diferenças entre o masculino e o feminino.** Isso é absolutamente inegociável. Você não pode servir uma mulher se não entender totalmente o quanto as mulheres são diferentes e dominar essas diferenças. (Não tente adivinhar, pois vai errar!) Seu momento de leitura durante *O milagre da manhã* é ótimo para isso.

2. **Estudar sua parceira e fazer anotações.** Descubra o que a motiva a ter sentimentos diferentes e a se expressar de determinada forma. Tenho um aplicativo no celular para isso (gosto do Evernote) e reservo uma seção inteira para Stacey. Quando aprendo algo novo sobre ela, anoto imediatamente no aplicativo.
3. **Cultivar sua acuidade sensorial para captar o que ela está sentindo por trás do que diz.** É o contrário da resposta masculina natural para conversar ou resolver um problema. Não vai ser fácil no começo, mas é uma habilidade e pode ser aprendida. Diga a si mesmo o tempo todo: "Em vez de ouvir as palavras que ela está usando, vou ouvir o que ela está sentindo sobre o assunto." *Reaja ao sentimento e não às palavras.* (Você vai me agradecer por essa ferramenta!)

Oportunidade para *O milagre da manhã*: acrescente uma afirmação para essa estratégia: "Hoje vou ouvir o que ela está *sentindo* em vez de me prender às palavras. Todas as chances de praticar vão afiar o meu domínio dessa habilidade, então não posso falhar!"

Terceira estratégia: modelos de comportamento

A principal estratégia para cultivar sua energia masculina madura é conviver com homens que funcionam a partir do masculino maduro para que seu sistema nervoso capte a energia deles e se familiarize com ela em um nível de ressonância.

Se você atualmente tem dificuldades para trazer à tona sua presença masculina e ler sobre ela não ajuda, sugiro conviver mais com um homem masculino maduro, especialmente quando estiver com a mulher feminina dele.

Recomendo fortemente que você participe de um dos nossos eventos presenciais para vivenciar isso. Além de vivenciar Stacey e eu juntos, você também vai conviver com os grandes homens da nossa tribo de desenvolvimento de relações que também estão trabalhando nessa jornada.

Na próxima seção, Stacey vai ensinar o impacto, para o relacionamento amoroso, de se realinhar com sua energia central autêntica.

O masculino maduro e o feminino criam faíscas quando estão juntos!

Stacey

Quando você começa a viver sua energia autêntica, seja masculina ou feminina, ela restaura dramaticamente a paixão um pelo outro e pela vida em si.

O masculino maduro lidera, serve, protege e sustenta como é programado para fazer. O feminino permite que ele tome a iniciativa e sirva. O apreço e a gratidão dela são os únicos presentes de que ele precisa em retribuição, e ela realiza o desejo mais profundo dele quando está aberta e feliz!

Quando isso acontecer, você vai sentir a imensa chama da paixão que estava faltando, e o sexo vai ser incrível! Mas isso não é tudo. Você vai começar a vivenciar os benefícios secretos de arregaçar as mangas: um pico de energia e felicidade genuína ao viver como uma pessoa melhor e mais autêntica em um relacionamento sólido como uma rocha com sua parceira!

Download bônus: visite **RelationshipDevelopment.org/tmmbonus** [em inglês] para assistir a vídeos gratuitos [em inglês] em que Paul e eu ensinamos a energia masculina e feminina! Se você pensou que ler sobre isso era poderoso, espere até ver Paul e eu demonstrando-as em vídeo!

Um problema sexual raramente tem a ver com SEXO

Muita gente me procura sofrendo com a falta de paixão, humor e flerte no relacionamento. Eles querem mais sexo e com mais qualidade. Eu geralmente ouço pedidos como este:

“Sim, tudo o que vocês ensinam é ótimo, mas podemos começar pelo sexo e pela paixão?”

Não, não podemos.

O caminho para a intimidade arrebatadora na mulher é a vulnerabilidade. Só quando estiver disposta a se abrir para a vulnerabilidade e se entregar ao homem, a mulher pode chegar à paixão sem limites!

O caminho para ser um astro do rock na cama para os homens é conseguir liderar sua mulher! Você não vai liderar sua mulher na cama se não conseguir fazer isso fora dela. Domine sua presença masculina e ela vai se abrir para você.

É por isso que costumo dizer: "Um problema sexual raramente tem a ver com sexo."

Mulheres, abram-se para a energia feminina. Homens, cultivem a energia masculina madura.

É um conjunto de habilidades que pode ser aprendido.

Isso não acontece da noite para o dia. É uma jornada, mas ela não precisa ser longa. Vai dar trabalho, vai ser cansativa e haverá problemas pelo caminho. Mas, se você colocar isso em prática, vai conseguir ver e sentir o progresso que deseja!

Existem algumas ferramentas que vou fornecer para ajudar você a obter melhores resultados nesse setor. Elas são exatamente o que você precisa para continuar progredindo. Se você tem o compromisso de continuar essa jornada rumo ao amor inabalável e à paixão sem limites, o segredo para impedir problemas está no próximo capítulo!

Estudo de caso em um relacionamento real

JON

Antes

Minha esposa e eu conhecíamos o trabalho da Stacey e o coaching oferecido por ela, mas tínhamos um "bom relacionamento", então eu falei: "Será que precisamos mesmo desse coaching? Estou MUITO feliz por ter tido uma crença lá no fundo de que podia melhorar em tudo! Só porque estamos satisfeitos com o relacionamento, não significa que não devemos tentar levá-lo a outro patamar e transformá-lo em algo extraordinário!"

Mãos à obra

Durante a primeira ligação de coaching com Stacey, minha mulher e eu caímos em lágrimas. Não eram lágrimas de tristeza. Eram lágrimas de alegria, conexão e amor! Nós dissemos: "Ainda bem que estamos fazendo isso!" Eu nunca teria conseguido prever o avanço que tivemos!

Nunca vou esquecer quando fui a um dos eventos presenciais de Paul & Stacey porque tive um tremendo avanço durante uma das sessões da energia masculina e feminina. No intervalo, chamei Tatyana de lado e disse as cinco palavras que mudaram nosso casamento para sempre: "Eu nunca vou te deixar." Ela caiu no choro e me disse: "Se você nunca mais dissesse que me amava, mas me falasse essas palavras para sempre, eu seria a pessoa mais feliz do planeta, Jonny. É tudo de que eu preciso."

A experiência de estar naquele evento de imersão me levou a essa percepção e às respostas necessárias. Eu sabia que Tatyana precisava disso, e nunca tinha dito essas palavras.

Depois

Tivemos um avanço tão grande que eu me critiquei por não ter feito isso antes! Meu casamento nunca foi tão forte, alinhado e apaixonado. Vivenciar essa transformação mudou minha vida como homem, marido e pai.

Se o seu relacionamento vive um momento difícil (como acontece com tanta gente), você precisa seguir esse conselho agora mesmo. E, se o seu relacionamento estiver em um momento ótimo, também precisa disso agora. Você não quer colocar o relacionamento no piloto automático; o ideal é sempre melhorá-lo.

Stacey, obrigado por tudo o que você fez por mim, Tatyana e nossa família. Boa sorte a todos. Stacey Martino vai sacudir o seu mundo. PREPARE-SE!

Os segredos do sucesso dele

- **Não estar disposto a aceitar o mediano:** Jon está comprometido a levar a excelência para todas as áreas de sua vida, e vai fazer tudo o que for necessário para isso. Jon *não é* amador. Ele continua a cultivar a si mesmo para obter a maestria.
- **Aceitar o masculino maduro:** ao fazer esse trabalho, Jon catapultou o masculino maduro para servir sua esposa de modos que ele nunca imaginou. Mesmo sendo um grande líder em outras áreas da vida, Jon aprendeu que o masculino maduro pode servir de líder para sua esposa e filhos de modo a alcançar um novo patamar.

- **Permanecer curioso:** não importa a quantidade de trabalho de desenvolvimento pessoal feito por Jon ou a pessoa com quem faz coaching, Jon está sempre disposto a continuar aprendendo, crescendo e agindo para ser uma pessoa melhor.

Capítulo 9

O GUIA PARA DOMINAR OS RELACIONAMENTOS

STACEY MARTINO

"Eu não temo o homem que treinou dez mil chutes uma vez, e sim o homem que treinou um chute dez mil vezes."

— Bruce Lee

"Não é uma questão de saber o quanto o seu soco é forte. É questão de saber o quanto você consegue apanhar e continuar. O quanto você consegue absorver e continuar. É assim que se vence."

— Sylvester Stallone (no papel de Rocky Balboa)

Relacionamentos melhores significam uma vida melhor.

Se você deseja uma vida melhor, vai querer criar relacionamentos melhores com seu parceiro, filhos, clientes, possíveis clientes, colegas de trabalho, chefe, família de origem, amigos, comunidade e com o Criador também. Ufa! É uma lista e tanto!

Se você precisasse trabalhar para melhorar todos esses relacionamentos um a um, seria uma tarefa hercúlea! Não há tempo suficiente em um dia, nem em uma vida. Talvez haja um caminho mais fácil do que lidar com eles em separado.

E se você pudesse trabalhar em *um* ponto que vai transformar todos os relacionamentos? Vamos ver... O que poderia ser? Eu sei! Quem é o denominador comum em todos esses relacionamentos?

Se você disse "*Sou eu*", acertou! O denominador comum *é você*. Se você quiser *uma* mudança capaz de melhorar *todos* os relacionamentos da sua vida, é preciso dominar *a si mesmo*.

Todas as coisas funcionam por meio de relacionamentos, portanto, o sucesso no casamento, criação dos filhos, amizade, trabalho ou negócios vai ser medido pela sua habilidade nos relacionamentos. Verdade seja dita: as outras pessoas em sua vida estão sempre fazendo algo errado, irritando você ou tomando decisões erradas que fazem você se perguntar o que elas tinham na cabeça.

Como toda forma de vida funciona por meio de relacionamentos, você está sempre pensando ou obcecado por eles (sejam relacionamentos românticos ou de outro tipo):

> "Como faço para lidar com esse funcionário difícil?"
> "Meu filho adolescente está arranjando problemas e perturbando a casa inteira. O que eu faço?"
> "O que o meu chefe quis dizer com aquele comentário? Será que ele pensa que eu não atendi bem o cliente?"
> "Meu parceiro anda bem distante ultimamente. Será que está tudo bem? Será que está tendo um caso?"

A verdade é que boa parte de sua energia já é dedicada aos seus relacionamentos todos os dias!

Uma porcentagem dessa energia é produtiva e está fazendo você obter os resultados que deseja, mas outra porcentagem é destrutiva e está lhe causando muita dor.

Essas porcentagens são definidas pelo seu nível de desenvolvimento pessoal e bem-estar em termos emocionais. (Leia isso de novo.)

Se você quiser dominar os relacionamentos e aumentar a porcentagem de energia que está criando os resultados que deseja de modo produtivo, é preciso dominar esses dois componentes:

1. Você
2. Como você se relaciona com os outros no mundo a sua volta.

Nosso lema aqui é: "O desenvolvimento de relações diz respeito a *você* e à maneira como *você se relaciona*."

É simples, mas não necessariamente fácil. Vamos nos aprofundar em cada um desses pontos, então aperte o cinto.

Dominar a si mesmo

Faz sentido que precisemos nos dominar antes de dominar a forma de nos relacionarmos com outros seres humanos. Vamos ensinar o processo para fazer isso em alguns passos.

Três passos para o autodomínio

Primeiro passo: dominar o seu estado

Conforme discutimos no Capítulo 5, dominar seu estado significa que você funciona no estado alto a maior parte do tempo, e poucas atitudes podem servir de gatilho e levar você a um estado baixo. Mesmo quando estiver abaixo da Linha dos 50%, você terá dominado a capacidade de sair do estado baixo bem depressa, e *não* ficar empacado nele.

No início do namoro com Paul, eu ainda não tinha dominado meu estado. Quando o via no computador trabalhando o tempo todo, isso ativava um gatilho em mim, que pensava: *Quando é que ele vai me escolher? Por que ele gosta mais do trabalho do que de mim? Quantas certificações são necessárias para ele me dar atenção?* Isso me levava abaixo da Linha dos 50% e geralmente resultava na milionésima discussão sobre ele trabalhar demais.

Eu não entendia o masculino naquela época, então não reconhecia que ele estava profundamente concentrado em cultivar suas habilidades profissionais a fim de ser um provedor para mim. Não apreciava o sacrifício feito por ele para me dar a vida que achava que eu merecia e nem a dedicação dele ao crescimento.

Quando entrei intencionalmente na escala do domínio do estado em situações como essa, comecei a ver tudo de outra forma e me dominar *melhor* nesses momentos. Com o tempo, continuar no estado alto virou algo fácil.

Segundo passo: entender e melhorar a sua visão de mundo

Já falamos sobre visão de mundo, mas ela é composta basicamente pelo seu sistema de crenças, significados, regras, gatilhos e limites emocionais. Ela poderia ser descrita como o manual que você está seguindo todos os dias ou o software que roda em você. É a sua visão de mundo. Todos nós temos uma, mas a maioria passa pela vida totalmente sem consciência do próprio sistema operacional. Isso é triste, porque nossa visão de mundo foi criada por pessoas que influenciaram nossa vida desde a infância.

Nós *precisamos* entender nossa visão de mundo se quisermos transformar a vida, mas o trabalho não para na compreensão, porque foi preciso muito esforço consciente para gerenciar meu estado em resposta aos gatilhos. O esforço é *exaustivo*!

Para transformar a capacidade de dominar meu estado em algo *fácil*, precisei trabalhar em um nível mais profundo, desmantelando e eliminando todos os gatilhos. Se não houver gatilho, não haverá resposta para gerenciar.

Depois que comecei esse processo de reprogramação, não precisei me esforçar tanto para manter meu estado acima da Linha dos 50%. Continuei a progredir na escala do domínio até que meu novo software de visão de mundo estivesse todo instalado, e esse foi o ponto em que passou a ser algo fácil e prazeroso.

Terceiro passo: confiar em si mesmo para tomar boas decisões em qualquer situação

O último passo tem a ver com projetar deliberadamente o seu software de tomada de decisões, que é o processo inconsciente pelo qual você toma decisões 24 horas por dia, sete dias por semana.

Você está tomando decisões agora, enquanto lê esta página:

"Será que ela é para valer?"

"Devo colocar em prática?"

"Será que devo ler mais um pouco agora?"

"Será que devo destacar esta frase?"

"Eu devia fazer um café ou tirar um cochilo?"

Além do mais, toda decisão molda o resultado que você vê em sua vida! É preciso *entender e aperfeiçoar intencionalmente* o processo de tomada de decisões para obter resultados diferentes.

Se o seu processo de tomada de decisões tem permissão para rodar de modo inconsciente, vai usar *você* para criar resultados com base em sua visão de mundo padrão. Contudo, se você criar seu software, poderá usá-lo para ter a vida que deseja!

Vale muito a pena pôr a mão na massa para criar o seu software de tomada de decisões e poder viver nos resultados que deseja!

Quando você conquistar esse nível de domínio, não vai mais se abalar com facilidade com o mundo exterior. Você vai manter a habilidade de modo consciente na maior parte das circunstâncias.

Agora que nomeamos e definimos os três passos para o domínio de si, estamos prontos para falar que a sua forma de se relacionar com os outros no mundo é essencial para inspirar, liderar e ter um impacto positivo na vida de outras pessoas.

Dominando a maneira como você se relaciona com os outros no mundo

Se você quiser ter sucesso ao se relacionar com outras pessoas, vai precisar:

- entender o que as motiva
- construir afinidade instantânea
- ver a situação a partir da perspectiva delas
- usar suas ferramentas e estratégias para influenciá-las e inspirá-las

Essas são habilidades cruciais e que *podem* ser aprendidas!

Pelo princípio da sinergia, você sempre vai criar mais no relacionamento com outras pessoas do que conseguiria sozinho.

Como disse Hellen Keller: "Sozinhos podemos fazer pouco. Juntos podemos fazer muito."

Eu amo essa frase, mas quero destacar uma condição importante: o simples fato de se relacionar não adianta *nada* se você não tiver domínio de si e do jeito como se relaciona com as pessoas *com quem convive*. É preciso ter a capacidade de influenciá-las e inspirá-las.

Dominar a forma de se relacionar com os outros no mundo é crucial para sua experiência de vida. Vamos reservar um momento para fazer uma autoanálise.

Pergunta: que porcentagem da vida você pensa que é afetada pela sua forma de se relacionar com as outras pessoas? Uma estimativa?

Resposta: 100%!

Como você já sabe (mesmo se ainda não admitiu), o relacionamento amoroso afeta sua vida mais do que todos os outros! É sua maior oportunidade para crescer e se projetar, significando que também pode trazer à tona seus maiores medos. Na verdade, é um presente (embora você não estivesse disposto a desembrulhar esse presente até agora).

O estado do seu relacionamento amoroso afeta todas as áreas da sua vida.

Trabalho

Enquanto trabalhei no ambiente corporativo, observei várias situações em que um integrante da equipe ou gerente enfrentava um divórcio difícil ou lutava pela guarda dos filhos, e acabava interferindo no ânimo e na produtividade de todo o departamento.

Os relacionamentos pessoais afetam nosso trabalho diariamente. Como? Convenhamos, quando o seu relacionamento amoroso está uma bosta, tudo fica mais difícil. O oposto também é verdade: quando seu relacionamento amoroso está incrível, você fica nas nuvens e sente que pode dominar o mundo! Você leva energia, felicidade e alegria para todos os lugares.

Negócios

Se você é empreendedor, tem todos os desafios de um local de trabalho comum, com riscos ainda maiores! O relacionamento amoroso afeta diretamente a renda porque sua capacidade de conquistar e reter clientes é afetada pelo estado do seu relacionamento. Se você estiver estressado com seu relacionamento amoroso ao falar com um cliente atual ou potencial, ele vai captar a sua energia negativa, sem fazer ideia de que sua vibração negativa nada tem a ver com ele. A pessoa simplesmente sente que não recebe uma vibração boa da sua parte, e isso afeta a decisão de trabalhar ou não com você.

O estado do relacionamento amoroso deixa os clientes mais ou menos dispostos a trabalhar com você. E há um impacto ainda maior.

O principal impacto que o relacionamento amoroso tem em sua empresa é uma força invisível. O teto do relacionamento amoroso é o teto da sua empresa agora, porque o grau de apoio que você sente no relacionamento amoroso determina o quanto você está disposto a avançar nos negócios sem danificar ou perder seu relacionamento.

Em outras palavras, *o estado do seu relacionamento amoroso é um termostato invisível da sua empresa agora.*

Finanças

O estado do seu relacionamento amoroso sem dúvida afeta as finanças e decisões financeiras. Em geral, quando duas pessoas se apaixonam, elas têm ideias diferentes em relação ao dinheiro. Um economiza e o outro gasta, ou um economiza e o outro evita pensar em dinheiro. Quase sempre é isso! Discordâncias sobre dinheiro causam *grandes* confusões!

Criação dos filhos

Se você é pai ou mãe, concorda com seu parceiro sobre a filosofia e as práticas para criar os filhos? Quando os alunos começam o trabalho conosco, a resposta para essa pergunta quase sempre é *não*. Isso nem diz respeito à criação dos filhos, e sim ao alinhamento da relação. Se vocês não estiverem alinhados na criação dos filhos, não vão funcionar como equipe indivisível. Esse desequilíbrio afeta mais áreas da sua vida do que apenas a criação dos filhos, mesmo que o problema apareça com mais força nessa área.

Além disso, quando se trata dos filhos, você está servindo de modelo para o tipo de relacionamento que deseja para eles quando forem adultos? (Eles estão aprendendo o que é um relacionamento ao observar vocês!)

Saúde e vitalidade

Quando a situação está péssima entre você e seu parceiro, tudo se torna estressante, e as pesquisas mostram que o estresse negativo crônico prejudica o seu corpo como um todo. O estado do relacionamento amoroso afeta o seu nível de disposição. O relacionamento amoroso alimenta você ou acaba com o seu ânimo!

O estado do relacionamento amoroso afeta drasticamente a sua capacidade de conquistar objetivos em todas as áreas da vida! Isso, por sua vez, afeta sua autoconfiança, felicidade e até a autoestima!

Hoje sei como é passar o dia me sentindo tão amada que chega a ser inacreditável. Eu me sinto imune ao que estressa a maioria das pessoas. Passo o dia sabendo que sou a pessoa mais importante do mundo na opinião do homem mais importante do mundo para mim! Eu me sinto plena de desejo, fico ansiando por ele, e isso é *incrível*!

Mas não foi sempre assim.

Há alguns anos, a falta de autodomínio e de domínio dos relacionamentos me custou um trabalho corporativo com um salário de US$ 12.500 por mês!

O que aconteceu foi o seguinte: eu trabalhava com contabilidade corporativa e realmente gostava do meu emprego. Depois de seis anos, entrou uma nova gerente (vou chama-la de Cathy). Cá entre nós, eu detestava a Cathy! Eu a via como uma megera, e ela me odiava! Tudo piorou depois que ela entrou na empresa. Eu estava grávida de Jake na época, e isso deixou a situação ainda mais insuportável. Fiquei muito doente por causa do estresse, ganhei 36 quilos em quatro meses e precisei ficar em repouso total, o que ela não gostou nem um pouco.

Mesmo amando meus clientes, Cathy arruinou todas as minhas interações com eles porque interferia em tudo o que eu fazia.

Uma das minhas melhores amigas na época, Anne, também trabalhava no meu departamento. Ela estava lutando contra a leucemia e morreu aos 34 anos, seis semanas antes de Jake nascer. Fiquei deprimida e infeliz.

Cathy era tão insuportável que eu me demiti assim que Jake nasceu. Como eu não tinha consertado a nossa relação profissional *antes* de Jake nascer, eu sabia que seria *impossível* lidar com ela *depois*, quando eu estivesse cuidado de um recém-nascido e sem dormir.

Foi um desastre.

Eu não tinha dominado *a mim mesma*, por isso não tinha influência alguma sobre Cathy. Transformei tudo em culpa dela, portanto ela tinha todo o poder. Para a situação ser diferente, ela teria que mudar, pois eu não tinha feito nada de errado! (Parece familiar?)

Ela iria mudar? Claro que não, mas, se eu conhecesse essas ferramentas na época, poderia ter mudado a situação em poucos dias. Minha incapacidade de dominar a mim mesma e a forma de me relacionar com outras pessoas acabou me custando aquele emprego de US$ 12.500 por mês em uma época em que eu *realmente* precisava do dinheiro. Tínhamos acabado de ter um bebê e nos mudado para uma casa maior a fim de acomodar a família que cresceu! Abandonei um salário *bem* alto para nós na época.

Fiquei deprimida, sofri horrores e empaquei naquele estado por meses, continuando a ganhar peso mesmo após Jake ter nascido.

Eu gostaria que essa tivesse sido a única vez em que a incapacidade de dominar minha relação com outras pessoas teve custos financeiros, emocionais e espirituais, mas não foi.

Eu me arrependo de ter passado por isso? Não, porque aquele aprendizado fez de mim a pessoa que sou hoje. Estou totalmente comprometida a dominar a mim mesma, meu estado, minha capacidade de influenciar e de me relacionar.

Eu amo quem sou e sei que amanhã vou crescer e me tornar uma pessoa ainda melhor e mais autêntica do que hoje, porque sou incansável em relação ao meu crescimento!

Então, não, eu não me arrependo, *mas isso teve um custo para mim.*

E você? Quanto já lhe custou a falta de domínio das relações?

Houve situações que você não conseguiu reverter?

Você foi preterido em oportunidades de modo geral?

Se sim, quais foram os custos espirituais, emocionais e financeiros envolvidos?

É preciso dominar a si mesmo e como você se relaciona se quiser parar de sofrer. Relacionamentos de bosta equivalem a uma vida de bosta. Relacionamentos melhores equivalem a uma vida melhor. Relacionamentos magníficos equivalem a uma vida magnífica! É simples assim.

Quando você começa a criar relacionamentos com maestria, especialmente um relacionamento de amor inabalável, descobre que a vida pode mudar de um jeito inesperado.

Pinte a CORUJA!

Como presente de aniversário, Paul me levou com as crianças para pintar cerâmica. Isso porque, quando ele me perguntou o que eu gostaria de fazer no meu aniversário, eu escolhi uma atividade com minha família e expressei o desejo de conseguir pintar algo pela primeira vez.

Fiquei muito empolgada. Paul organizou tudo. Com um copo de café na mão e usando um vestido (meu tipo de pintura), saí para pintar! Antes de começar, todos nós precisamos entrar em uma sala de objetos de cerâmica nas prateleiras e escolher um deles para pintar.

Tive muita dificuldade para escolher apenas um objeto, porque tudo parecia ótimo. Cogitei escolher uma caneca de café, pois tenho uma coleção e gosto que todas sejam únicas. Então, pensei: *Vou pintar uma caneca de café, e ela vai definitivamente ser inigualável.*

Nesse momento eu notei uma coruja na prateleira e disse:

"Ah, meu Deus, eu *amei* aquela coruja!"

Na verdade eu amei o *exemplo* da coruja, porque ela já estava pintada com detalhes coloridos e intrincados feitos para destacá-la. Se eu quisesse reproduzir aquele exemplo, teria que pintar cuidadosamente a forma ovalada e branca da coruja à mão, e me faltava confiança para realizar a tarefa.

"Uau, acho que não consigo fazer isso. Melhor fazer a caneca", decidi.

Paul acreditou que eu conseguiria, e não me deixou aceitar menos. Imediatamente veio por trás de mim e disse:

"Pinte a coruja."

"Mas amor, parece bem complicado", respondi, sacudindo a cabeça, cheia de dúvidas.

Ele insistiu:

"Pinte a coruja", e arrematou com o olhar que costuma me lançar. Meu marido é bem teimoso quando quer. Ele parecia uma montanha em pé atrás de mim.

"Eu gosto da caneca. Vou pintá-la."

Paul se manteve firme em sua presença masculina e tom assertivo:

"Stacey Martino, pinte aquela coruja."

Quando Paul Martino toma uma decisão por mim, eu ouço! Ele tem a minha total atenção!

"Está bem, está bem, grandalhão!", respondi, em tom de brincadeira. "Vou pintar a coruja. Vai lá pagar, então. Eu vou pintá-la."

Acabei pintando o raio da coruja, e ficou *incrível*!

A coruja fica no meu escritório, onde eu a vejo todos os dias por um ótimo motivo. Sim, eu a amo, mas ela também é um lembrete do quanto Paul acredita em mim e de que ele não me deixa aceitar menos do que eu consigo e mereço. Ele tem fé em mim mesmo quando eu não tenho, e isso me basta.

Se Paul não tivesse decidido por mim, eu estaria bebendo naquela caneca todos os dias. A caneca era ótima, mas não é a coruja. E eu *consegui*.

Ter esse tipo de relacionamento amoroso traz a confiança de que você precisa quando não consegue acreditar em si mesmo.

Seu parceiro coloca fé em você quando você perdeu a sua. Ele cobre você de amor e apreciação, mesmo quando você sente que fracassou e não consegue enxergar uma saída. Você flutua no amor incondicional quando seu marido olha para você e diz:

"Tudo bem se nós quatro acabarmos morando em uma caixa de papelão, Stacey, desde que você esteja comigo."

Melhor ainda: quando você dominar essas ferramentas e criar esse tipo de amor inabalável e paixão sem limites, vai poder aplicar com sucesso essas mesmas ferramentas a *todos* os relacionamentos. Você vai melhorar a relação com seus filhos, clientes, possíveis clientes, equipe, chefe, colegas de trabalho, família de origem e amigos.

E o mais importante: isso vai transformar o seu relacionamento junto com você!

Você vai amar a forma como está presente a cada dia.

Você vai se sentir uma pessoa orgulhosa e confiante.

Você vai se sentir feliz de modo consistente.

Você vai se apaixonar pela pessoa que é agora e pela pessoa que será amanhã.

Você vai ser um ótimo exemplo para as pessoas que o cercam.

A vida de todo mundo é um aviso ou um exemplo.

— Tony Robbins

Você tem o poder de escolher como será sua vida.

A boa notícia é que você nunca vai fracassar nessa jornada para desenvolver a relação, pois continua sendo testado repetidas vezes, até passar.

Meu amor, relacionamentos magníficos são criados. Eles sem dúvida não surgem do nada, e basta uma pessoa para transformar uma relação. Qualquer relação.

A pergunta não é "Você *consegue* transformar um relacionamento?", e sim: "*Você vai fazer isso?*"

Arregace as mangas, porque você leva a si mesmo para todas as situações. É para *você.*

A esta altura, preciso avisar sobre alguns obstáculos que talvez surjam durante esse trabalho. Eles vão atrapalhar o seu progresso e empacá-lo se não forem reconhecidos e se você não usar as ferramentas certas para atravessar barreiras e desafiar os obstáculos.

Primeiro obstáculo: o seu limite de resistência

Há uma enorme ameaça a sua capacidade de colocar as estratégias em prática, que afeta todos a cada minuto de todos os dias. Ninguém escapa dela, não importa quem seja. Ela afeta a mim, Paul, Hal, Tony Robbins, Oprah Winfrey, os grandes líderes do mundo e os maiores vencedores de todos os tempos.

A ameaça a sua capacidade de pôr a mão na massa é a... resistência.

Deixe-me explicar: quando você está estudando algo que ainda não dominou, há uma curva de aprendizado. Não importa se você está aprendendo a andar, a se relacionar com os outros ou a andar de bicicleta, há um processo de aprendizado. Vai haver tombos e escoriações na jornada rumo ao domínio.

Está me acompanhando até aqui? Ótimo!

À medida que você avança, vai enfrentar momentos de medo, dúvidas, preocupação, abalos e confusão. O sistema nervoso vai desejar que você interrompa o processo quando observar tudo isso. Esse é um fator crucial para determinar se você terá sucesso ou se vai fracassar no caminho para o domínio, então preste atenção.

O limite de resistência é o ponto no qual você permite que o sistema nervoso interrompa seu progresso.

Algumas pessoas se condicionaram a ter um limite de resistência muito alto. Elas sabem que é necessário ir além da zona de conforto, encarar o medo e fulminar as dúvidas para crescer. Elas aceitam que isso faz parte da jornada para obter os resultados imensos que desejam, por isso vão com tudo. Nós vemos essas pessoas como determinadas, corajosas, capazes, comprometidas, implacáveis e imbatíveis.

Outras pessoas têm um limite de resistência muito baixo. Quando o sistema nervoso delas percebe medo, dúvida, incerteza e algum abalo, elas param e recuam.

Você não tem noção do seu limite de resistência? Se for o caso, mesmo sabendo qual é o seu patrimônio líquido, QI, score no Serasa ou qualquer outra estatística a seu respeito, se você não souber qual é o limite de resistência, não conhecerá a força que tem o maior impacto sobre o seu sucesso ou fracasso!

Para ajudar a entender o que estou falando, vamos voltar a minha história sobre a megera da Cathy, com quem eu trabalhava quando Jake nasceu.

Eu tinha um limite de resistência muito baixo na época. Cathy apareceu e eu comecei a surtar. Eu sempre tentava disfarçar ou fazer acordos que me protegeriam. Eu tinha atitudes como mandar cópia de comunicados ao chefe dela para que ele visse o quanto Cathy era louca. Eu sempre estava no modo "luta ou fuga". Primeiro eu lutei. E então, quando percebi que não podia sair dessa lutando, eu fugi. Como você se lembra, eu pedi demissão.

Na época minha vida girava em torno da questão do controle, então eu me concentrei em controlar todas as situações para obter o resultado que desejava. Minha força motriz era a proteção, então meu objetivo era evitar a dor.

Eu tinha um limite de resistência tão baixo que minha qualidade de vida diminuiu.

No fim das contas, eu pus a mão na massa. Conquistei o autodomínio (e ainda estou aperfeiçoando a cada dia). Dominei a capacidade de me relacionar e influenciar outras pessoas e agora aceito totalmente que o medo, a dor e o desconforto fazem parte da jornada, porque escolho viver como uma pessoa que passa pelas zonas de conforto bem depressa para chegar ao próximo nível.

Eu nunca desisto. Agora não faço mais isso, pois aprendi o segredo para aumentar o limite de resistência.

Infelizmente, a maioria das pessoas que vejo não tem consciência dessa força como eu. Elas tomam decisões por medo e porque desejam se proteger de abalos emocionais, dores e incertezas.

Os baixos limites de resistência também alimentam essa sociedade de relacionamentos descartáveis em que vivemos. As pessoas hoje entram em uma relação e, quando a vida inevitavelmente joga uma bomba com a qual não estão preparadas para lidar, se abalam, ficam infelizes e não conseguem sair disso. Devido ao limite de resistência baixo, elas tomam uma decisão e dizem: "Não consigo lidar com isso! Estou fora. É muito sofrimento."

Sem as ferramentas e estratégias para dominar a si mesmo e aumentar o limite de resistência, você vai desistir ou cair fora antes da vitória, tanto no amor quanto na vida!

Estas são algumas das minhas frases favoritas de pessoas que entendem a necessidade de aumentar o limite de resistência.

Não é questão de saber o quanto o seu soco é forte. É questão de saber o quanto você consegue apanhar e continuar. O quanto você consegue absorver e continuar. É assim que se vence.

— Sylvester Stallone (no papel de Rocky Balboa)

A dor é temporária. Pode durar um minuto, uma hora, um dia ou um ano, mas vai acabar diminuindo e algo vai tomar o lugar dela. Se eu desistir, contudo, ela vai durar para sempre.

— Lance Armstrong

A maioria diz que deseja ser bem-sucedida, mas não deseja tanto assim. Você só quer um pouquinho. Não mais do que deseja uma boa farra. Não tanto quando deseja ser descolado. A maioria não deseja o sucesso mais do que deseja dormir!

— Eric Thomas

Não chore para desistir, chore para continuar em frente. Não chore para desistir. Você já está sofrendo, já se machucou! Pelo menos ganhe uma recompensa por isso!

— Eric Thomas

Oportunidade para *O milagre da manhã*: qualquer uma dessas frases pode ser excelente para o seu *O milagre da manhã*!

Agora que você sabe qual é o seu limite de resistência, não pode deixar de saber. Você tem duas escolhas: pode continuar sem consciência, deixando o sistema nervoso impedi-lo antes de chegar ao próximo nível, ou pode se conscientizar e ver que o esforço, embora desconfortável, faz parte da jornada. Domine as ferramentas para aumentar seu limite de resistência e avance para o próximo nível.

Qual é a sua decisão?

Como disse Rocky: "Se você sabe o quanto vale, então vá lá e consiga. Mas você tem que estar disposto a aguentar as bordoadas e não apontar o dedo para ninguém dizendo que não está onde deseja por causa dele, dela ou de qualquer outra pessoa!"

Essa frase nos leva ao segundo maior obstáculo do processo todo.

Segundo obstáculo: o hábito de culpar os outros

Na minha história sobre o emprego do qual me demiti quando Jake nasceu, a quem eu culpei? Cathy! Portanto, quem tinha o poder de mudar a situação? Apenas Cathy.

Escolhi ficar impotente quando comecei a culpá-la porque ela teria que fazer alguma coisa para mudar a situação. Quando ela não mudou, acabei saindo do emprego. Como diz Rocky: "Os covardes fazem isso, e você não é assim! Você é melhor que isso!"

Você está cedendo o seu poder? Pense nestas perguntas:

- A quem você está culpando pela situação em que está agora?
- A quem você está culpando pelo que está errado em sua vida agora?
- Em que aspectos da vida você está esperando que uma situação ou outra pessoa mude para tudo ficar do seu jeito?
- O que isso custou a você?
- Como a situação seria diferente se você tivesse autodomínio e dominasse a forma de se relacionar com os outros?

Para pôr a mão na massa, é preciso deixar a culpa na porta e assumir completa responsabilidade pela vida daqui em diante.

Muita gente resiste a assumir a responsabilidade total pela vida porque considera muito difícil ou avassalador.

O trabalho não precisa ser difícil. Com ferramentas certas, soluções passo a passo, metodologias comprovadas, atalhos, apoio da comunidade e amor, pode ser fácil. Mas vai depender de esforço. Paul e eu geralmente dizemos aos nossos alunos: "Nós vamos oferecer o que vocês querem *e* o que vocês precisam!"

O que procuramos dizer com isso?

Nós damos aos alunos o que eles desejam:

- respostas
- avanços
- apoio
- comunidade
- responsabilização
- orientação especializada para a jornada, pois já trilhamos esse caminho e guiamos dezenas de milhares de outras pessoas pela mesma estrada

Além do que eles desejam, nós oferecemos aos alunos as informações necessárias para o crescimento:

- como se esforçar para sair da zona de conforto atual
- apoio para enfrentar o medo e o desconforto dos limites de resistência
- amor e aceitação incondicionais
- insistência para que eles continuem não julgando os outros
- ajuda para liberar o sofrimento do qual estão fugindo e conseguir se libertar
- insistência para que assumam completa responsabilidade por tudo na vida
- ajuda para aceitar e enfrentar as experiências de crescimento dolorosas para avançar rumo ao que desejam

Terceiro obstáculo: o amador versus o mestre

Há uma grande diferença entre "saber" e dominar uma coisa. Os amadores ouvem ou aprendem algo novo e pensam: *Legal, e depois?* Já alguém que está no caminho para o domínio aprende algo novo e coloca em prática na vida. A pessoa ouve/lê repetidas vezes e aplica o novo padrão até ele se tornar natural para ela.

O domínio exige a disposição de praticar repetidas vezes e melhorar de modo contínuo.

O talento você tem naturalmente. A habilidade só é desenvolvida depois de várias horas praticando.

— Will Smith

Os amadores aprendem uma coisa e buscam outras informações *novas* depois.

Infelizmente, quando a vida joga uma situação difícil e projetada para testar o que as pessoas *pensavam* ter aprendido, elas se veem despreparadas para lidar com isso. Por quê? Porque elas nunca *dominaram* o assunto, só ouviram falar dele.

Elas não conseguem entender o que deu errado e geralmente reclamam: "Mas eu já *sei* disso. Por que ainda tenho dificuldade?"

Porque elas caíram na armadilha do "isso eu já sei".

Depois de conviver com pessoas que buscam o crescimento há mais de vinte anos, observei um fenômeno entre quem lê ou estuda muito. Esse tipo de pessoa alega saber algo por ter ouvido ou lido, mas ainda sente dificuldade para viver aquilo.

Você já teve essa experiência? Talvez agora, enquanto lê este livro? Você pode ter aprendido algo com intenção de aplicar em seu relacionamento, mas esqueceu totalmente no momento em que poderia ter usado a informação e depois se deu conta:

"Que droga, eu sei o que fazer. Por que ainda reajo dessa forma?"

Parece familiar?

Se for o caso, tudo bem! É normal.

Faz parte de um padrão bastante previsível no processo de crescimento. E até agora isso era invisível para você.

Se você quiser *transformação* em sua vida, precisa entrar no caminho para o *domínio*! Não há outra escolha. Veja qualquer pessoa que tenha conquistado um imenso nível de sucesso em alguma área e vai descobrir que ela escolheu o caminho do domínio.

Hal falou anteriormente sobre o fato de a repetição ser obrigatória para obter a maestria. Os amadores *nunca* obtêm a maestria porque resistem à repetição! Lembro de uma vez em que Hal estava em um evento e mostrou uma frase na tela:

> *Quando ouve uma coisa que já conhecia, o novato diz: "Eu já sabia". Já o mestre diz: "Obrigado por me lembrar."*
>
> — Desconhecido

Se você quiser virar um mestre, precisa ficar na escala do domínio toda vez que aprender algo novo, até sua visão de mundo ser reprogramada e você conseguir funcionar sem esforço a partir da mudança que deseja personificar. Existem cinco níveis de domínio.

Cinco níveis de domínio

É preciso passar por cinco níveis até dominar qualquer mudança que você deseje fazer na vida.

Digamos que você decida dominar o seu estado e que o objetivo seja mantê-lo acima da Linha dos 50%. Os cinco níveis do domínio do estado seriam:

Primeiro nível: sem consciência

"Não tenho consciência nem de que existe algo chamado domínio do estado. Estou apenas vivendo meu dia e cuidando dos meus afazeres."

Segundo nível: consciência

"Ah, entendi. Já ouvi falar disso. Tem um negócio aí chamado domínio do estado. É, ouvi falar, sim."

Terceiro nível: domínio cognitivo

Neste nível você não só ouviu como estudou como aquilo funciona e entendeu os princípios. Você fez um estudo aprofundado sobre o assunto e consumiu imensa quantidade de informação, para não ter dúvidas. Você entendeu.

Quarto nível: congruência emocional

Neste nível você não só entendeu como adota uma postura coerente, em termos emocionais, com a mudança que está fazendo. Isso significa que você sente que manter o estado acima da Linha dos 50% é absolutamente o melhor para você. Não há dificuldades energéticas ou conflitos internos que impeçam que você funcione dessa forma. Você pode *sentir* com clareza quando está acima da Linha dos 50% e sente de modo igualmente claro quando está abaixo dela. Além disso, você tem a acuidade emocional para sentir isso nos outros ao seu redor. Você sabe dizer quando eles estão acima ou abaixo da linha.

Você pode ter o domínio do estado em algumas ocasiões e conseguir ficar acima da Linha dos 50% em alguns momentos, mas não em outros. Existem gatilhos e frustrações que jogam você para baixo da Linha dos 50%, e muitas vezes ainda é preciso esforço para ficar acima dela. Isso exige um trabalho consciente da sua parte. Neste nível, a sua vida sem dúvida reflete esses resultados. Você fez um progresso incrível e deve celebrar essa enorme conquista!

Quinto nível: integração física com sua visão de mundo

Neste nível, funcionar a partir da mudança que você deseja *é fácil*. Você reprogramou sua visão de mundo para essa mudança, e agora simplesmente é assim. Não é mais necessário se lembrar para agir do jeito modo. Você aprecia essa mudança sem esforço!

Quando atinge o nível cinco de domínio do estado, você fica acima da Linha dos 50% a maior parte do tempo sem esforço algum. Você não sente mais os gatilhos que costumava sentir (e depois precisava agir para ficar acima da Linha dos 50%). Esses gatilhos não existem mais. Você se reprogramou para viver com um nível de domínio do estado que pode manter sem esforço, não importa o ambiente ou a situação. Ir para baixo da Linha dos 50% acontece raramente, e, quando acontece, você consegue voltar para cima da linha em poucos instantes, sem ficar empacado lá.

Nos primeiros quatro níveis de domínio, você obtém um progresso contínuo por meio do esforço e das tentativas. Como você está aprendendo algo novo, às vezes vai ter sucesso e outras vezes, não. Tudo bem! Esse progresso deve ser celebrado. Faz parte da escala para a maestria.

Os amadores geralmente pairam entre os níveis dois e três.

Não seja amador. Continue até o nível cinco e sinta um prazer sem esforço pela vida que criou intencionalmente.

Quando minha aluna Theresa aprendeu os Cinco níveis de domínio, chegou para mim e disse:

"Fui uma 'amadora profissional' a vida inteira porque me ensinaram a continuar aprendendo, e eu *não fazia ideia* do motivo das minhas dificuldades. *Chega* de ser amadora. Agora estou comprometida com a maestria!"

Encontrei Theresa há pouco tempo e refleti sobre o progresso e o momento em que ela se descobriu amadora. Hoje ela está irreconhecível comparada à mulher que era na época. Theresa floresceu no casamento e na carreira como médica. Nunca a vi tão feliz. Esse nível de amor, alegria e paixão acontece ao viver a mudança que você deseja, em vez de apenas ter o conhecimento!

Se você quiser um amor inabalável e uma paixão sem limites, não pode ser amador! É preciso se comprometer a fazer todo o necessário para obter o domínio nível cinco!

Se você realmente deseja tudo o que estamos apresentando neste livro, precisa decidir e assumir um compromisso!

Como disse o grande T. D. Jakes: "Você nunca vai saber o que poderia ser até se jogar *de cabeça*!"

Não coloque este livro na estante nem o deixe guardado. Comprometa-se com o seu progresso. Se você realmente sente o desejo de criar um amor inabalável e uma paixão sem limites, então *crie*! Assuma o compromisso!

Qual é o seu *porquê?*

Para ter sucesso nessa jornada, é preciso ter clareza sobre o que você precisa ter e por que precisa disso. Sem essa clareza, este livro vai trazer um monte de informações legais, mas não o suficiente para ajudá-lo a avançar até a vida que tanto sonha.

É hora de declarar sua intenção. Responda às perguntas a seguir em um diário:

- *O que você **precisa** ter?*
- *Por que você **precisa** ter isso?*

Quando você tiver clareza sobre o grande *porquê*, não dá para simplesmente largar este livro e não fazer nada! É hora de agir. Arregace as mangas!

- *O que a falta de habilidade nessa área da vida custou a você?*
- *O que a falta de maestria está custando a você hoje, a cada dia que passa?*
- *O que vai fazer quando a vida jogar uma situação que você ainda não sabe como enfrentar?*
- *Se você não mergulhar fundo para obter o domínio* sobre si mesmo *e a forma de* se relacionar com os outros, *o que isso vai lhe custar no futuro?*

E aí...

Qual é o seu plano para amanhã?

Nós fornecemos uma tonelada de conteúdo neste livro. Não se sinta sobrecarregado. Muito provavelmente é mais do que você consegue colocar em prática e integrar à vida de uma só vez! Não se critique tanto quando reconhecer momentos em que você ainda não está vivendo o que já aprendeu.

A diferença entre aprender e viver é imensa e exige repetição, tempo, aplicação, prática, orientação especializada e apoio!

E ainda há muito mais para aprender além deste nível! Estou no caminho para desenvolver a relação há duas décadas e tenho *muito* mais a ensinar!

Oportunidade para *O milagre da manhã*: use o horário de *O milagre da manhã* para declarar seu compromisso e o grande porquê a si mesmo todos os dias! Crie uma afirmação a partir do exercício mostrado anteriormente de modo a programar o seu porquê no sistema nervoso e avançar mais a cada dia.

Veja uma afirmação sobre compromisso: "Estou completamente comprometido a dominar *a mim* e a forma de me *relacionar* com as pessoas no mundo! Eu me recuso a continuar vivendo como amador! Todo dia vou *me jogar com tudo* para desenvolver meu relacionamento! Esse é o padrão que defini para mim, e minha vida reflete essas decisões e ações!"

Qual é o seu plano para enfrentar essa jornada rumo à criação de um amor inabalável e uma paixão sem limites?

Veja os próximos passos que recomendo:

1. DECIDIR que vai continuar nessa jornada.
2. OBTER o conteúdo bônus da página www.TMMBook.com/Brazil (para o conteúdo bônus de *O milagre da manhã*) e RelationshipDevelopment.org/tmmbonus [em inglês] (para o conteúdo bônus de desenvolvimento da relação).

3. JUNTAR-SE à comunidade no Facebook [em inglês] para se cercar de uma tribo que está na mesma jornada que você! Visite MyTMMCommunity.com e MyRelatioshipDevelopmentCommunity.com.
4. COMPROMETER-SE a reler este livro assim que terminá-lo. Lembre-se de que a repetição é a chave para a maestria, pois, na primeira vez que lemos um livro, estamos apenas sendo expostos a novas informações. Quando relemos qualquer livro, aprofundamos nossa compreensão sobre ele e aceleramos a capacidade de aplicar o que aprendemos.
5. IR a um evento presencial ou começar um de nossos programas pela internet (em inglês): RelationshipDevelopment.org/events.
6. PARTICIPAR do programa RelationshipU quando estiver pronto: RelationshipDevelopment.org/programs [em inglês].

Capítulo 10

O DESAFIO DE *O MILAGRE DA MANHÃ* PARA MUDANÇA DE VIDA EM TRINTA DIAS

HAL ELROD

"Uma vida extraordinária tem a ver com melhorias diárias e contínuas nas áreas mais importantes."

— Robin Sharma

Vamos brincar de advogado do diabo por um instante. Praticar *O milagre da manhã* todos os dias realmente transforma sua vida ou seus negócios em apenas trinta dias? Será que o trabalho para o desenvolvimento da relação feito por Stacey e Paul vai ser o catalisador para um AMOR inabalável e uma PAIXÃO sem limites que vai durar a vida inteira? Será que algo pode ter um impacto *tão* grande em você e no seu relacionamento assim tão rápido assim?

Claro! Leve em conta que *O milagre da manhã* e o trabalho para desenvolver relacionamentos já fizeram isso com centenas de milhares de indivíduos e casais. Portanto, quando você colocá-los em prática, tudo isso pode e certamente vai funcionar.

Além disso, tenha em mente que incorporar ou mudar qualquer hábito exige um período de aclimatação, então não espere que seja fácil desde o primeiro dia. Contudo, ao se comprometer a seguir em frente, começar cada dia com *O milagre da manhã* e usar os Salvadores de Vida logo vão se transformar em hábitos básicos e possibilitar todos os outros. Lembre-se: *Conquiste as manhãs e se prepare para ganhar o dia.*

Os primeiros dias de mudança de hábito parecem insuportáveis, mas são apenas temporários. Embora não haja um consenso sobre quanto tempo leva para colocar um novo hábito em prática, existe uma estratégia poderosa de três fases que se mostrou bem-sucedida para as centenas de milhares de indivíduos que aprenderam a derrotar o botão de soneca e agora acordam cedo todo dia para *O milagre da manhã.*

De insuportável a imbatível

A estratégia de três fases para colocar qualquer hábito em prática em trinta dias

Ao fazer O desafio de *O milagre da manhã* para mudança de vida em trinta dias, esta é a estratégia mais simples e eficaz para colocar em prática e manter qualquer novo hábito em apenas trinta dias. Isso vai favorecer a mentalidade e a abordagem que você vai usar ao construir a nova rotina.

Primeira fase: insuportável (1° ao 10° dia)

A primeira fase é quando qualquer nova atividade exige o maior esforço consciente, e o mesmo vale pare levantar cedo. Você está lutando contra hábitos já existentes, os mesmos hábitos que estão entranhados em *quem você é* por vários anos.

Nesta fase, é o poder da mente sobre o corpo. Se você concentrar a mente, vai dominar o corpo! O hábito de apertar o botão de soneca e não aproveitar seu dia é o mesmo hábito que o impede de virar o superastro de seja lá o que possa ser. Então, continue firme e siga em frente.

Na primeira fase, enquanto luta com padrões existentes e crenças limitadoras, você vai descobrir o que realmente é e o que pode fazer. É preciso se esforçar, manter o compromisso com sua visão e continuar firme. Acredite em mim quando eu digo que você consegue!

Eu sei que no quinto dia pode ser difícil perceber que ainda faltam vinte e cinco para completar a transformação e você virar uma pessoa matutina. Tenha em mente que no quinto dia você já terá concluído mais da metade da primeira fase e continua firme no caminho. Lembre-se: seus sentimentos iniciais não vão durar para sempre. Na verdade, você deve perseverar porque em pouco tempo vai obter os resultados que procura e se transformar na pessoa que sempre desejou ser!

Segunda fase: desconfortável (11° ao 20° dia)

Na segunda fase, o corpo e a mente começam a se adaptar. Você nota que levantar começa a ficar um pouco mais fácil, mas ainda não é um hábito, pois não faz parte de quem você é e provavelmente não vai parecer natural.

A maior tentação nesta fase é se recompensar com uma pausa, sobretudo nos fins de semana. Uma pergunta publicada frequentemente na comunidade *The Miracle Morning* é: "Quantos dias por semana vocês levantam cedo para *O milagre da manhã*?" Nossa resposta, a mais comum entre os participantes mais antigos de *O milagre da manhã*, é *todos os dias*.

Quando terminar a primeira fase, o período mais difícil terá passado. Então, continue em frente! Por que raios você iria querer enfrentar a primeira fase de novo ao tirar um ou dois dias de folga? Acredite: não é uma boa ideia, então fuja disso!

Terceira fase: imbatível (21º ao 30º dia)

Acordar cedo agora não só é um hábito como também faz parte de *quem você é* e da sua identidade. O corpo e a mente se acostumaram a esse novo jeito de ser. Os próximos dez dias são importantes para consolidar o hábito em você.

Ao praticar *O milagre da manhã*, você também vai desenvolver um apreço pelas três fases da mudança de hábito, além de observar o benefício extra de identificar, desenvolver e adotar qualquer hábito que lhe sirva, incluindo os associados aos relacionamentos excepcionais que incluímos neste livro.

Agora que você aprendeu a estratégia mais simples e eficaz para colocar em prática e manter qualquer novo hábito em trinta dias, já conhece a mentalidade e a abordagem necessárias para terminar O desafio de *O milagre da manhã* para mudança de vida em trinta dias. A única exigência é o compromisso de começar e ir até o fim.

Pense nas recompensas

Ao se comprometer com O desafio de *O milagre da manhã* para mudança de vida em trinta dias, você vai criar a base para o sucesso em todas as áreas, pelo resto da vida. Ao acordar e praticar *O milagre da manhã*, você vai começar cada dia com níveis extraordinários de ***disciplina*** (capacidade fundamental para cumprir seus compromissos), ***clareza*** (a força de se concentrar no que é mais importante) e ***desenvolvimento pessoal*** (talvez o fator mais determinante e significativo para o sucesso). Portanto, nos próximos trinta dias você logo vai se *transformar na pessoa* necessária para criar os níveis extraordinários de sucesso pessoal, profissional e financeiro que realmente deseja.

Você também vai transformar *O milagre da manhã* de um conceito que está empolgado (e talvez um pouco nervoso) de "experimentar" em um hábito para a vida toda, que vai desenvolver você para criar a vida que sempre desejou. Você vai realizar seu potencial e ver resultados inéditos em sua vida.

Além de desenvolver hábitos de sucesso, você também vai criar a ***mentalidade*** necessária para melhorar de vida em todos os aspectos. Ao praticar os Salvadores de Vida todos os dias, vai sentir os benefícios físicos, intelectuais, emocionais e espirituais do silêncio, afirmações, visualização, exercícios, leitura e escrita. Você logo vai ficar menos estressado, mais concentrado, feliz e empolgado em relação à vida, gerando mais energia, clareza e motivação para seguir em frente rumo aos seus maiores objetivos e sonhos (sobretudo os que você está adiando há tanto tempo).

Lembre-se: a situação de vida vai melhorar a cada dia, mas só *depois* de se desenvolver e virar a pessoa necessária para melhorar. Os próximos trinta dias da sua vida podem ser um novo começo e transformá-lo em outra pessoa.

Você consegue!

Se você estiver nervoso, hesitante ou preocupado em relação a continuar o processo por trinta dias, relaxe. É totalmente normal, sobretudo se acordar cedo era difícil. Não só a hesitação e o nervosismo são esperados como também são é um ótimo sinal! Significa que você está *pronto* para se comprometer, ou não estaria nervoso.

Então, vamos lá.

3.1 passos para começar O desafio de *O milagre da manhã* para mudança de vida em trinta dias

Primeiro passo

Visite www.TMMBook.com/Brazil e baixe o *kit de começo rápido do* Desafio de *O milagre da manhã* para mudança de vida em trinta dias, com exercícios, afirmações, listas de acompanhamento diárias, planilhas de controle e todo o material necessário para terminar com facilidade O desafio de *O milagre da manhã* para mudança de vida em trinta dias. Reserve um minuto para fazer isso agora.

Segundo passo: planeje seu primeiro *Milagre da manhã* para amanhã

Se você ainda não começou, comprometa-se (e agende) o primeiro *Milagre da manhã* o mais rápido possível, de preferência para *amanhã*. Sim, anote na agenda e decida o local. Lembre-se de que é importante sair do quarto e se afastar das tentações da cama. Meu *Milagre da manhã* acontece todos os dias no sofá da sala de estar, quando o resto da casa ainda está dormindo. Eu soube de pessoas que fazem o *Milagre da manhã* ao ar livre, na varanda ou em um parque perto de casa. Faça onde você se sentir mais confortável e onde não haja interrupções.

Terceiro passo: leia a primeira página do kit de começo rápido e faça os exercícios

Leia a introdução do kit de começo rápido do Desafio de *O milagre da manhã* para mudança de vida em trinta dias, siga as instruções e faça os exercícios. Como tudo que vale a pena, terminar O desafio de *O milagre da manhã* para mudança de vida em trinta dias exige um pouco de preparo. É importante fazer os exercícios iniciais do kit de começo rápido (que não levam mais do que 30 ou 60 minutos) e ter em mente que *O milagre da manhã* sempre vai começar com a *preparação* feita no dia anterior, de modo a estar mental, emocional e logisticamente apto para *O milagre da manhã*. A preparação inclui seguir os passos da estratégia de cinco passos à prova de soneca para despertar.

(Opcional) passo 3.1: consiga um parceiro de responsabilização

As evidências da correlação entre sucesso e responsabilização são inegáveis. Embora a maioria das pessoas não goste de se responsabilizar, é imensamente benéfico ter alguém que exija mais de nós do que costumamos fazer. Todos podem se beneficiar do apoio oferecido por um parceiro de responsabilização, então é altamente recomendável, embora não seja obrigatório, que você procure alguém em seu círculo de influência (família, amigos, colegas, parceiro etc.) e o convide para se juntar a você no Desafio de *O milagre da manhã* para mudança de vida em trinta dias.

Não só ter alguém para nos responsabilizar aumenta a probabilidade de seguir em frente como juntar forças com outra pessoa é mais divertido! Pense nisto: quando você se empolga com algo e se compromete a fazer aquilo sozinho, há uma força nessa empolgação e no compromisso individual. Contudo, se tiver outra pessoa em sua vida (amigo, parente ou colega de trabalho) que esteja tão empolgada e comprometida quanto você, a força será muito maior.

Telefone, mande uma mensagem de texto ou um e-mail para uma ou mais pessoas hoje e as convide para se juntar a você no Desafio de *O milagre da manhã* para mudança de vida em trinta dias. O jeito mais rápido de colocá-las a par do assunto é mandando o link para www.TMMBook.com/Brazil para que elas possam ter acesso gratuito e imediato ao **kit de começo rápido de *O milagre da manhã***, contendo:

- **O treinamento em vídeo GRÁTIS de *O milagre da manhã* [em inglês]**
- **O treinamento em áudio GRÁTIS de *O milagre da manhã* [em inglês]**
- **Dois capítulos GRÁTIS do livro *O milagre da manhã***

Isso não terá custo algum para os seus amigos, e você vai se unir a alguém com o mesmo compromisso de levar a vida a um novo patamar, então vocês poderão trocar apoio e estímulo, além de se responsabilizar mutuamente.

Em menos de uma hora, é possível obter as informações para ser um parceiro de responsabilização de *O milagre da manhã* e provavelmente se inspirar também.

Está pronto para levar sua vida a um novo patamar?

Qual é o próximo patamar em sua vida pessoal ou profissional? Que áreas precisam ser transformadas para você chegar a esse ponto? Dê a si mesmo o presente de investir os próximos trinta dias para avançar de forma significativa na vida e nos relacionamentos mais importantes, um dia de cada vez. Não importa como foi o passado: você *pode* mudar o futuro ao mudar o presente.

No próximo capítulo, temos um bônus incrível! Paul & Stacey vão revelar a *Equação para a Realização no Relacionamento* que vai ajudá-lo a conquistar o que você deseja mais rápido e acelerar os resultados que criou para si no amor e na vida!

Capítulo bônus

A EQUAÇÃO PARA A REALIZAÇÃO NO RELACIONAMENTO: SIGA A ESTRADA DE TIJOLOS AMARELOS

PAUL & STACEY MARTINO

"Ter fé é dar o primeiro passo, mesmo quando você não estiver vendo a escada inteira."

— Dr. Martin Luther King Jr.

"Deus não chama os QUALIFICADOS; ele qualifica os CHAMADOS através do SIM!"

— T. D. JAKES, pastor e escritor

Todos nós desejamos algo "mais" em alguma área da vida. Queremos um relacionamento melhor, um emprego melhor, mais saúde, dinheiro, impacto, perder peso, algo que parece difícil de obter agora. Por isso, nós criamos objetivos sobre o que gostaríamos de ser, fazer ou ter.

Ao definir um novo objetivo, começamos sentindo a lacuna entre o que temos atualmente e o resultado que desejamos. É da natureza humana.

Algumas pessoas não vão além disso. Elas param na fase do desejar, pois a lacuna parece grande e insuperável demais. Aceitando a derrota antes de agir pelo menos um pouquinho em direção ao objetivo, elas simplesmente param e se concentram no que lhes falta, o que de certa forma é pior do que não identificar o objetivo.

Felizmente, não é o seu caso. Eu sei que você não é uma dessas pessoas porque já demonstrou um comprometimento maior ao ler este livro. Reserve um instante para comemorar! Você é um dos "poucos que fazem" entre os "muitos que falam".

Para pessoas como você, que se recusam a aceitar a mediocridade como padrão de vida, há uma estrada que é preciso atravessar para obter o resultado que deseja. Vamos chamá-la de estrada de tijolos amarelos por enquanto. Entenda que o seu desejo vai se materializar quando você chegar ao fim dela. Exatamente como no filme *O mágico de Oz*, devemos esperar alguns desafios ao longo da jornada. Convenhamos, se a estrada fosse reta, totalmente visível e sem obstáculos, esse não seria um objetivo. Nas palavras de mais um dos meus grandes mentores, Keith J. Cunningham: "A resposta para todos os seus problemas está logo depois da sua zona de conforto atual. Se não estivesse, não seria um problema!"

Neste exato momento, você tem o conhecimento sobre o que está enfrentando atualmente e a consciência do que deseja, mas é só. Como a estrada de tijolos amarelos logo começa a ficar sinuosa, o que costuma acontecer é a mente se encher de dúvidas sobre os preparativos para a viagem e o que fazer para chegar ao fim da estrada e encontrar o objetivo desejado.

Logo de cara você terá alguns desafios a enfrentar, e o menor deles é o fato de não haver um mapa da estrada de tijolos amarelos. E se houver bifurcações ou saídas para outras estradas de tijolos amarelos? Para piorar a situação, você não tem clareza total sobre como é Terra de Oz no fim do caminho. Afinal, você não vai ficar em sua cidade natal no Kansas e nunca percorreu esse caminho. Para complicar ainda mais, você começa a se perguntar o que precisa colocar na mochila de modo a se preparar para as inevitáveis surpresas que vai encontrar pelo caminho.

Ah, o que fazer, Totó? O que fazer?

A esta altura, imagine que você começou a mexer na mochila procurando algo que poderia ser útil para tantos desafios. Como se trata de território desconhecido, não há esperança de encontrar um bom mapa. Porém, você percebe que uma bússola poderia ser útil para escolher o caminho, já que sabe mais ou menos a direção para onde deseja ir. Você também nota que vai precisar de algumas ferramentas e suprimentos para enfrentar os perigos que inevitavelmente vão surgir nessa viagem.

Que droga! Sem bússola, sem fósforos e sem canivete suíço! Sua mochila tem apenas uma barra de cereais velha e uma garrafa de água, que não é o suficiente para ficar confortável. Parece que você vai passar um pouco de fome e sede na viagem.

Frustrado e temeroso por estar despreparado para o caminho adiante, você olha para o céu e faz um pedido de ajuda.

Você espera por algum tipo de resposta. E continua esperando. E espera mais um pouco... Arg, nada está acontecendo!

Quando olha de novo para o céu, você percebe que está cercado por uma beleza de tirar o fôlego. Está quase na hora do pôr do sol, e o céu é uma mistura dos tons mais lindos de azul, dourado e roxo que você já viu. As nuvens brancas cintilantes apresentam texturas e cores que só podem ter sido feitas por um mestre habilidoso na pintura. O sol do verão que se põe ainda está morno em seu rosto e corpo, e a brisa suave parece tranquilizar a sua alma de alguma forma.

Mesmo espantado com tanta beleza, você inexplicavelmente volta para duas semanas atrás, quando estava com seus amigos e Paul & Stacey, e consegue ver e ouvir Paul dizendo: "Só quando você estiver totalmente comprometido com o objetivo e começar a agir para alcançá-lo o Universo vai começar a guiá-lo e fornecer exatamente o que você precisa..." A voz dele some junto com a visão.

Naquele momento você percebe que nunca se comprometeu totalmente com esse objetivo, que não está mergulhando com tudo nessa área da sua vida e que os resultados atuais refletem isso. À medida que o sol se põe, você tem um anseio imenso pelo futuro e quase consegue sentir o tempo passando. Você se recusa a deixar a vida passar sem correr atrás do que deseja. O anseio cresce, se transforma em um fogo interior, e o seu objetivo de repente se transforma em algo que você *precisa* fazer.

Neste momento, uma presença mágica aparece na sua frente e diz:

"Não se preocupe. Estou aqui para fornecer tudo o que você precisa para ter sucesso na jornada para Oz. Você não só vai enfrentar este (e qualquer outro) caminho que tiver pela frente como seus poderes vão crescer de modo singular para obter o resultado desejado ao fim da jornada."

Depois que o choque diminui, você recupera os sentidos e pergunta:

"Como? Você vai me acompanhar nesta jornada, ou está falando de alguma coisa que pode me dar agora?"

A esta altura, a presença mágica ri bem alto, como quem sabe tudo, e acena com a cabeça, dizendo:

"A resposta é os dois... E nenhum!"

E então você pensa: *por que todos esses personagens mágicos sempre respondem as perguntas de modo enigmático?*

Neste momento ela toca a sua cabeça e você consegue ver uma mensagem bem clara:

A Equação para Transformar o Relacionamento: Salvadores de Vida + STR + EOE = Milagres no Relacionamento (MR)

Enquanto você pisca em câmera lenta, vai ganhando consciência da mensagem e tentando entender o que ela significa.

A presença mágica diz:

"Essa era a parte que faltava. Agora você tem tudo de que precisa para conquistar seu objetivo."

Você retorna aos próprios pensamentos, perguntando:

"Sério? Essa equação, uma barra de cereais, uma garrafa de água e *eu*?" E logo pensa: "*Estou ferrado! Se fizer meu pedido de novo, vou solicitar um bom mapa, um GPS, umas ferramentas e mais suprimentos.*"

A presença mágica não responde a esses pensamentos e continua a falar carinhosamente:

"Eu olhei para o seu coração, e o que você deseja com força é um relacionamento amoroso magnífico com seu parceiro íntimo. Você não faz ideia do quanto esse desejo é sábio. O amor é a força mais poderosa que o ser humano pode ter! Além de ser o maior combustível para as experiências humanas, o amor também representa a conexão entre o seu mundo e o meu. Nós ficaremos imensamente felizes em ajudá-lo nessa jornada! Agora vou explicar o significado dessa equação milagrosa."

A imagem de repente muda, e agora você vê:

Os Salvadores de Vida

A presença mágica retoma os ensinamentos:

Para que eu o ajude com nossa magia ao longo dessa jornada, é preciso colocar foco intencional e se imaginar com a vida amorosa magnífica, sentindo muita gratidão e felicidade pelo que tem. É preciso visualizar, mesmo que você ainda não consiga ver isso em sua vida atual. Essa é a fé. No começo, libere todas as dúvidas e mergulhe no que deseja sentir quando tiver o amor inabalável e a paixão sem limites que deseja.

Sempre que você fizer O milagre da manhã, *vamos mandar a força e os recursos necessários para enfrentar as circunstâncias e oportunidades do seu dia e superar os obstáculos que estariam além da sua capacidade de influenciar.*

O milagre da manhã *também é a minha forma de estar ao seu lado nessa jornada, mesmo não sendo possível me ver fisicamente como agora. É preciso se agarrar à fé de que estou guiando você na estrada de tijolos amarelos para Oz.*

Use O milagre da manhã *da seguinte forma para chegar ao seu objetivo o mais rápido possível:*

Silêncio: *é quando vou transferir percepções e orientações. Preste atenção, pois eu serei o sábio silencioso (e não o tagarela estridente).*

Afirmações: *você precisa se manter forte durante a viagem! As afirmações de* O milagre da manhã *permitem começar o dia com vigor e resiliência renovados, independentemente dos problemas da noite anterior. Caso sair da zona de conforto esteja difícil, as afirmações de* O milagre da manhã *vão aumentar seu impulso e fé. A cada afirmação você se transforma em uma pessoa melhor e pronta para receber o que espera por você em Oz.*

Visualização: *para conquistar seu objetivo, é preciso ter bastante clareza sobre o que significa um relacionamento magnífico. Como disse um grande ser humano chamado Zig Ziglar, "Você não pode atingir um alvo que não pode ver." A visualização de* O milagre da manhã *vai fornecer essa clareza e nos guiar para o seu objetivo. Ao visualizar, sinta no coração o que realmente deseja. Eu vou receber esses pedidos e criá-los para você em Oz.*

Exercícios: *construa força e resistência a fim de obter a energia física para terminar a viagem. Isso também vai nutrir a mente, ajudando a remover estressores emocionais que podem levar seu estado para baixo. Lembre-se: quando o estado cai, o mesmo acontece com sua capacidade de ser engenhoso e de ouvir nossas orientações.*

Leitura: *aprender por meio da leitura é uma ótima forma de remover crenças limitadoras e expandir sua engenhosidade ao enfrentar desafios. Permita que sua ideia de felicidade o guie ao escolher os livros e programas ideais. Vou trabalhar por meio destes livros e materiais para ensinar o que você precisa saber para chegar a Oz.*

Escrita: registre os sucessos de cada dia, grandes ou pequenos, em seu diário. Quando estiver empacado, revise suas celebrações e veja o quanto avançou. A reflexão sobre suas conquistas vai gerar a certeza necessária quando a situação não estiver tão clara. É assim que você vai aumentar sua fé a cada dia que passa!

Você reflete sobre essa sabedoria, e, assim que termina de digerir as informações, a imagem em sua cabeça muda de novo, agora dizendo:

STR = Sistema para Transformar Relacionamento®

A presença mágica volta a ensinar:

O STR da fórmula significa Sistema para Transformar Relacionamento. Você vai usar o desenvolvimento de relações para enfrentar os desafios que inevitavelmente encontrará pelo caminho. Esse será o canivete suíço que vai impedi-lo de sair do caminho ou de perder a fé durante a jornada. Você não pode simplesmente aprender o caminho até lá. É preciso se fortalecer, aumentando as habilidades para desenvolver as relações de modo a virar uma pessoa capaz de criar, ter e manter o relacionamento amoroso magnífico que visualizou. O crescimento nesse caminho será o primeiro presente que receberá por fazer a jornada. E ele fica para sempre. Guarde as ferramentas e estratégias, use-as e, o mais importante, viva todas elas.

O Sistema para Transformar Relacionamento foi cuidadosamente criado da seguinte forma:

Ver: obter clareza sobre o seu relacionamento magnífico. Use O milagre da manhã *e as ferramentas para desenvolver relacionamentos a fim de obter clareza cristalina sobre o relacionamento magnífico que está alinhado para você. Libere todos os pensamentos do seu relacio-*

namento atual e sinta o que deseja. Isso vai me dar clareza sobre o que devo criar para você em Oz durante a jornada para cá.

Mudança: *seu mundo só vai mudar quando sua perspectiva mudar. Paul & Stacey podem guiar você nisso, pois são mestres no assunto. No caminho você vai se libertar das crenças que tiram seu poder e impedem o relacionamento que você deseja! Sempre que se sentir frustrado, abalado, infeliz, apavorado e triste, procure as ferramentas para o desenvolvimento de relações e mude a forma de ver a situação. Cada mudança de perspectiva vai catapultá-lo para a frente no caminho para Oz.*

Estratégias: *são as ferramentas do kit, que vão prepará-lo para enfrentar com maestria os desafios pelo caminho. Qualquer desafio que possa aparecer já foi resolvido por Paul & Stacey. Não enfrente isso sozinho, ou você vai se afastar da estrada de tijolos amarelos. Use as ferramentas para o desenvolvimento de relações.*

Sinergia: *é o momento de criar o relacionamento sólido como uma rocha, em que nada poderá separá-los. Todo dia na estrada de tijolos amarelos você terá a oportunidade de construir ou destruir seu relacionamento. Quando usar as ferramentas para o desenvolvimento de relações e construir o relacionamento, vamos fortalecê-lo para avançar dez vezes mais rápido. Se estiver destruindo o relacionamento naquele momento, vai se atrasar um pouco. Mas não se preocupe quando isso acontecer. Vou preparar outra oportunidade para você tentar de novo e avançar ainda mais rápido da segunda vez.*

Começar do zero: *aqui você vai aprender a zerar tudo no relacionamento. Pense na estrada de tijolos amarelos como tendo quadrados, semelhantes ao jogo humano Candy Land, para levar até Oz. Até zerar tudo, você vai sentir que está sendo puxado de volta para o começo. Faça o Processo de Perdão em Cinco Passos de Paul & Stacey. É a resposta que você procurava. Permita-se liberar e acreditar, e eu cuido de você daqui.*

Faíscas: é o momento de se realinhar com sua energia central feminina ou masculina madura e reacender a paixão e o desejo. Ao chegarmos a este ponto da estrada de tijolos amarelos, coloquei uma oportunidade em cada quadrado do caminho para permitir que você viva a energia central autêntica. Permita-se apreciar este momento e pratique o funcionamento a partir do seu verdadeiro eu. Sempre que funcionar a partir do feminino ou masculino maduro autêntico, vamos fortalecê-lo para progredir dez vezes mais rápido. Assista aos vídeos de Paul & Stacey (ou compareça aos eventos presenciais) para obter resultados mais rápidos com o alinhamento da energia central. Nós ficamos felizes ao ver você agir de modo verdadeiro. Quando isso acontecer, você vai se surpreender ao ver como a viagem na estrada de tijolos amarelos ficará mais fácil.

Flerte: é o momento de trazer a brincadeira, a diversão e o flerte de volta ao relacionamento. Estamos muito empolgados por você chegar a este ponto na estrada de tijolos amarelos! Seu sorriso e alegria são algumas das características que mais gostamos em você, e queremos vê-los mais. Para ajudar nisso, vou fornecer oportunidades na forma de interação com outras pessoas. Você sempre vai poder escolher entre responder com brincadeira, diversão e flerte ou ficar na escuridão em que estava. A magia acontece quando você escolhe brincar! Quando isso acontece, além de se sentir incrível, o aumento de sua energia reconfigura a estrada de tijolos amarelos e remove os obstáculos que você teria encontrado se não tivesse escolhido a brincadeira. O poder que você tem para moldar a jornada é milagroso, e fico feliz ao observar você fazendo isso. Quando vir algo particularmente bobo, saiba que sou eu dando um lembrete para deixar a vida mais leve e divertida. (Sim, eu inventei os peidos exatamente para isso.)

Sensualidade: quando chegar a este ponto, você vai se deleitar com o êxtase do sexo arrebatador e satisfatório com seu parceiro.

Lembre-se: o sexo é um efeito criado pelo seu relacionamento, e não uma causa. Cada passo na estrada de tijolos amarelos está criando resultados. Você terá algumas recompensas pelo trabalho realizado: mais sexo satisfatório com seu parceiro. As ferramentas para desenvolver a relação vão ensiná-lo a se abrir para um nível de domínio e aumento de sensações no sexo que você nem imaginava ser possível para humanos. Você pode vivenciar isso! E ainda bem que exige muita prática! Lembre-se: a paixão sem limites é o resultado da transformação do seu relacionamento. Embora você sinta que o desempenho sexual fica melhor a cada etapa, o sexo sem limites está no fim da sua jornada, não no começo.

A presença interrompe o discurso e espera por você. Ao se dar conta de que não precisa fazer isso sozinho e que poderá contar com várias ferramentas incríveis, você se sente calmo, confiante e, pela primeira vez, bem preparado para a jornada que está por vir. A essa altura, você pergunta por que precisaria do resto da fórmula.

A presença dá um sorriso largo, empolgada ao ver sua confiança, clareza e resolução. Novamente, a presença retoma o ensinamento:

A última parte da fórmula é a EOE, que significa Escala de Orientação Emocional.

EOE = Escala de Orientação Emocional*

Você queria uma bússola? Esta é a mais sofisticada que existe e foi colocada no seu coração! Ela vai lhe mostrar o caminho a ser escolhido, mesmo quando você não puder vê-lo. Use a tabela a seguir como guia para saber o caminho a seguir.

---

* Essa EOE é do livro *Peça e será atendido*, de Esther e Jerry Hicks.

1. Fé, confiança, alegria, amor, apreciação, gratidão	8. Tédio
2. Paixão	9. Pessimismo
3. Entusiasmo, ímpeto, felicidade	10. Frustração, irritação, impaciência
4. Expectativas positivas, crença	11. Sobrecarga
5. Otimismo	12. Decepção
6. Esperança	13. Dúvida
7. Contentamento	14. Preocupação
	15. Culpa
	16. Desestímulo
	17. Raiva, ressentimento
	18. Vingança
	19. Ódio, ira
	20. Inveja
	21. Insegurança, culpa, sensação de não merecimento
	22. Medo, luto, depressão, desespero, impotência

Sempre que você não conseguir determinar o caminho a seguir ou estiver em dúvida sobre que fazer, basta se conectar com o que o coração sente em relação a cada escolha apresentada.

Em termos mais simples, quando tiver um dos sentimentos do lado esquerdo da EOE, siga em frente! Quando tiver um sentimento do lado direito, pare na mesma hora!

Quando um pensamento, ação ou escolha lhe der uma emoção do lado esquerdo da Escala de orientação emocional, está tudo bem. Sempre que você tiver uma das emoções do lado esquerdo da EOE, seu palpite ou intuição naquele momento está sendo guiado por mim. E isso vai mantê-lo na estrada de tijolos amarelos. Siga em frente com confiança!

Quando o pensamento ou ação gerar uma sensação do lado direito da Escala de orientação emocional, você vai parar! Esse pensamento ou ação quer afastar você da estrada de tijolos amarelos rumo ao perigo.

Se você estiver do lado direito da EOE, use as ferramentas do *Milagre da manhã* ou do desenvolvimento de relacionamentos para mudar os sentimentos até voltar ao lado esquerdo. Uma vez lá, você poderá agir e seguir em frente de novo, sabendo que voltou à estrada de tijolos amarelos rumo a Oz.

Isso é muito importante! Na jornada pela estrada de tijolos amarelos, você vai encontrar bifurcações e encruzilhadas que parecem convidativas e podem levá-lo a questionar: devo ir nesta direção ou naquela?

Sempre que tiver essa dúvida, consulte a EOE que coloquei em seu coração. Primeiro, concentre-se no caminho A. Você sente alguma emoção do lado esquerdo ou direito da EOE? Agora pense no caminho B. Como você se sente em relação a ele?

Quando você olha para os dois caminhos, um deles vai parecer certo, mesmo que não faça sentido em termos lógicos e nunca tenha sido percorrido antes. Você pode se preocupar por ser algo desconhecido, mas se deixar os temores de lado e assumir que está tudo bem, vai se sentir atraído pelo caminho certo.

Ao olhar no fundo do seu coração, o outro caminho só é atraente por medo. Você tem medo de cometer um erro, de se decepcionar, do que vai perder, do que os outros vão pensar ou algum outro temor.

Você vai descobrir que isso só acontece porque um dos caminhos é o certo. Você só está considerando o outro pelo medo de sofrer.

É por isso que a EOE fica no coração.

Quando sentir uma das emoções do lado direito da EOE, sou eu avisando que você está fora da estrada de tijolos amarelos ou prestes a sair dela.

Quando sentir firmemente alguma das emoções do lado esquerdo da EOE, sou eu avisando que você está em segurança na estrada de tijolos amarelos e seguindo para Oz sob minha proteção!

Com o tempo, quando você confiar na sabedoria dessa orientação, vai conseguir enfrentar com sucesso até o mais invisível dos caminhos e conquistar os resultados que deseja. O cérebro pode ficar confuso ou se sentir enganado, mas o coração sempre sabe qual é o caminho certo.

Você agora tem a maior sabedoria e as melhores ferramentas do mundo disponíveis para usar no caminho para Oz.

Nesse momento, a presença mágica desaparece e você volta ao presente. A sensação é de confiança total agora que você sabe exatamente o que fazer *pela primeira vez na vida*! Sorrindo, você dá o primeiro passo na estrada de tijolos amarelos à frente.

CONCLUSÃO:

OS PRÓXIMOS PASSOS

O fim deste livro não é o final, é um *novo começo!* Por favor, não o guarde na estante nem o esqueça por lá. O conteúdo desta obra é só a ponta do iceberg. Você não pode simplesmente aprender um relacionamento melhor; é preciso colocar em prática o que aprendeu, mudar sua presença e seguir em frente!

Continue a aplicar esses conhecimentos na vida até chegar à maestria nível cinco e mudar sua visão de mundo para sentir o prazer de enfrentar a vida sem esforço!

Estamos aqui para ajudar! Paul e eu criamos programas e eventos presenciais onde é possível receber a orientação especializada, o apoio, a compaixão, a responsabilização e o amor necessários para sua jornada!

Criamos programas na internet, eventos presenciais e programas de um ano para você escolher o próximo passo ideal!

Que tal começar agora mesmo com um programa on-line? Obtenha acesso instantâneo para assistir aos vídeos, ouvir os áudios e baixar os livros de exercícios! É um ótimo jeito de fazer uma imersão e levar o desenvolvimento da sua relação a um novo patamar! Veja os detalhes [em inglês] em RelationshipDevelopment.org/programs.

Prefere os eventos presenciais? Participe do próximo evento. Adoraríamos vê-lo por lá! Consulte os detalhes [em inglês] em RelationshipDevelopment.com/events.

Está pronto para o domínio? O *RelationshipU* é um programa de um ano criado para quem assume o compromisso de obter o domínio nível cinco usando as ferramentas para o desenvolvimento de relações. O *RelationshipU* oferece encontros pessoais conosco, conferências semanais de coaching e um grupo privado no Facebook para obter apoio 24 horas, além de currículo on-line e acesso aos eventos presenciais! Veja os detalhes [em inglês] em RelationshipDevelopment.org/programs e clique em *RelationshipU*!

CONVITES ESPECIAIS

(CASO VOCÊ TENHA PERDIDO DA PRIMEIRA VEZ)

CONVITE ESPECIAL DO HAL

Ninguém poderia ter previsto que a comunidade *The Miracle Morning* se tornaria uma das comunidades virtuais mais positivas, engajadas e de apoio mútuo do mundo, mas foi o que aconteceu. Sempre me surpreendo com o nível e o caráter de nossos integrantes, que vêm de mais de setenta países.

Basta entrar em **MyTMMCommunity.com** e solicitar a inscrição na comunidade *The Miracle Morning* no Facebook [em inglês]. É grátis, e você vai se conectar na mesma hora com mais 160 mil pessoas que já estão praticando *O milagre da manhã*. Além de encontrar muitos que estão começando a jornada de *O milagre da manhã*, você vai descobrir ainda mais pessoas que o praticam há anos e vão ficar felizes em fornecer conselhos e orientações para acelerar seu sucesso.

Entro regularmente na comunidade para moderá-la, portanto espero encontrar você por lá! Para entrar em contato comigo pessoalmente nas redes sociais [em inglês], siga **@Halelrod** no Twitter, @Hal_Elrod no Instagram e **Facebook.com/YoPalHal** no Facebook. Estou ansioso para conhecê-lo!

Com amor e gratidão,

– Hal

CONVITE ESPECIAL DE PAUL & STACEY

Incontáveis pessoas em todo o mundo estão colocando em prática as ferramentas e as estratégias para desenvolver relacionamentos que ensinamos. Elas acreditam na criação de um amor inabalável e de uma paixão sem limites e querem ser modelos de comportamento para os filhos! Elas acreditam em viver a vida intencionalmente, e não apenas viver.

Essas pessoas se juntaram a nós em uma comunidade maravilhosa de indivíduos com ideias afins, dedicados, positivos, *divertidos* e extraordinários! Essa comunidade para desenvolver relacionamentos é feita para oferecer suporte, estímulo, ideias, compaixão, responsabilização e amor. É um ambiente seguro e sem julgamentos onde pessoas de verdade chegam para ser quem são e fazer o necessário para transformar o relacionamento que desejam. Na comunidade é possível encontrar inspiração, dedicação, diversão e iluminação para aprimorar você todos os dias.

Convidamos você a se juntar à comunidade. Essa é a vantagem secreta para obter *grandes* resultados! Cerque-se de pessoas com ideias afins que estejam felizes por estar nessa jornada com você. Basta ir a MyRelationship DevelopmentCommunity.com e solicitar sua inscrição [em inglês].

Se quiser falar comigo e Paul diretamente, mande um e-mail para Support@RelationshipDevelopment.org [em inglês] ou entre em contato pelas redes sociais. Vamos nos conectar em breve!

Com amor,

Paul & Stacey

AGRADECIMENTOS

Nós estamos nos ombros de gigantes. Seria preciso outro livro para agradecer a todos que nos transformaram em pessoas capazes de escrever este livro. Somos profundamente gratos a cada pessoa, mentor, aluno, colega de equipe, amigo e ente querido que ajudou nessa jornada. Existem algumas pessoas que gostaríamos de destacar, mas esta lista não é definitiva de forma alguma.

Agradeço a Hal Elrod por nos dar a incrível oportunidade de colaborar em um projeto para servir a tantas pessoas.

A Jon & Tatyana Vroman, que sempre acreditaram em nós, além de nos defender, guiar e de serem grandes amigos. (E obrigado por nos apresentar o Hal!)

A Honorée Corder, por nos ensinar, guiar e ajudar a dar vida a este livro! Você é o máximo, Honorée!

A nossa editora, Leslie Watts, obrigado por pegar este manuscrito e ajudar a transformá-lo em um best-seller! Sua capacidade de deixar cada parágrafo mais fácil de ler e digerir, além de acessível para o leitor, é espantosa.

A Carol Kus e Theresa Puckett: não há palavras para agradecer a contribuição de vocês para transformar este livro no que ele é hoje. Vocês leram todas as linhas, editaram todas as páginas. Suas edições e contribuições levaram este livro a um novo patamar! Vocês dormiram tarde e acordaram cedo! Vocês torceram, sorriram e puseram o coração nestas páginas. São a melhor equipe de colaboradoras que Paul e eu poderíamos ter. Amamos vocês duas eternamente.

A nossa equipe da RelationshipDevelopment.org, Amy Kazor, Carmie Buhalis, Jade Janusauske, Jennifer Gerhard, Theresa Puckett e Carol Kus. Muito obrigado por tudo o que fizeram para criar este livro e arrasar neste projeto! Seu amor, apoio e ajuda na edição significam muito para nós! Nós amamos muito vocês.

A nossos alunos na RelationshipU, nós adoramos vocês. Obrigado pela inspiração, pelo auxílio na preparação deste conteúdo para servir mais pessoas e pela ajud.. ao longo da jornada. Vocês são nossa tribo. Amamos vocês.

Aos autores, professores e mentores que nos inspiraram, ensinaram e guiaram ao longo da jornada. Somos eternamente gratos a T. D. Jakes, Cloe Madanes, Keith J. Cunningham, Blue Melnick e Bari Baumgardner, Matthew Kelley e Michael Singer, muito obrigado.

Alguns livros foram cruciais para nossa jornada. Agradecemos a Alison Armstrong, por ter escrito *Keys to the Kingdom*. Agradecemos aos amigos Bob Burg e John David Mann, por terem feito *The Go Giver*. Obrigado, Dr. John Gottman, por *Sete princípios para o casamento dar certo*. Agradecemos também a Marianne Williamson, pela criação de *Um retorno ao amor*.

A Fabienne e Derek Fredrickson: não há palavras suficientes para agradecer. Sem vocês, nós nunca teríamos virado uma organização capaz de atender tanta gente por meio deste livro. Obrigado por prometer que sempre seríamos nós quatro contra o mundo! Gratidão não basta para expressar o que sentimos. Nós amamos vocês eternamente.

Tony Robbins. A maior força que nos transformou em quem somos hoje foi você, senhor. Por mais de vinte anos, você nos ensinou a ser pessoas melhores e mais autênticas. Você mudou nosso destino de um jeito que ninguém mais conseguiu. Somos muito gratos por viver na mesma época que você. Não há palavras suficientes para agradecer a sua contribuição para o nosso crescimento. Além de nos ajudar, você nos ensinou a fazer o mesmo por outras pessoas. Nós o honramos ao retribuir seus ensinamentos, uma vida de cada vez. Obrigado, Tony.

A você, leitor. Obrigado por nos dar a oportunidade de servi-lo. Obrigado por se abrir à possibilidade de uma perspectiva e abordagem diferentes. Obrigado por se colocar à frente e pôr a mão na massa!

SOBRE OS AUTORES

Hal Elrod é um dos palestrantes mais bem avaliados dos Estados Unidos, comprovado pela média de 9,7 em 10,0 em várias divisões da Entrepreneur Organization (EO). Contudo, ele ainda é mais conhecido como o autor do que está sendo considerado um dos livros com maior potencial de mudar a vida das pessoas (com 1.500 resenhas de cinco estrelas na Amazon), ***O milagre da manhã: O segredo para transformar sua vida (Antes das 8 horas)***, traduzido para 21 idiomas e um dos mais vendidos em todo o mundo.

A semente para o trabalho da vida de Hal foi plantada aos vinte anos, quando ele foi encontrado morto após um terrível acidente de carro. Atingido de frente por um motorista bêbado a 110 quilômetros por hora, ele quebrou 11 ossos, morreu por seis minutos e sofreu danos cerebrais permanentes. Após seis dias em coma, Hal acordou para uma realidade inimaginável e ouviu dos médicos que nunca mais voltaria a andar. Desafiando a lógica dos médicos e provando que é possível superar qualquer adversidade, por mais insuperável que pareça, Hal não só andou como correu uma ultramaratona de 83 quilômetros, virou um empreendedor renomado, além de escritor de sucesso internacional, palestrante e apresentador do elogiado podcast *Achieve Your Goals,* no iTunes.

E o mais importante: Hal sente gratidão eterna por estar casado com a mulher dos seus sonhos e ser pai de dois filhos, dividindo a vida com eles em Austin, Texas.

Para obter mais informações sobre as palestras, eventos presenciais, coaching, livros e o documentário *Miracle Morning Movie*, que está prestes a ser lançado, visite www.HalElrod.com [em inglês].

Paul & Stacey Martino acreditam que basta UM parceiro para transformar um relacionamento, QUALQUER relacionamento! Eles são apaixonados por ajudar pessoas com a educação para relacionamentos que ninguém jamais ensinou!

Os Martino são os fundadores da RelationshipDevelopment.org e criadores da RelationshipU®. O Relationship Development® é o desenvolvimento pessoal aplicado aos relacionamentos.

Com seus métodos estratégicos de coaching, programas on-line e eventos presenciais lotados, Paul & Stacey ajudaram dezenas de milhares de pessoas pelo mundo a transformar seus relacionamentos amorosos! Como bônus, você consegue aplicar as mesmas estratégias para melhorar todos os relacionamentos!

Treinada e certificada por Tony Robbins, Stacey é educadora especializada em casamentos e prevenção de divórcios. Escritora de sucesso internacional, ela é uma profissional muito solicitada, palestrante carismática e especialista em relacionamentos para a *Aspire Magazine*, além de ser uma presença constante na mídia.

Juntos há mais de vinte anos, os Martino vivem o amor inabalável e a paixão sem limites que ensinam os outros a conquistar. Eles também são os pais orgulhosos de Jake, de 13 anos, e Grace, de 9.

Honorée Corder é autora de mais de vinte obras, incluindo *You Must Write a Book*, *Vision to Reality*, *Business Dating*, *If Divorce Is a Game, These Are the Rules* e *The Divorced Phoenix*, além das séries *The Prosperous for Writers* e *The Successful Single Mom*. Ela também é sócia de Hal Elrod na série de livros *O milagre da manhã*. Honorée é coach de vários empresários, escritores e aspirantes a escritores de não ficção que desejam publicar livros de sucesso, criar um site e desenvolver fontes de renda alternativas. Ela também faz todo tipo de mágica e é reconhecida por ser fodástica. Saiba mais em HonoreeCorder.com [em inglês].

Este livro foi composto na tipografia Minion
Pro, em corpo 11/16, e impresso em
papel off-white no Sistema Cameron da
Divisão Gráfica da Distribuidora Record.